Iain Murray

C. H. SPURGEON -
WIE IHN KEINER KENNT

REFORMATORISCHE PAPERBACKS
Herausgegeben von: H.C. Beese

Band 1:

Iain Murray, "C. H. Spurgeon - wie ihn keiner kennt".

C. H. SPURGEON -
WIE IHN KEINER KENNT

Iain Murray

Zum 100. Todestag des Fürsten der Prediger

REFORMATORISCHER VERLAG
H.C.BEESE

CIP-Titel der Deutschen Bibliothek

Murray, Iain:
C. H. Spurgeon - wie ihn keiner kennt:
Zum 100. Todestag des Fürsten der Prediger / Iain Murray.
1. Aufl. Hamburg: Reformatorischer Verl. Beese, 1992
(Reformatorische Paperbacks; Bd. 1)
Einheitsacht.: The Forgotten Spurgeon < dt. >
ISBN 3-928936-00-X

Mit freundlicher Genehmigung des Verlages
THE BANNER OF TRUTH TRUST
3 Murrayfield Road, Edinburgh, EH 12 6EL
Titel der englischen Ausgabe: 'The Forgotten Spurgeon'.

© 1966 der englischen Ausgabe by: The Banner of Truth Trust
© 1992 der deutschen Ausgabe by:
Reformatorischer Verlag H.C.Beese

Übersetzung, Satz und Gestaltung: H.C.Beese
Druck und Herstellung: Druckhaus Gummersbach

Verlagsauslieferung:
Hänssler Verlag, Pf 1220, 7303 Neuhausen / Stuttgart

INHALT

Die Abbildungen befinden sich zwischen den Seiten 122 und 123

VORWORT

Wenn ich mit der deutschen Übersetzung dieses Buches einen Beitrag zum Gedenken des 100. Todestages Spurgeons (19. 6. 1834 - 31. 1. 1892) leisten möchte, dann geht es mir nicht in erster Linie darum, eine kirchengeschichtlich interessante Studie vorzulegen; vielmehr bin ich davon überzeugt, daß die angesprochenen Themen sehr aktuell sind. Der Leser wird selbst feststellen, wie sehr die Verflachung und Verfälschung des theologischen Denkens, deren Bekämpfung Spurgeon als seine Pflicht betrachtete, heute weitgehend zum Allgemeingut der Kirchen geworden sind.

Zugegeben, das Buch zieht uns in eine historische Debatte hinein, die dem Credo-feindlichen Christentum unserer Zeit nicht mehr geläufig ist; und doch kommen wir nicht umhin, uns mit diesen grundlegenden Fragen biblischer Lehre eingehend zu befassen, wenn unser Glaube schlüssig und unsere Predigt überzeugend sein soll, und wenn wir uns nicht von "jedem Wind der Lehre" hin- und hertreiben lassen wollen.

Die Hauptquelle für die Zitate sind Spurgeons Predigten, die ja in Deutsch nur in einigen Auswahlbänden vorliegen. In Englisch sind diese Predigten in 63 Bänden erschienen[1]. Die Angaben im Fußnotenbereich beziehen sich auf diese Gesamtausgabe. Die wichtigste Quelle für biographische Details ist Spurgeons 4-bändige Autobiographie, die in Deutsch in einer einbändigen Auswahl erschienen ist[2].

---

[1] Die ersten sechs Bände der Gesamtausgabe erschienen unter dem Titel *New Park Street Pulpit,* (Passmore and Alabaster: London, 1855-1860), die Bände 7-63 unter dem Titel *Metropolitan Tabernacle Pulpit* (ebd. 1861-1917). Die Gesamtausgabe wurde erst kürzlich neu aufgelegt (Pilgrim Publications: Pasadena, 1988).

[2] *Charles Haddon Spurgeon, Autobiography,* 4 Bände, London, hrsg. von S. Spurgeon und J. Harrald, 1897-1900. Neueste deutsche Auswahl: *Charles*

Im englischsprachigen Raum ist es, nicht zuletzt durch das Zeugnis Spurgeons, seit den 1960er Jahren zu einer zunehmenden Wiederbelebung der kraftvollen Lehren von der Gnade gekommen. Das gibt Anlaß zu der Hoffnung, daß auch in den Kirchen unseres Landes ein Umdenken, ein Fragen nach den vorigen, den guten Wegen möglich ist (Jer. 6,16), und ich würde mich freuen, wenn der Titel dieses Buches sich schon bald als völlige Fehlbenennung erweisen würde!

Zuletzt möchte ich meinen Geschwistern im Herrn danken, ohne deren Hilfe die Herausgabe des Buches wohl nicht gelungen wäre. Da denke ich vor allem an Dr. Thomas Schirrmacher, durch dessen tatkräftige Unterstützung und Ermutigung mir die Arbeit erheblich erleichtert wurde.

Hamburg, Januar 1992

Der Übersetzer

Haddon Spurgeon. Alles zur Ehre Gottes: Autobiographie, Oncken Verlag, Wuppertal, 1984. Es ist den Bearbeitern Klaus Fiedler, Hans Georg Wünsch und Elisabeth Wetter zu danken, daß diese Ausgabe auch Spurgeons "Plädoyer für den Calvinismus" (Überschrift des 12. Kapitels), S. 95-103, enthält.

*Den Amtsträgern und der Gemeinde
der Grove Chapel, Camberwell
gewidmet in Dankbarkeit für neun Jahre
der Gemeinschaft und Unterstützung
in dem Evangelium von der Gnade Gottes*

EINIGE DATEN ZU SPURGEONS LEBEN UND WERK

1834	19. Juni	Geboren in Kelvedon, Essex
1850	6. Januar	Bekehrt in Colchester
1851	Oktober	Wird Pastor der Waterbeach Baptisten-kapelle, Cambridge
1854	April	Ruf an die New Park Street Kapelle, Southwark
1855	Januar	Veröffentlichung seiner wöchentlichen Predigten beginnt
	Oktober	Baptisten-Bekenntnis von 1689 neu herausgegeben
1861	18. März	Eröffnung des Metropolitan Tabernacle
1864	5. Juni	Predigt über 'Taufwiedergeburt'
1865	Januar	Herausgabe von *The Sword and the Trowel* beginnt
1873-75		Die ersten Moody-Sankey Missionen in Großbritannien
1887		Beginn der Down-Grade-Kontroverse
	28. Oktober	Austritt aus der Baptisten-Union
1888	20. April	Mit 2000 zu 7 Stimmen nimmt die Baptisten-Union eine gemäßigte Glaubenserklärung an, die für Spurgeon unakzeptabel ist
1891	7. Juni	Letzte Predigt am Tabernacle
1892	31. Januar	Spurgeons Tod in Mentone
1897-1900		Seine Autobiographie wird herausgegeben
1898	20. April	Das Tabernacle brennt nieder
1905	November	Spurgeons Bibliothek (wahrscheinlich die beste Privatsammlung puritanischer Literatur in Großbritannien) wird an das William Jewell College, Missouri, verkauft
1917	Mai	Ende der Veröffentlichung wöchentlicher Predigten

WARUM "C. H. SPURGEON -
WIE IHN KEINER KENNT" ?

Meine erste Begegnung mit Spurgeon ergab sich aus einem Besuch in einem Second Hand Buchladen in Liverpool im Jahre 1950. Die Bekanntschaft blieb jedoch jahrelang recht oberflächlich. Einige seiner Bücher standen in meinen Regalen, und als junger Christ, der ich war, wußte ich ihre evangelische Wärme zu schätzen, aber in erster Linie betrachtete ich Spurgeon aus der Ferne als ein viktorianisches Kanzelwunder. Der Meinung eines jungen Autoren, daß Spurgeon "in einer Zeit schwerfälliger, langweiliger englischer Predigten rollende Satzfolgen, angefüllt mit blumigen Metaphern, zum Besten gab", hätte ich damals wahrscheinlich beigepflichtet. Ganz gewiß sah ich keinen Unterschied in seinen Schriften zur generellen Richtung moderner evangelikaler Bücher, mit Ausnahme vielleicht ihrer Masse. So überrascht es nicht, daß meine Fundstücke aus dem Liverpooler Buchladen wenig genutzt worden wären und meine Sicht von Spurgeon sich bis heute nicht geändert hätte, wenn mein ganzes Denken während meines Studiums in Durham nicht grundlegend erschüttert und dann in eine andere Richtung gelenkt worden wäre. Die neue Triebkraft meines geistlichen Lebens kam aus alten Büchern - staubigen Bänden unterschiedlicher Form und Größe -, die eines gemeinsam hatten: Sie alle hielten sich an die Theologie und die praktische Frömmigkeit aus der Zeit der Reformation und der Puritaner. Die anziehende Kraft dieser alten Autoren war die Art, wie sie die Schrift öffneten und die Lehre von Gottes Gnade in einer Reichhaltigkeit darlegten, die mir neu war. So mancher von uns wird nie vergessen, wie es war, als er die Puritaner zum erstenmal las und sich von Stund an mit größerer Wertschätzung seiner Bibel zuwandte. Mitten in dieser Phase des Entdeckens geriet 1953 ein weiteres Spurgeon-Buch in meine Hände; es war sein Buch *"Kommentieren und Kommentare: Zwei Vorlesungen, ergänzt durch einen Katalog biblischer Kommentare und Auslegungen"*. Wer das Buch kennt, weiß, daß der Katalog das ganze Feld auslegender Werke in englischer Sprache bis 1876 behandelt und eine breite Vielfalt theologischer Schulen, vom Anglo-Katholizismus bis hin zu den Plymouth-Brethren abdeckt, jedoch mit dem Hauptziel, die Aufmerksamkeit auf puritanische Kommentatoren und ihre Nachfolger zu lenken. Der schmale Band enthält eine Goldmine literarischer Informationen über die Schriften des 17. Jahrhunderts, die unserer Zeit vielleicht sonst nicht mehr erhalten wären. Spurgeon schämte sich seiner Absicht nicht: Er wollte erreichen, daß mehr in der Schrift geforscht wird, und glaubte, daß puritanische Bücher zu den besten Anreizen zählten, dieses Ziel zu erreichen. "Unsere puritanischen Vorväter waren starke Männer, weil sie an die Schrift glaubten. Niemand widerstand ihnen in ihren Tagen, denn sie lebten von guter Nahrung, während ihre degenerierten Kinder allzuoft ungesunder Nahrung den Vorzug gaben. Die Spreu erfundener Geschichten und die Kleie der Quartalsheftchen sind dürftiger Ersatz für das gesunde alte Korn der Schrift." Nicht daß Spurgeon die zu seiner Zeit neuesten Kommentare ignorierte, aber sie blieben unter dem Standard: "So gut wie dieser Band sein mag", schrieb er über F. Godets "Studien über das Neue Testament" von 1877, "in der Wichtigkeit der Gedanken und der Tiefe der Unterweisung hält er keinem Vergleich zu den großartigen alten puritanischen Schriften stand, die, für uns zumindest, immer neu und voller Anregungen sind." Hätte ich damals nicht schon begonnen, die Wahrheit solcher Aussagen in meinem eigenen Leben zu erfahren, hätte ich "Kommentieren und Kommentare" vielleicht mit geringerem Interesse aufgenommen; jedenfalls wurde das Buch für mich ein Vademecum, bis ich alle seine herausragenden Namen auswendig wußte. So erfuhr ich zwar Hilfe beim Lesen der Puritaner, jedoch in meiner Würdigung Spurgeons selbst war ich noch nicht viel weiter gekommen. Ohne Zweifel hatte ich jetzt einen übertriebenen Enthusiasmus für das, was man in alten Schwarten finden konnte; dieser Enthusiasmus übersah die Tatsache, daß der Heilige Geist Menschen verschiedener Zeiten verschiedene und unterschiedliche Gaben verliehen hat. Zur viktorianischen Zeit zog es mich nicht, und so lag nach meiner damaligen Ansicht Spurgeons Hauptbedeutung darin, daß er als eine Art Hinweisschild zurück ins 17. Jahrhundert diente. Wie Spurgeon puritanische Theologie in Beziehung zu seinem Dienst am einfachen Volk setzte, das in der Hektik und dem Dunst einer Wirtschaftsmetropole arbeiten mußte, wie er aus altem Gedankengut modernes Englisch destillierte, wie er die soliden Lehren einer vergangenen Zeit nutzte, um in völlig anderem geschichtlichen Zusammenhang zu evangelisieren - das alles waren Fragen, die ich nicht bedachte.

Bis zu dem Zeitpunkt hatte ich noch nicht die wertvollsten Veröffentlichungen Spurgeons gesehen, seine Predigten - nicht zu verwechseln mit den Auswahlbänden und "Köstlichen Auszügen", die in unterschiedlicher Größe unter seinem Namen zu finden sind. Das erstemal, daß ich einen Satz vergilbter schwarzer Bände der *Metropolitan Tabernacle Pulpit* (Metropolitan Tabernakel Kanzel) und, noch vergilbter, der *New Park Street Pulpit* (New Park Street Kanzel) zu Gesicht bekam, war in St. John's Free Church, Oxford, wo der Pastor, Sydney Norton, mir Gedanken über Spurgeon einpflanzte, die sich später entwickeln sollten. So lenkt Gottes Vorsehung durch verschiedene Geschehnisse die Richtung unserer Lektüre. William Robertson Nicoll hat geschildert, wie er im Jahre 1874 als Pastor "auf Probe" in einem Dorf in Aberdeenshire, wo es kaum Bücher gab, Zugang zu einem Satz von Spurgeons Predigten hatte und in sechs Monaten "sämtliche Bände durchlas"![1] Bei mir war es eine etwas andere Situation, die mich schließlich doch dazu brachte, die Predigten ernsthaft zu lesen. 1961 wurde ich auf die Kanzel der Grove Chapel in Camberwell berufen - einer Gegend, die Spurgeon sehr vertraut war, die sich aber seit damals beträchtlich gewandelt hatte. Menschlich gesprochen, waren die Aussichten unserer Gemeinde nicht sehr ermutigend, und ich war mir bewußt, daß eine bloße Wiederholung alter Lehren den Problemen der 1960er Jahre nicht gerecht werden konnte. Aus einem Buch unserer Kirchenbibliothek fiel eine Platzkarte für die Surrey Music Hall heraus, unterzeichnet von einem Diakon Spurgeons, mit der aufgedruckten Warnung, daß Reservierungen nur bis zu einer gewissen Stunde am Sonntagmorgen berücksichtigt blieben. Die Zeiten, daß solche Dinge in Süd-London geschahen, schienen lange vorbei zu sein, und wie anders sie geworden waren, brauchte mir niemand zu erzählen. In Zusammenhang mit meinem Pastorendienst nahm ich mir Spurgeon erneut vor und hatte einige Jahre lang fast jede Woche bald den einen, bald den anderen der zweiundsechzig Bände der obengenannten großartigen Serie in der Hand. Dabei ging es mir zunächst darum, meiner Gemeinde weiterzuhelfen, aber durch diese Erfahrung wurde meine eigene Einschätzung Spurgeons radikal und dauerhaft

---

[1] *Princess of the Church,* 1922, 49.

verändert. Mir schien es, als sei der Spurgeon, wie er sich in seinen Predigten abzeichnete, ein vergessener Mann, und je mehr ich las, umso mehr vertiefte sich die Überzeugung. Damit will ich sagen, daß trotz der modernen Lobeshymnen, die man ihm als "Fürsten unter den Predigern" zollt, und trotz der Anekdoten, die seine Fähigkeiten und seinen Humor beschreiben und noch immer in der evangelikalen Welt ihre Runde machen, einige der wichtigsten Seiten seines Dienstes in Vergessenheit geraten sind. Diese Behauptung zu beweisen, mag auf den ersten Blick nicht leicht erscheinen. Denn Spurgeons Schriften sind so umfangreich - ausreichend, die siebenundzwanzig Bände der neuesten Encyclopedia Brittanica zu füllen -, daß vielleicht jeder genug Zitate zu seinen Lieblingsthema anführen und Spurgeon so als Wortführer für Anliegen erscheinen lassen könnte, die im Gesamtzusammenhang seines Dienstes ziemlich bedeutungslos waren. Doch in Spurgeons Fall ist dieses Argument nicht stichhaltig, wenn es auch auf andere Kanzelgrößen des 19. Jhds. wie Henry Ward Beecher oder Joseph Parker zutrifft, die kaum ein oder gar kein System in ihrer Theologie hatten, und zuweilen Dinge sagten, die sie zehn Jahre später als Irrtum hinstellten. Was Spurgeon von so vielen seiner Zeitgenossen unterschied, war, daß all sein Predigen aus einem bestimmten Gerüst von Wahrheit heraus geschah, einem Gerüst, das biblisch und daher felsenfest, das aber auch einfach und daher ohne große Umschweife darstellbar war. Spurgeon konnte seinen Glauben in definitiver, bekenntnishafter Form darlegen, und seine Predigten, so unterschiedlich sie waren und so verschieden die Schriftstellen, die ihnen zugrundelagen, verloren doch nie den Zusammenhang mit dem System evangelischer Wahrheit, dem er treu war. "Es ist schon sehr außergewöhnlich", beobachtet ein Kritiker,"wie fähig und wie kraftvoll dieser große Baptist in seinen engen lehrmäßigen Grenzen sein kann." Robertson Nicolls ausgedehnte Lektüre in Spurgeons Schriften brachte ihn zu der Aussage, daß "zweifellos seine Theologie ein Hauptfaktor seiner bleibenden Anziehungskraft" war, und er stellte die Frage: "Warum konnte der Calvinismus in den feuchten, tiefliegenden, dichtbesiedelten, vom Existenzkampf gezeichneten Gegenden Süd-Londons so hervorragend gedeihen?" Diese Frage soll uns jetzt nicht beschäftigen. Mit dem Zitat will ich nur zeigen, daß Spurgeons Theologie groß und deutlich in seinen Predigten geschrieben steht

- zu offensichtlich, um sie erfolgreich zu vertuschen oder verdreht darzustellen. Darüberhinaus gibt es ein Dokument namens "Spurgeons Katechismus"[2], in welchem das theologische Gerüst all seiner Predigten so formuliert ist, daß man es innerhalb von zehn Minuten durchlesen kann; somit ist für wirksame Absicherung gegen jegliche Verdrehung seiner Hauptschwerpunkte gesorgt.

Spurgeons Theologie kann man nur annehmen oder sie vergessen. Und ich glaube, letzteres ist im 20. Jahrhundert weitestgehend geschehen. Und Spurgeon ohne seine Theologie ist ungefähr so entstellt wie die billigen Porzellanfiguren von ihm, die vor mehr als hundert Jahren von Scharlatanen zum Verkauf angeboten wurden.

Auf den folgenden Seiten werden Spurgeons Gedanken und Lehren das Hauptthema sein. Dieses ist keine Biographie. Da jedoch die starken Schwerpunkte seines Predigens aus ganz bestimmten geschichtlichen Zusammenhängen erwuchsen, habe ich die Kapitel hauptsächlich um die drei großen Kontroversen seines geistlichen Dienstes angeordnet. Das erste befaßt sich mit Spurgeons frühem Zeugnis gegen einen verdünnten Evangelikalismus und die Kontroverse, die sich ergab, als er durch seine Exeter Hall- und Surrey Music Hall- Gottesdienste anfing, die Aufmerksamkeit anderer Pastoren und der Zeitungen zu erregen, die lange Zeit gedacht hatten, die Theologie, der Spurgeon wieder Geltung verschaffen wollte, gehörte endgültig der Vergangenheit an. Die zweite Kontroverse entstand aus einer Predigt über die Taufwiedergeburt, die er am 5. Juni 1864 hielt. Dieses war die am weitesten verbreitete aller seiner Predigten und regte eine Debatte an, die sich um weit mehr als nur um Taufe drehte. Der Katalog des Britischen Museums enthält unter "Spurgeon" fast vier Spalten Buch- und Kleinschriftentitel, die mit dieser Kontroverse zusammenhängen. Zwar kann ich selbst Spurgeons Ansicht zum Thema Taufe nicht ganz teilen, aber ich glaube, daß dies eine der wichtigsten ungelösten Auseinandersetzungen des letzten Jahrhunderts war. Die letzte große Kontroverse von 1887 bis zu seinem Tode im Alter von 57 Jahre fünf Jahre später, entflammte an seinem Protest gegen die sogenannte Down-Grade-Bewegung in den Kirchen. Dieses war sicherlich der schmerzhafteste Kampf

---

[2] *Spurgeon's Catechism* ist lieferbar durch den Verlag Evangelical Press, 136 Rosedale Road, London S.E. 21.

seiner ganzen Amtszeit, und er war unvermeidbar, denn, wie E. K. Simpson schrieb, "die Kluft zwischen den kritischen Liberalen und den Herolden eines gekreuzigten Christus ging bis hinab in die Grundfesten."

Zu der ersten dieser Kontroversen seien einige Worte einleitend vorangestellt . Nach modernen Maßstäben ging es hier um einen Disput, der niemals hätte aufkommen dürfen. Zur "modernen" Art gehört es, Bezeichnungen wie Arminianismus und Calvinismus zu vermeiden und zu betonen, daß der biblisch orientierte Evangelikale kein Anhänger irgendeines "menschlichen" Systems sei. Diese alten Bezeichnungen, heißt es, wären nie zustandegekommen, wenn beide Seiten gesehen hätten, daß jedes der Lehrgebäude biblische Schwerpunkte hervorhob, nämlich die menschliche Verantwortung auf der einen Seite und die göttliche Souveränität auf der andern. Die ganze Wahrheit sei zu groß, als daß eine Seite allein sie sehen könnte. Der Versuch, die Auseinandersetzung auf diese Weise zu lösen, ist weder neu - bereits Spurgeon kritisierte einen Mann dafür, daß er in seinen Predigten "drei Körnchen Calvinismus und zwei Körnchen Arminianismus"[3] empfahl - noch ist er biblisch, denn er weicht der Frage aus, was die Schrift unter Souveränität und Verantwortung versteht. Der Gebrauch der Ausdrücke allein macht einen Menschen noch nicht "biblisch-evangelisch".

In jungen Jahren gebrauchte Spurgeon die Bezeichnung "Arminianer" gern zur Beschreibung einzelner Menschen; von dieser Praxis nahm er später weitgehend Abstand, zumal die Einhaltung des "Neuen Gebots" (der Liebe) dadurch erschwert wurde; und es sei auch nicht empfohlen, diesen Gebrauch des Wortes wiederzubeleben. Solange es aber nun eine solche Auffassung vom Evangelium gibt, wie man sie geschichtlich mit Arminianismus assoziiert, braucht man auch einen theologischen Begriff, um diese Denkweise zu bezeichnen. Das Wort verschwinden zu lassen, hilft niemandem; und wenn ein Mann, wie zum Beispiel der ehrwürdige John Wesley, seinen Arminianismus wirklich durchdacht hat, dann schämt er sich des Titels auch nicht. Ihm ist er gleichbedeutend mit biblischen Zusammenhängen. Haben wir, dementsprechend, ein System evangelischer Wahrheit, dessen

---

[3] *An All-Round Ministry*, Ausgabe 1960, 256.

Wiederentdeckung größtenteils der Reformationszeit zuzuordnen ist, und unterscheidet sich dieses System in bestimmten wichtigen Punkten von einem umfassenderen späteren Evangelikalismus, dann brauchen wir einen Begriff, der den Unterschied kennzeichnet. Es ist beinahe ein geschichtlicher Zufall, daß die Theologie der Reformation als "Calvinismus" bezeichnet wurde, aber als der Name nun einmal so stand, diente er einem wichtigen Ziel: Für den, der es glaubt, ist es ein biblisches System, dessen Verbindung mit dem Namen des Kirchenführers rein zufällig ist. In diesem Sinne gebrauchte Spurgeon den Begriff "Calvinismus". Für ihn war es der Glaube, der ebensogut Augustin und Paulus wie dem Genfer Reformatoren zueigen war. Während wir also den Einsatz dieser Namen als trennende Etiketten verabscheuen, ist ihr gelegentlicher Gebrauch in der Diskussion im Interesse der Deutlichkeit wohl unumgänglich. Es ist sinnlos, sich selbst als "rein biblisch" zu bezeichnen, solange die Frage im Raum steht, "Was lehrt die Bibel eigentlich zu bestimmten Themen?"

Bevor wir uns eingehend mit oben erwähnter Diskussion befassen, möchte ich noch einen weiteren Punkt ansprechen, der hierzu von Bedeutung ist. Wenn der Calvinismus ein "System" genannt wird - eine Theologie, die ein zusammengehöriges Ganzes bildet -, dann kommt mit Sicherheit einigen der Gedanke, daß hierin nicht seine Stärke, sondern vielmehr seine Schwäche zu sehen ist. Kommt diese Lehrrichtung nicht gerade darin zu Fall, daß sie Logik und Vernunft zum Übermaß treibt?

Ich spreche diesen Punkt jetzt an, damit der Leser besser abschätzen kann, wie gerechtfertigt die Anliegen der folgenden Kapitel sind. Wenn man Spurgeon als einen rechtmäßigen Sprecher für das System sieht, das die Lehren von der freien, souveränen Gnade in ihrer Fülle entfaltet, dann treffen die Vorwürfe den Falschen. Wie wir sehen werden, nahmen sowohl Hyper-Calvinisten als auch Arminianer Anstoß an Spurgeon, und merkwürdigerweise auf demselben Boden. Spurgeon vertrat die Ansicht, weil er glaubte, sie in der Schrift gelehrt zu finden, daß der Mensch zwar verpflichtet ist, dem Evangelium zu glauben, aber eben dazu aufgrund der Sünde vollkommen unfähig ist. Aber, so fragt die Vernunft, wie kann ein Mensch für eine Handlung verantwortlich gemacht werden, derer er nicht fähig ist? Hyper-Calvinismus nimmt die Frage der Vernunft auf und löst das

Problem durch Leugnung einer allgemeinen Pflicht, an Christus zu glauben, während Arminianismus ebenso der Vernunft folgt und dann das Problem anders löst, nämlich, indem er versichert, daß die Fähigkeit zu glauben universal, also von jedem zu erwarten sei. Weiter glaubte Spurgeon, im Einklang mit der historischen Schule, zu der er gehörte, daß niemand gerettet wird als allein durch die spezielle und wirksame Gnade Gottes, worauf die Vernunft erwidert, daß der Rest der Menschheit deshalb unter der Notwendigkeit stehen müsse, in der Sünde zu verderben. So zieht sich der Hyper-Calvinismus (in seiner schlimmsten Form) in die Inaktivität zurück, während der Arminianismus zwar ebenfalls diese Reaktion auf die Lehre von der speziellen Gnade als zwingend notwendig erachtet, die ganze Lehre dann aber als haarsträubend und absurd abtut - und haarsträubend wäre sie in der Tat, wenn alles, was die Vernunft zu dem Thema einzuwenden hat, legitim wäre. Das einzige, was wahrer Calvinismus den rationalen Schlußfolgerungen der Hyper-Calvinisten und der Arminianer entgegensetzen kann, ist das, was Paulus in Römer 9 geltend macht, nämlich die Unzulänglichkeit menschlicher Vernunft, wenn sie sich damit beschäftigt, Dinge ergründen zu wollen, von denen Gott beschlossen hat, sie unerklärt zu lassen. Insoweit die Möchtegern-Vertreter calvinistischer Theologie von dieser Haltung abgewichen sind, haben sie anderen Christen berechtigten Grund zur Beschwerde geliefert. Aber eine Untersuchung all jener, die als Lehrer dieses Systems besondere Bedeutung hatten, würde die Tatsache belegen, daß die Stärke dieser Männer in ihrer Entschlossenheit gelegen hat, alles durch die Schrift allein zu lösen und, wo die Schrift keine Lösung der Schwierigkeiten anbietet, still zu sein und einen großen Gott anzubeten.[4] "Glaube", sagt Spurgeon," ist Vernunft, die in Gott ruht."

---

[4] William Tyndale legt zum Beispiel die allgemeine Stellung der Reformatoren zu dem Thema dar, wenn er sagt: "Warum öffnet Gott dem einen Menschen die Augen, dem anderen nicht? Paulus (Römer 9) verbietet die Frage nach dem Warum, denn sie ist zu tief für das menschliche Fassungsvermögen. Uns genügt es zu sehen, daß Gott dadurch geehrt wird und Seine Gnade in den Gefäßen der Gnade erzeigt und umso mehr sichtbar wird. Aber die Papisten gönnen Gott keine Geheimnisse, die nur Er kennt. Sie haben versucht, den Boden Seiner bodenlosen Weisheit zu erforschen: und weil sie das Geheimnis nicht aufdecken können, aber zu stolz sind, es ungelöst zu lassen und zuzugeben, daß sie unwissend sind, wie der Apostel,

Nichtsdestoweniger hat dieselbe Schule, die Demut des Verstandes vor Gott lehrte, auch sehr stark die Aufgabe der Kirche betont, ein System der Theologie zu vertreten; und das ist durchaus kein innerer Widerspruch, weil sich die Wissenschaft der Systematischen Theologie damit befaßt, Wahrheiten aus der Schrift abzuleiten und sie, soweit wie möglich, in einem zusammenhängenden Lehrgebäude zu formulieren. Diese Wissenschaft als Beeinträchtigung der Schrift durch die Vernunft abzulehnen, hieße vorauszusetzen, daß die Schrift nicht ausreichend Material oder Anleitung zur Formulierung eines echten biblischen Systems bietet. Dieses Vorurteil, das nicht selten als Bewahrung der Schrift vor "menschlichen Systemen" gewertet wurde, ist selbst unbiblisch. Spurgeon schreibt: "Von einem menschlichen Machwerk zu behaupten, daß es viele große, lehrreiche Wahrheiten enthalte, die sich allerdings unmöglich systematisieren lassen, ohne jede einzelne Wahrheit zu schwächen und das Ziel des Ganzen zunichte zu machen, würde recht zweifelhaftes Licht auf die Weisheit und Kunstfertigkeit des Autoren werfen. Um wieviel mehr dort, wo wir solches vom Wort Gottes behaupten! Systematische Theologie ist für die Bibel, was die Wissenschaft für die Natur ist. Die Vorstellung, daß alle anderen Werke Gottes geordnet und systematisch sind, und je grö-ßer das Werk, umso vollkommener das System, und daß das größte aller Seiner Werke, in welchem alle Seine Vollkommenheiten vortrefflich dargestellt sind, weder Plan noch System haben sollte, ist ganz und gar absurd. Soll der Glaube an die Schrift positiv, in sich schlüssig, wirksam und bleibend sein, dann braucht er ein festes, wohldefiniertes Glaubensbekenntnis. Niemand kann sagen, die Bibel sei sein Bekenntnis, bevor er es auch in eigenen Worten ausdrücken kann."[5]

---

der nichts wußte als die Herrlichkeit Gottes in den Auserwählten, darum gehen sie hin und richten zusammen mit den heidnischen Philosophen den freien Willen auf und sagen, der freie Wille des Menschen sei der Grund, aus dem Gott einen erwählt und einen anderen nicht. Damit widersprechen sie allem, was die Schrift lehrt." *An Answer to Sir Thomas More's Dialogue*, Parker Soc. Auflage 1850, 191.

[5] *The Sword and the Trowel*, 1872, 141. Das Zitat ist Teil einer Buchbesprechung der *Systematischen Theologie* von Charles Hodge.

Nach diesen Erwägungen im Zusammenhang mit der ersten Kontroverse gehe ich als nächstes auf einen allgemeinen Einwand ein, der wahrscheinlich gegen die von mir in diesem Buch angewandte Methode erhoben wird, und zwar: Ist es richtig, Spurgeon unter dem Aspekt dieser drei Kontroversen zu beleuchten? Insofern als dieser Einwand auf die Unmöglichkeit hinweist, einen so vielseitigen Mann wie Spurgeon in einem Buch dieses Umfangs zu behandeln, hat er meine volle Zustimmung. Dieses Buch ist kein Ersatz für eine Biographie und keine Alternative dazu, seine Predigten aus erster Hand zu lesen; ein Grund, warum ich meine Zitate aus letzteren mit Stellenangaben versehen habe, ist der, daß ich die Leser ermuntern möchte, diese Auszüge nachzuschlagen und den ganzen Zusammenhang zu lesen. Eines wird der Leser in den Predigten Spurgeons finden: daß sie zum Großteil aus dem bestehen, was zum breiten Strom allgemeinen christlichen Gedankengutes gehört, und das hat ihm bei Christen so vieler christlicher Lager Achtung eingebracht. Ich möchte nicht, daß der Eindruck entsteht, Spurgeon habe denselben Fehler gemacht, den zu vermeiden er seine Studenten ermahnte, nämlich "fünf oder sechs Lehrsätze einzustudieren und sie mit unermüdlicher Monotonie zu wiederholen."

Der Einwand geht jedoch darüber hinaus. Auseinandersetzungen und theologische Debatten, so heißt es, waren nicht Spurgeons Aufgabe, und insoweit wie er sich daran beteiligte, verließ er seine wahre Berufung. Diese Ansicht kann ich ganz und gar nicht teilen, obwohl einem auffallen muß, wieviele Fürsprecher sie gehabt hat. Von viktorianischen Zeiten an bis heute ist ihm in fast jeder Rolle applaudiert worden, nur nicht in der Rolle eines Mannes, der ein wichtiges Zeugnis gegen Irrtümer in der Kirche vorzubringen hatte. Als Persönlichkeit, Autor, Prediger, Baptist, Mystiker und Philanthrop ist er beschrieben und diskutiert worden, aber unterdessen konnten die großen Kontroversen, in denen er sich mit solchem Ernst engagiert hatte, und die Theologie, an der er so hartnäckig festgehalten hatte, im Großen und Ganzen in Vergessenheit geraten. Und das geschah mit der Rechtfertigung, daß diese Auseinandersetzungen die am wenigsten wichtigen Elemente seines Lebens darstellen, weil Theologie nicht seine Stärke war. So verkündete John Clifford, der Vizepräsident der Union zu einer Zeit, als die Down-Grade-

Kontroverse auf ihrem Höhepunkt war: "Es schmerzt mich unsagbar zu sehen, wie dieser erhabene "Seelengewinner" die Energien tausender Christen dazu entflammt, sich in persönlichen Kampf und Streit einzulassen, anstatt sie dafür zu begeistern, wie er es gewiß könnte, in anhaltendem heroischem Einsatz unseren Landsleuten die gute Nachricht von Gottes Evangelium zu bringen!"[6] Vier Jahre später schrieb ein religiöses Blatt einen Nachruf Spurgeons und spiegelte darin die vorherrschende Stimmung wider: "Wir wenden uns von seinen 'calvinistischen Theorien' ab, seinem christlichen Leben zu und finden hier seine beständige Freundlichkeit, seinen echten, liebevollen Charakter in direktem Gegensatz zu seinem engen Glaubensbekenntnis."[7]

Genau wie das Image der Puritaner nach 1662 weitgehend von den verunglimpfenden Aussagen derer geprägt wurde, die kein Gefallen an ihrer Form des Glaubens hatten, so ist das Image Spurgeons, das in das 20. Jahrhundert projeziert wurde, weitgehend das Werk von Menschen, die wenig oder gar keine Sympathie für seine Lehre hatten und ihn als Theologen geringschätzten.[8] Abgesehen von Robert Schindler, der kurz vor Spurgeons Tod schrieb[9], und Charles Ray, der anscheinend wenig mehr getan hat als eine Kurzfassung der Autobiographie[10] zu schreiben, fällt mir kein Biograph Spurgeons ein, der mit ehrlichem Herzen dem Glaubensbekenntnis hätte zustimmen können, das Spurgeon bezeugte, als er seinen Dienst in New Park Street Chapel begann. W. Y. Fullerton und J. C. Carlile, die in der dritten und vierten Dekade des 20. Jahrhunderts zuweilen als Standardwerke bezeichnete Spurgeon-Biographien schrieben, hätten es beide nicht ge-

---

[6] G. Holden Pike, *The Life and Work of Charles Haddon Spurgeon*, Bd. 2, 97.

[7] Pike 6, 352.

[8] William Robertson Nicoll, Herausgeber der *British Weekly* , war einer der wenigen Literaturkritiker jener Zeit, die die Ungerechtigkeit des Urteils sahen, das Spurgeon als Lehrer einfach ignorierte. Seine Meinung war, daß "die Kirche noch nicht weiß, welch großen Heiligen und Gelehrten sie in Mr. Spurgeon besaß", und weiter, "welch großen, geübten Theologen, Meister in jedem Bereich seines eigenen Systems, der nichts predigte, was er nicht selbst erprobt hatte." Einführung zu *Sermons by Rev. C. H. Spurgeon,* undatiert, 8.

[9] *From the Usher's Desk to the Tabernacle Pulpit*, Leben und Arbeit des Pastors C. H. Spurgeon, 1903

[10] *The Life of Charles Haddon Spurgeon*, 1903.

konnt; und während diese Autoren einseitiges Licht auf die Kontroversen warfen, erinnern sie einen allzusehr an die "Männer aus Weidenzweigen und Gips", von denen Spurgeon sprach. Eine Darlegung der Lehre Spurgeons ist in ihren Seiten nicht zu finden. Als T. R. Glover 1932 über Spurgeon in "The Times" schrieb und A. Cunningham-Burley 1933 "Spurgeon und seine Freundschaften" veröffentlichte, hatte die Deutung des verstorbenen Pastors des Metropolitan Tabernacle seinen Tiefstand erreicht.[11] Auf letzteres Buch paßt erstaunlich gut ein Kommentar, den Spurgeon einst zu einem anderen Werk abgab: "Wertvoll für Hausmädchen - zum Feuermachen."

So schien in den 1930ern die viktorianische Voraussage, Spurgeon sei "der Letzte der Puritaner" (die Formulierung stammt von einem nonkonformistischen Liberalen), hinreichend bestätigt. Das "altmodische Evangelium", für das er seine Kirche und sein Bibelseminar als "Wahrzeichen" verstanden wissen wollte, war weitestgehend vergessen, mit Ausnahme einiger weniger, die dann auch prompt die Wirkung des Tributs, den seine Denomination ihm anläßlich seines hundertsten Geburtstages 1934 zollte, vereitelten, indem sie Fragen stellten wie: "Welcher unserer 'wohlbekannten Baptistenprediger' verkündet denn die Wahrheit von der göttlichen Erwählung, so wie Spurgeon es tat? Wer von ihnen rühmt sich des kostbaren Blutes unseres Herrn Jesus Christus, so wie Spurgeon es tat?"[12] Wenn man das alles bedenkt, kann es einen nicht überra-

---

[11] Eine Ausnahme war ein guter Artikel von Edmund K. Simpson, der unter dem Titel "Spurgeons intellektuelle Fähigkeiten" als Antwort auf Glover in *The Evangelical Quarterly,* Okt. 1934, erschien.

[12] Das Zitat stammt aus *Our Outlook,* einer vierteljährlichen Botschaft in Verbindung mit der Highgate Road Chapel, London N.W. 5, herausgegeben von John Wilmot, Band 1937-39. Im Jahre 1939 verband sich Spurgeon's College wieder mit der Baptisten-Union, und in demselben Jahr wurde der College-Prinzipal, Percy W. Evans, zum Vorsitzenden der Union gewählt. Eine Zeitschrift kommentierte: "Das ist eine interessante Fügung, denn in Spurgeons Zeit verließ das College die Union wegen theologischer Zwistigkeiten, und Dr. Evans hat weitgehend dazu beigetragen, das College zurück zur Union zu bringen. Dr. Evans hat die orthodoxe und evangelikale Tradition des College bewahrt, aber er ist toleranter als der berühmte Gründer." Zur selben Zeit bedauerte ein Schreiber in *Bible League Quarterly,* daß er im Briefwechsel mit dem Prinzipal des Spurgeon's College in der Zielsetzung gescheitert sei, "die Zusicherung zu erlangen, daß heute die

schen, daß die moderne Sicht von Spurgeon seine theologische Bedeutung geringschätzt.

Wilbur Smith schrieb 1955: "Ich habe versucht, noch einmal die meisten der bedeutenden autobiographischen und biographischen Bände über Spurgeon zu lesen, und bin dabei zu der festen Überzeugung gelangt, daß die christliche Kirche bis heute noch kein voll angemessenes, verbindliches Lebensbild dieses mächtigen Predigers der Gnade Gottes gesehen hat."[13] Dieser Schluß war, glaube ich, völlig richtig.

Mein Hauptargument für die Methode, der ich beim Schreiben dieses Buches folge, besteht jedoch nicht in einer Kritik an den Biographen, die diese drei Kontroversen geschmälert oder ignoriert haben. Ich nehme als Grundlage Spurgeons eigene Überzeugung, daß sein Standpunkt zu den Lehren, um die es in den Kontroversen ging, von großer Wichtigkeit war - eine Überzeugung, die durch seine Predigten, seine Autobiographie und seine monatliche Zeitschrift *The Sword and the Trowel* ("Schwert und Kelle"), die er siebenundzwanzig Jahre lang herausgab, hinreichend bezeugt ist. In einer Ansprache vor seinen Studenten drei Jahre vor seinem Tode sagte er: "Ich werde bald von euch gegangen sein. Ihr werdet zusammenkommen und zueinander sagen: 'Der Direktor ist von uns gegangen. Was werden wir jetzt tun?' Ich ermahne euch, seid dem Evangelium unseres Herrn Jesus Christus treu, und der Lehre von Seiner Gnade." Das war charakteristisch für Spurgeons Prioritäten, und es war um dieser Prioritäten willen, daß er schrieb: "Für die Wahrheit gegen die Irrtümer der Zeit zu streiten - davon sind wir mehr denn je überzeugt - ist die besondere Aufgabe des Predigers." Mrs. Spurgeon und J. W. Harrald waren in vollem Einklang mit Spurgeons Sicht, als sie in seiner Autobiographie zur Down-Grade-Kontroverse anmerkten: "Viele Leute waren töricht genug zu glauben, er hätte jetzt eine neue *Rolle* angenommen, und manche sagten, er hätte besser daran getan, einfach das Evangelium zu predigen und die sogenannten "Häretiker" ihrer Wege gehen zu lassen! Solche Kritiker müssen wohl mit seiner ganzen Lebensgeschichte sehr schlecht vertraut

---

historische Lehre von der Verbalinspiration des biblischen Urtextes so gelehrt wird wie vom Gründer des College". ebd., 198-9.

[13] In einer Einführung zu dem Buch *The Treasury of Charles H. Spurgeon,* 1955, 19.

gewesen sein, denn vom ersten Anfang seines Dienstes an hatte er ernsthaft für den Glauben gefochten, der 'ein für allemal den Heiligen übergeben war.' "[14]

Man kann natürlich Spurgeons Einschätzung dieser Kontroversen in Frage stellen. Einige werden sagen, die Auseinandersetzungen ergaben sich mehr aus persönlichen Faktoren als aus zwingenden lehrmäßigen Gründen: In seinen frühen Jahren der großen Erfolge in London (als er nicht ohne eine Spur von Egoismus war), erregte er den Neid, und somit den Widerstand anderer Pastoren, während er in der letzten Kontroverse von 1887 - 92 den Mangel an Bereitschaft, seiner Führung zu folgen, als generelles Abweichen der Baptisten vom Christentum mißverstand; und das, gekoppelt mit der Gicht und dem Rheumatismus war die Ursache für seinen schwermütigen Geist![15] In den folgenden Seiten werde ich mich mit solcherlei Ansichten nicht auseinandersetzen. Das wäre auch mehr die Aufgabe eines Biographen. Persönlich bin ich jedenfalls überzeugt, daß der *Haupt*faktor in jeder der Kontroversen biblisch und nicht persönlich war. Ich erwähne diese Meinungen nur, um zu sagen, daß Autoren zwar ihre Ansichten haben dürfen, aber dabei nicht Spurgeons eigenen Überzeugungen zu der Angelegenheit unterdrücken dürfen. Doch Unterdrückung *hat* stattgefunden, denn hinter uns liegt ein finsterer Zeitabschnitt, in dem,

---

[14] C. H. *Spurgeon's Autobiography*, 2, 259. Die Autobiographie, zusammengestellt von seiner Ehefrau und seinem Privatsekretär, wurde erstmals in den Jahren 1887-1900 herausgegeben. Der größte Teil der Bände 1 u. 2 wurde mit einigen Zusätzen im Jahre 1962 unter dem Titel *The Early Years* aufgelegt. Wenn ich aus der ersten Hälfte der Autobiographie zitiere, werde ich fortan die Stellenangaben in *The Early Years* geben, da dieses Buch für die meisten Leser leichter zugänglich ist. Die Autobiographie wird immer die wichtigste Quelle biographischer Informationen über Spurgeon sein, und die zweitwichtigste Quelle (abgesehen von *The Sword and the Trowel*) ist G. Holden Pikes sechsbändiges Werk, das wir bereits zitierten.

[15] Die verletzendste Kritik dieser Art war vielleicht Joseph Parkers "offener Brief" in *The British Weekly*, 25. April 1890. Doch Parker stand durchaus nicht allein mit seiner Sicht von der Down-Grade-Kontroverse. Siehe Pike, 6, 299. Robertson Nicoll wollte mit Kritik an Spurgeons Charakter nichts zu tun haben: An einen der Verkläger Spurgeons schrieb er: "Nie habe ich ein Anzeichen dafür bemerkt, daß seine immense Popularität ihm den Kopf verdrehte. Eher im Gegenteil - sie machte ihn oft sehr melancholisch und niedergeschlagen!" *William Robertson Nicoll*: Life and Letters, T. H. Darlow, 1925, 103.

wie Spurgeon vorhersagte, viel gegen die Wahrheit und ihre Verteidiger getan wurde: "Ich bin gern bereit, die nächsten fünfzig Jahre von den Hunden gefressen zu werden", sagte er 1889, "aber die fernere Zukunft wird mich rechtfertigen."[16] Meine persönliche Überzeugung ist, daß es keine Neubeurteilung Spurgeons geben wird, bevor nicht diese drei Kontroversen neu untersucht werden. Ein Studium dieses Themas kann einem zwar nicht alles vermitteln, was man nutzbringend über Spurgeon lernen kann, aber es wird die Wahrheiten in den Vordergrund rücken, von denen Spurgeon wirklich glaubte, daß eine zukünftige Generation sie durch Gottes Gnade wieder auf Erden aufrichten werde. Vor dem Hintergrund betrachtet erscheint Spurgeon nicht als genialer Kanzelredner und Humorist, sondern als ein Mann aus Granit, der seiner Generation mit Donnerstimme die zeitlosen Wahrheiten des Wortes Gottes zurief. Wie John Ploughman zog er eine gerade Furche, und von seinem Beispiel können wir eine neue Vision und Entschlossenheit für unser eigenes Leben gewinnen.

Man könnte Spurgeons Lebenslauf als eine große "Erfolgsstory" schreiben. Als etablierter Pastor einer Gemeinde predigte er sonntags regelmäßig vor mehr Menschen, als es die christliche Kirche je zuvor erlebt hatte.[17] Als an einem normalen Sonntag des Jahres 1886 in London eine Zählung der Gottesdienstbeteiligung durchgeführt wurde, war die gesamte Zuhörerschaft im Metropolitan Tabernacle, Morgen- und Abendgottesdienst, größer als 10.000 Menschen![18] Darüberhinaus, wenn man die Leser der Predigten dazuzählt, "schätzte man," so G. H. Pike, "die Gemeinde Spurgeons auf nicht weniger als eine Million Personen." So populär waren seine Predigten, daß man, ohne seine Einwilligung, sogar den Versuch unternahm, die Sonntagmorgen-Predigt nach Amerika zu telegraphieren, um sie

---

[16] *An All-Round Ministry*, 360.
[17] 1874 stand die Zahl der Mitglieder des Tabernacle bei 4366, und die Gemeinde galt als "die größte der Welt; die zweitgrößte war angeblich die First African Congregation in Richmond, Virginia", Pike, 5, 124. Der Tabernacle war so gebaut, daß er 6000 Menschen Platz bot, und war offensichtlich meistens voll, und mit bei manchen Versammlungen, so hieß es, "stand die Hälfte zusätzlich vor der Tür stand und konnte keinen Einlaß bekommen", ebd. 138. Das große Gebäude brannte am 20. April 1898 nieder.
[18] *William Robertson Nicoll*, Life and Letters, 72.

montags in der Zeitung abzudrucken. Bis 1899 waren hundertmil-
lionen Exemplare seiner Predigten in dreiundzwanzig Sprachen
herausgegeben;[19] vor seinem Tode war sein größtes
Auslegungswerk, *Die Schatzkammer Davids*, 120.000fach verkauft, und zu diesen Zahlen muß der Einfluß von weiteren 125
Büchern, die seinen Namen trugen, und der Zeitschrift *The Sword
and the Trowel* gerechnet werden.[20]

Die Versuchung liegt nahe, bei der Deutung Spurgeons für unsere Zeit falsche Schlüsse aus solchen Statistiken zu ziehen; beispielsweise zu folgern, daß ein Pastor, der seinem Beispiel folgt
und voll und ganz für seine Theologie eintritt, in unserer oberflächlichen Zeit gleiche Ergebnisse sehen werde. Aber die Rechtmäßigkeit dieser Schlußfolgerung kann nicht akzeptiert werden,
denn sie mißachtet wichtige biblische Erwägungen. Gott gibt nicht
einfach Predigern Gelegenheiten und überläßt es ihnen, was sie
daraus machen. Er gibt die Männer und bereitet die Zeiten, in
denen sie zu handeln haben. Wie Spurgeon mit Bezug auf John
Wycliffe sagt: "Gott bereitet den Mann für den Ort und den Ort
für den Mann; die Stimme hat ihre Stunde, und die Stunde hat ihre
Stimme." Durch Erziehung, durch Besitz großartiger natürlicher
Gaben, durch Ausrüstung mit dem Heiligen Geist wurde Spurgeon
zubereitet, in einer *Erntezeit* der englischen Kirchengeschichte zu
wirken. "Mein Leben", konnte er sagen, "war ein einziges großes
Erntefest!" Lange vor seinem Tode änderte sich jedoch die geistliche Situation im Lande, und Spurgeon sah die Veränderung; während er gewöhnlich treuen Predigern des Evangeliums volle Kirchen in Aussicht gestellt hatte, mußte er seine Meinung jetzt ändern: "Verglichen damit, wie es vorher war, ist es schwer, Aufmerksamkeit für Gottes Wort zu gewinnen. Ich habe immer gedacht, wir müssen nur das Evangelium predigen, und schon drängen die Menschen heran, um es zu hören. Ich fürchte, ich muß

---

[19] *A Marvellous Ministry*, The Story of C. H. Spurgeon's Sermons, 1855 to
1905, Charles Ray, 1905.
[20] George J. Stevenson in seinem Buch *Pastor C. H. Spurgeon*, Sein Leben
und Werk zu seinem 43. Geburtstag, 1877, sagt, daß *The Sword and the
Trowel* zu diesem Zeitpunkt eine Auflage von 15.000, "mit stetigem
Zuwachs", hatte.

meinen Glauben diesbezüglich korrigieren . . . Wir alle spüren, daß unter den Massen ein Verhärtungsprozeß stattfindet."[21]

Den Gedanken Robertson Nicolls, daß es so eine Art natürlicher Anziehung zwischen den arbeitenden Massen Süd-Londons und einem festen Calvinismus gebe, kann niemand, der im 20. Jahrhundert geboren ist, mehr nachvollziehen. Spurgeon selbst hatte ihn abgelehnt. Er sah für die Kirche eine Zeit kommen, in der Erfolg nicht die Norm und Statistiken und Mehrheiten sehr irreführende Wegweiser zur Wahrheit sein würden. Nicht des Erfolgs wegen forderte er Aufmerksamkeit für seine Botschaft, sondern aufgrund ihrer göttlichen Autorität. "Schon lange habe ich aufgehört, Köpfe zu zählen", sagte er 1887, "die Wahrheit ist gewöhnlich in der Minderheit in dieser bösen Welt."

Aus diesen Gründen liegt mir nichts an einer erfolgsorientierten Sichtweise Spurgeons, und ich werde von jeder Bemühung Abstand nehmen, den Lesern der folgenden Seiten Glaubensweisen nahezulegen, nur "weil Spurgeon es so sagte." Denn für eine Wiederbelebung der Sorte von Spurgeon-"Kult", wie sie in einigen Kreisen früher existierte, habe ich nichts übrig. Der Kult war grundsätzlich ungesund; zweifellos brachte er manche dazu, Glaubensgrundsätze anzunehmen, weil Spurgeon sie lehrte, und nicht, weil sie sie klar in der Schrift erkannten; und insoweit er das tat, war er dem Ziel abträglich, das Spurgeon am meisten am Herzen lag. Denn solche Einstellung macht das Hauptanliegen seines Dienstes zunichte. Spurgeons Vermächtnis war weder seine Redegabe, noch seine Persönlichkeit - diese Dinge sind den Weg allen Fleisches gegangen - sondern sein Zeugnis für den "ganzen Ratschluß Gottes" und seine Verkündigung des großen reformatorischen Grundsatzes, daß der Herr allein vor unseren Augen und Seine Ehre das letzte Motiv all unseres Handelns sein soll. In dem Zusammenhang war es kein Zufall, daß, ähnlich wie Johannes Calvin, der verfügte, sein Grab unbeschriftet und somit unerkennbar zu lassen, Spurgeon zur Kennzeichnung seines Grabes nicht mehr wünschte als die Buchstaben "C. H. S.".

---

[21] *An All-Round Ministry*, 196.

Vor einhundert Jahren schrieb Charles Haddon Spurgeon: "Für Fleisch und Blut ist es natürlich am leichtesten, sich auf Gemeinplätze zurückzuziehen, dem Sektierertum abzusagen und den Anspruch zu erheben, einen im rechten Sinne ultra-katholischen Geist zu haben; aber, mag es auch rauh und unbequem sein, von einem ergebenen Diener des Königs Jesus wird erwartet, daß er alle Seine Herrschaftsrechte verteidigt und für jedes Wort Seines Gesetzes eintritt. Freunde schelten uns und Feinde verabscheuen uns, wenn wir allzusehr für den Herrn und Gott von Israel eifern, aber was macht das, wenn nur der Meister zufrieden ist? Die Worte Rutherfords, in seinem Brief an William Fullerton, klingen uns in den Ohren: 'Ich ersuche dich ernsthaft, all deine Ehre und Vollmacht Christus und für Christus zu geben; und fürchte nicht um Fleisch und Blut, während du für den Herrn bist, und für Seine Wahrheit und Sein Ziel. Und wenn wir auch zur Zeit erleben müssen, wie die Wahrheit schändlich verachtet wird, so wird doch Christus ein Freund der Wahrheit bleiben und sich für die einsetzen, die alles, was sie haben, für Ihn und Seine Ehre aufs Spiel setzen. Sir, unser Tag wird kommen, und das Blatt wird sich wenden, und böse Menschen werden nachmittags weinen, bitterer als die Söhne Gottes, die am Morgen weinen. Wir wollen glauben und auf Gottes Rettung hoffen.'"[22]

---

[22] *The Metropolitan Tabernacle Pulpit* 11, 6.

"Hätte ich tausend Leben, ich würde sie gern alle für Christus leben, und würde dennoch spüren, was für ein geringer Dank das für Seine große Liebe zu mir wäre."

C.H.S.

1: DER PREDIGER VON NEW PARK STREET

Man kann unmöglich die Bedeutung von C. H. Spurgeons Leben einschätzen, ohne ein wenig darüber Bescheid zu wissen, wie der geistliche Zustand des Landes zu der Zeit war, als er Mitte letzten Jahrhunderts seinen Dienst begann. Das Protestantische Christentum war mehr oder weniger die Landesreligion, der Sonntag wurde streng eingehalten, die Heilige Schrift wurde geachtet, und abgesehen von den vom Evangelium unberührten Tausenden in einigen Großstädten, gehörte der Kirchgang zur guten Sitte. Das alles war so selbstverständlich und eingefahren, daß die geistlichen Veränderungen, die seitdem durch das Land gefegt sind, so fern waren wie Autos und Flugzeuge. Man braucht die vorherrschende Christenheit der 1850er Jahre jedoch nicht lange unter die Lupe zu nehmen, um Anzeichen zu erkennen, die mit dem, was wir im Neuen Testament finden, nicht viel gemeinsam haben - sie war zu modisch, zu respektabel, zu sehr im Frieden mit der Welt. Es war, als wären Texte wie "Die ganze Welt liegt im Argen" nicht mehr gültig.

Es mangelte der Kirche nicht an Reichtum noch an Menschen, noch an Würde, aber es mangelte ihr empfindlich an Salbung und an Kraft. Es herrschte eine allgemeine Neigung, den Unterschied zwischen menschlicher Gelehrsamkeit und vom Geist Gottes offenbarter Wahrheit zu vergessen. Es gab keine Knappheit an schönen Reden und Kultur auf den Kanzeln, aber es gab eine spürbare Abwesenheit der Sorte von Predigten, die die Herzen der Menschen aufbrechen. Das vielleicht allerschlimmste Anzeichen war die Tatsache, daß nur wenigen diese Dinge bewußt waren. Die Kirche war äußerlich erfolgreich genug, um zufrieden die Routine der vergangenen Jahre fortzuführen. Ein Autor, der die schläfrige Förmlichkeit bedauerte, schrieb: "Der Prediger spricht seine gewohnte Zeit; die Menschen sitzen (vielleicht) geduldig, bis er fertig ist; die gewohnte Anzahl Verse wird gesungen, und das Tagesgeschäft ist getan; mehr gehört gewöhnlich nicht dazu. Niemand kann leugnen, daß das eine schlichte Beschreibung der Sachlage in der Mehrzahl der Kirchen heute ist. Sollte der Prediger sein Taschentuch aufs Gebetbuch fallen lassen oder einmal lauter als gewöhnlich mit der Faust aufschlagen, so würde das bemerkt, erinnert und kommentiert werden, wenn Thema und Inhalt des Gesagten längst in völlige Vergessenheit geraten sind."

Spurgeon sollte diesem leblosen Traditionalismus bald mit noch direkteren Worten zu Leibe rücken: "Ihr meint, nur weil etwas alt ist, müsse es auch ehrwürdig sein. Ihr seid Liebhaber des Antiken. Ihr würdet eine Straße nicht ausbessern, nur weil euer Großvater schon mit seinem Wagen durch die matschigen Furchen gefahren ist. 'Sie sollen immer bleiben', sagt ihr, 'sie sollen immer knietief gehen.' Ist euer Großvater nicht hindurchgefahren, als sie knietief waren? und warum solltet ihr es nicht genauso machen? Es genügte für ihn und es genügt für euch. Ihr habt immer einen bequemen Platz in der Kapelle gehabt. Ihr saht nie eine Erweckung; ihr wollt keine sehen."[1]

Der evangelikale Teil der Kirche war den vorherrschenden Zeitströmungen nicht entkommen. Das Werk Whitefields und Wesleys wurde bewundert, aber es wurde wenig befolgt. Die Spitzen evangelischer Wahrheit waren allmählich abgerundet worden. Jene schroffen Methodisten-Lehren, die vor hundert Jahren das Land erschüttert hatten, waren nicht aufgegeben - und von einigen wurden sie noch immer inbrünstig gepredigt -, aber das allgemeine Empfinden war, daß man in der viktorianischen Ära eine glattere, verfeinerte Darreichung des Evangeliums benötigte. Bei einer solchen öffentlichen Meinung war es unvermeidlich, daß die starke und klare Theologie, die im England des 16. und 17. Jahrhunderts geblüht hatte, nicht gerade beliebt war. Der Reformationsgeschichtler Merle d'Aubigné aus Genf,

---

[1]*New Park Street Pulpit* 4, 167-8. Alle Zitate aus Spurgeons Predigten stammen, wenn nicht anderweitig vermerkt, aus den Originalbänden der *New Park Street- und Metropolitan Tabernacle Pulpit.* In künftigen Quellenangaben werde ich nur Band- und Seitenzahl angeben. Von 1855 an veröffentlichte Spurgeon jeden Donnerstag eine Predigt; diese wurden dann am Ende jedes Jahres als Buchband herausgegeben. So kann, bis zu Spurgeons Tod im Jahre 1892, das Jahr, in dem die jeweilige Predigt gehalten wurde, vom Leser, wenn er es wünscht, anhand der Nummern des Bandes errechnet werden. Der Titel der Serie wurde 1861, nach dem Bau des Tabernacle, geändert.

der dieses Land 1845 besuchte, berichtet, daß sich ihm die Frage aufdrängte, ob der Puritanismus in England überhaupt noch existierte, ob er nicht unter den Einfluß nationaler Entwicklungen und des Hohnlachens der Romanschreiber geraten sei? Ob man nicht in das 17. Jahrhundert zurückgehen müsse, um ihm zu begegnen?[2] Nichtsdestoweniger ist es wahr, daß einige der evangelischen Führer im Lande , besonders die Älteren, über den Zustand der Kirche tief besorgt waren. John Angell James zum Beispiel, der seit 1805 Pastor an der berühmten Congregational-Kirche in der Carr's Lane in Birmingham war, schrieb 1851: "Der Stand der Religion in unserem Lande ist sehr niedrig. Ich erinnere mich nicht, je mit weniger errettender Wirkung gepredigt zu haben, seit ich Pastor bin, und das geht den meisten anderen auch so. Es ist eine allgemeine Klage."

Wenn diese Dinge auf das Land im allgemeinen zutreffen, dann ganz gewiß auf London insbesondere, und die Baptisten-Kapelle an der New Park Street, in einer trüben, schmutzigen Gegend nahe dem Südufer der Themse in Southwark gelegen, war keine Ausnahme. Die Gemeinde hatte eine große Vergangenheit, die bis ins 17. Jahrhundert zurückreichte, nun aber war sie wie ein Kahn im Schlick der nahen Themse, wenn Ebbe war. Einige Jahre schon hatte sie Rückgang erlebt, und das große schöne Gebäude mit eintausend Sitzen war zu drei Vierteln leer. Das war die Situation, die den neunzehnjährigen jungen Mann aus Essex empfing, als er an dem kalten und trüben Morgen des 18. Dezember 1853 zum erstenmal auf der Kanzel der New Park Street Kapelle stand. Es war das erstemal, daß Spurgeons Stimme in London gehört wurde, aber fast unmittelbar danach wurde er in ein Pastorat berufen, daß achtunddreißig Jahre währte und mit seinem Tode am 31. Januar 1892 endete.

Müßte man einen Überblick über Spurgeons Leben geben, so würde er mehr oder weniger einer seiner eigenen Predigten ähneln, bestehend aus einer Einleitung und drei Abschnitten. Spurgeons Kindheit und Jugend, die ihn prägte und zubereitete, auf dem Lande in Essex und Cambridgeshire - das wäre die Einleitung. Dann die erste Periode: Spurgeon in New Park Street, eine Zeit des Erwachens, des Tumults, der Verhöhnung und bitteren

---

[2]*Germany, England and Scotland*, Erinnerungen eines Schweizer Geistlichen, J. H. Merle d'Aubigné, 1848, 29.

Opposition. Der zweite Abschnitt wäre Spurgeon im mittleren Lebensabschnitt, nachdem er sich im Metropolitan Tabernacle etabliert hatte und die Stürme allmählich abgeflaut waren zugunsten langer Jahre stillen Fortschritts und Segens. Seine Stellung war anerkannt, und er wurde der populäre und bewunderte evangelikale Führer Londons. Das letzte Kapitel wären die fünf oder sechs Jahre vor seinem Tode im Alter von siebenundfünfzig Jahren. In jenen letzten Jahren war der Friede plötzlich zerstört. Noch einmal befand Spurgeon sich in Uneinigkeit mit der evangelikalen Mehrheit in seinem Umfeld, und er wurde zum Mittelpunkt der Down-Grade - Kontroverse, einer Kontroverse, die landesweit große Auswirkungen haben sollte. Geachtet wurde er zwar noch immer, aber man folgte ihm nicht mehr so wie früher. Es war beinahe, als hätte sich der Kreis seines Dienstes geschlossen: wie in seinen frühen Tagen spürte er wieder die Kritik, das Leid und die Einsamkeit dessen, der treu zu Wahrheiten steht, die in der Christenheit im großen und ganzen niemand hören will. Die Worte, die er am Anfang gesprochen hatte, waren auch am Ende wahr. "Den Weg zum Himmel werden wir mühsam auf dem Zahnfleisch kriechen. Wir werden nicht mit vom Wind geblähten Segeln in den Himmel gleiten, wie Seevögel mit schönen weißen Schwingen, sondern unsere Fahrt geht oftmals mit zerfetzten Segeln, knarrendem Mast und Tag und Nacht arbeitenden Schiffspumpen voran. Wir werden die Stadt bei Torschluß, nicht eine einzige Stunde früher erreichen."[3]

Am bekanntesten ist heutzutage der Spurgeon der mittleren Periode, der beliebte Prediger, der Mann, dessen Predigten in dreiundzwanzig Sprachen gedruckt wurden und am Ende des 19. Jahrhunderts eine Auflage von 100 Millionen erreicht hatten. Der Spurgeon der New Park Street, der Mann, dessen Botschaft so unwillkommen war, daß in Cambridge als einziges Geschäft ein Krämerladen bereit war, seine Bücher zu verkaufen, und der von sich selbst sagen konnte, er sei als "Abschaum der Schöpfung geachtet; kaum ein Geistlicher, der wohlwollend auf uns schaut oder Gutes von uns redet", dieser Spurgeon ist weitgehend vergessen. Ebenso der Spurgeon der Down-Grade-Kontroverse, der Prophet, der seine evangelischen Glaubensbrüder warnte: "Wir rasen mit

---

[3] 6,37

halsbrecherischer Geschwindigkeit bergab", und der sagte, "Es ist reine Heuchelei zu rufen, 'wir sind evangelisch, wir sind evangelisch', aber nicht sagen zu wollen, was evangelisch bedeutet" - dieser Spurgeon ist heute wenig bekannt. Wir glauben aber, daß gerade die Anliegen seiner frühen und seiner späten Jahre von höchster Relevanz für uns heute sind, denn der Schwerpunkt seiner Lehre in diesen Perioden wirft viel Licht auf den Zustand des heutigen Evangelikalismus. In diesem Kapitel werden wir nicht versuchen, einen Umriß seines Lebens zu erarbeiten, sondern werden uns hauptsächlich auf ein Jahr seines Dienstes konzentrieren - das Jahr 1856, als er zweiundzwanzig war. Dieses Jahr war für Spurgeon, was das Jahr 1739 für George Whitefield war, und genau wie man Whitefields Leben nicht verstehen kann, wenn man nicht weiß, was geschah, als er vierundzwanzig war, so liefert uns das, was wir über den zweiundzwanzigjährigen Spurgeon erfahren können, den Schlüssel zum Verständnis seines zukünftigen Lebensweges, und es gibt uns auch einen Einblick in, wie ein Zeitgenosse es nannte, "den romantischsten Abschnitt in Mr. Spurgeons wunderbarem Leben."

Große Veränderungen waren über die New Park Street Kapelle seit 1854 hereingebrochen. Im Herbst jenes Jahres nahmen regelmäßig fünfhundert Menschen an der wöchentlichen Gebetsversammlung teil. Die Kirche war gefüllt und wurde sogar vergrößert, aber sie war immer noch unzureichend für die Zahl der Zuhörer. Recht bald wurde deutlich, daß in London etwas geschah, was seit den Tagen Whitefields und Wesleys nicht geschehen war. Ein Pastor aus Schottland, der New Park Street Anfang des Jahres 1856 besuchte, hat folgende Beschreibung der Menschenmenge beim Abendgottesdienst gegeben. Er kam, wie er sagte, mit zwei Freunden gegen sechs Uhr an, eine halbe Stunde vor Beginn des Gottesdienstes:

"Als wir ankamen, wartete zu unserer Verwunderung bereits eine große Menschenmenge vor der Tür. Nur wer Karten hatte, durfte jetzt hinein; da ich keine hatte, verloren wir beide die Hoffnung auf Einlaß. Einer meiner Freunde jedoch ging auf einen Polizisten zu und erzählte ihm, ich wäre ein Pastor aus Schottland und es läge mir sehr viel daran, dabeisein zu dürfen. Als der Polizist das hörte, sagte er sehr höflich, er würde uns erlauben, in die Kirche zu gehen, aber Sitzplätze könnte er uns nicht versprechen.

Nun, mehr wollten wir gar nicht. Einem von uns, einer Dame, wurde freundlicherweise ein Platz angeboten, mein anderer Freund und ich waren froh, daß wir 'in einem Fenster' sitzen durften, während sich im Gang zu unseren Füßen eine dichte Menschenmenge drängte. Ich fragte einen Mann in meiner Nähe, ob er regelmäßig komme. Er sagte ja. 'Warum,' fragte ich, 'lassen Sie sich denn keinen Sitz reservieren?' 'Sitz!' entgegnete er, 'so etwas ist hier für kein Geld der Welt mehr zu haben. Ich habe eine Karte für einen Stehplatz.' Ich hörte, die Kirche habe Sitzplätze für 1500; doch mit dem Schulraum und den Gängen, die gedrängt voll waren, konnten es nicht weniger als 3000 gewesen sein."[4]

Die Zahl derer, die Spurgeons Botschaft hören wollten, schien unbegrenzt. Die Exeter Hall in The Strand, die ungefähr 4000 Menschen faßte, wurde häufig am Sonntagabend anstatt der Kapelle benutzt, bis irgendwann die Manager der Halle klagten, sie könnten dieselbe nicht unbefristet an Mitglieder nur einer Denomination vermieten. Das war es, was im Oktober 1856 zur Benutzung der Surrey Gardens Music Hall führte, eines großzügigen Gebäudes, das gerade eigens für die Konzerte eines beliebten Musikers, M. Jullien, neu errichtet worden war und sechs- bis zehntausend Menschen Platz bot. Daß Massen bereit sind, das Evangelium zu hören, ist in sich kein Beweis für eine echte Erweckung, doch es gibt guten Grund zu glauben, daß diesmal wirklich Hunderte ins Reich Gottes hineinkamen. 1857 sagte Spurgeon: "Innerhalb *eines* Jahres sah ich zu meiner Freude persönlich mehr als eintausend Menschen, die sich neu bekehrt hatten.[5] Es war Spurgeons Überzeugung, daß seine Kirche mitten in einer großen geistlichen Erweckung stand, ja, er folgerte daraus ernste Ermahnungen für solche, die schliefen: "Unglaube läßt euch hier in Zeiten der Erweckung und des Ausgießens der Gnade Gottes sitzen, ungerührt, unberufen, unerlöst."[6] "Ich denke", sagte

---

[4] Pike, 2, 225.
[5] *The Early Years* 452. Die Anzahl derer, die geistliche Fragen hatten, wird durch eine mehr zufällige Bemerkung in einer Predigt verdeutlicht. Im Dezember 1859 erwähnt er "die Tausende von Briefen, die mich fortwährend aus meiner Gemeinde erreichen". 6, 38.
[6] 1, 23.

er bei anderer Gelegenheit, "so mancher alte Puritaner würde aus dem Grabe springen, wenn er wüßte, was jetzt geschieht."[7]

Aber es wäre ein schweres Mißverständnis, sich vorzustellen, dies seien Tage ungetrübter Freude für Spurgeon gewesen, denn gleichzeitig war er Zielscheibe einer der bittersten Verfolgungen, die je ein einzelner Pastor in Großbritannien erlebt hat. Im Schlafzimmer seines Hauses in New Kent Road 217 hängte Mrs. Spurgeon den Text an die Wand: "Selig seid ihr, wenn euch die Menschen um meinetwillen schmähen und verfolgen und reden allerlei Übles wider euch, so sie darin lügen. Seid fröhlich und getrost; es wird euch im Himmel wohl belohnt werden. Denn also haben sie verfolgt die Propheten, die vor euch gewesen sind." Die Worte beschreiben mehr oder weniger Spurgeons tägliche Erfahrung im Alter von zweiundzwanzig Jahren. Sein Name wurde in der Presse geschmäht und "wie ein Fußball auf der Straße hin- und hergetreten". Ignorieren konnten die Zeitungen ihn nicht, denn sein Dienst war jetzt in allen Teilen Englands zum Gesprächsthema geworden, aber sie konnten ihn auch nicht empfehlen, denn er beleidigte die ehrbare Religion, die sie begünstigten. *The Illustrated Times* schrieb am 11. Oktober 1856: "Mr. Spurgeons Beliebtheit ist beispiellos; zumindest seit Whitefields Tagen hat es so etwas nicht mehr gegeben. Park Street Chapel faßt nicht die Hälfte der Leute, die danach lechzen, ihn zu hören, und selbst Exeter Hall ist zu klein, ja, es wird tatsächlich aus guter Quelle berichtet, daß seine Freunde beabsichtigen, die Konzerthalle in Surrey Gardens zu mieten, und fest daran glauben, daß er sie füllen werde. Seine Popularität ist auch nicht etwa auf London beschränkt. Neulich sahen wir mit eigenen Augen in einer ruhigen, ländlichen Gegend lange Reihen von Menschen, die alle an einem Punkt zusammentrafen, und als wir einen aus der Gesellschaft fragten, wo sie denn hinwollten, bekamen wir zur Antwort: "Wir werden Mr. Spatschen hören, Sir." Der Autor fügte dem Bericht die Prognose hinzu, daß es nur eine Frage der Zeit wäre, wann der Wind der Popularität "sich drehen und ihn links liegenlassen würde."[8]

In vielen Teilen des Landes stimmte die lokale Presse in das Zetergeschrei ein. Folgendes Zitat aus einer Sheffielder Zeitung ist typisch für die Ansicht, die allgemein zum Ausdruck gebracht

---

[7] 3, 256.
[8] *The Early Years*, 325-6.

wurde: "Momentan ist der große Held des Tages, der Star, der Meteor, oder wie man ihn nennen mag, der Baptist Rev. Mr. Spurgeon, Pastor der Park Street Kapelle, Southwark. Er hat ein schönes *Furore* in der religiösen Welt veranstaltet. Jeden Sonntag drängen die Massen zur Exeter Hall wie zu einer großen dramatischen Aufführung. Die riesige Halle ist zum Bersten mit einer begeisterten Zuhörerschaft gefüllt, deren Glück, Einlaß erlangt zu haben, oft von Hunderten beneidet wird, die draußen gegen die verschlossenen Türen drängen. . . Mr. Spurgeon predigt *persönlich*. Er wäre gar nichts, wäre er nicht ein Schauspieler - trüge er nicht diese beispiellose Unverschämtheit zur Schau, die sein großes Merkmal ist, wenn er in plumper Vertraulichkeit mit heiligen Dingen schwelgt, in marktschreierischem, allzu umgangssprachlichen Stil eifert, auf dem Podium hin- und herstolziert, als wäre es das Surrey Theater, und sich mit ekelhafter Häufigkeit seiner Intimität mit dem Himmel rühmt . . . Es scheint, als sei der Verstand des armen jungen Mannes durchgedreht durch die Bekanntheit, die er erlangt hat und den Weihrauch, der auf seinem Altar geopfert wird. . . Ihnen zugute sei es gesagt, daß er von den Würdenträgern seiner Domination weder Gunst noch Ermutigung empfängt . . .Er ist eine Sensation des Augenblicks, ein Komet, der plötzlich über das religiöse Firmament schoß. Er stieg auf wie eine Rakete, es wird nicht lange dauern, dann wird er fallen wie ein Stock."[9]

Die Zeitungen brachten Spurgeon nicht zum Schweigen, doch dieses Ziel wurde beinahe auf andere Weise erreicht - durch etwas, das am Abend des Sonntags, des 19. Oktober 1856 geschah. Zum erstenmal kam die New Park Street Gemeinde in der Surrey Gardens Musikhalle zusammen, und das große Gebäude mit seinen drei Balkonen war vom Boden bis zur Decke gefüllt. Als der Gottesdienst begonnen hatte und Spurgeon gerade betete, erhob sich der Ruf "Feuer!" an mehreren Stellen. In der unmittelbar folgenden Verwirrung und Panik ertönten weitere Rufe: "Die Balkone geben nach!", "Das Gebäude bricht zusammen!". Eine plötzliche Massenflucht setzte ein, in der sieben Menschen getötet und achtundzwanzig schwerverletzt wurden. Die Anstifter dieses blinden Alarms - denn ein solcher war es - wurden nie entdeckt, doch

---

[9] ebd., 321-2.

die schrecklichen Folgen blieben Spurgeon sein ganzes Leben lang lebhaft im Gedächtnis, und der Schock, den er erlitt, war so, daß es eine Zeitlang zweifelhaft war, ob er je wieder predigen würde.[10]

Nach der Surrey Music Hall Katastrophe erreichten die Angriffe der Presse auf Spurgeon ihren Höhepunkt. Die *Sunday Review* schrieb am 25 Oktober:

"Mr. Spurgeons Vorgehen ist, soweit wir wissen, von seinen kirchlichen Kollegen gründlich abgelehnt worden. Es gibt wohl kaum einen halbwegs bekannten Dissenter-Pastor, der sich ihm anschließt. In all seinen Plänen und Bauvorhaben können wir nicht den Namen auch nur einer führenden Persönlichkeit der sogenannten "religiösen Welt" entdecken . . .Es wird allgemein empfunden, daß der Religion durch sein abnormales Vorgehen nicht gedient ist . . . Das Anmieten von öffentlichen Vergnügungsräumen ist eine Neuheit, und zwar eine peinliche. Es sieht so aus, als liege die Religion in den letzten Zügen . . . Am Ende gefällt sich Spurgeon nur darin, der Sonntags-Jullien zu sein. Wir haben gehört, wie der Weltsinn die Geistlichkeit unterwandert hatte, als die Kirche Wunder-Schauspiele aufführte und das Fest des Esels tolerierte; aber die Dinge der Vergangenheit wiederholen sich, wenn populäre Prediger Konzerträume mieten, und die spezielle Erlösung in Salons predigen, die nach dem Parfum des Tabaks duften und in denen noch die edlen Melodien von *Bobbing Around* und der Walzer von *Traviata* widerhallen . . .

Die Surrey Gardens Affäre war ein gelungener Streich. Der bedauerliche Unfall, in welchem sieben Menschen ihr Leben verloren und Scharen gelähmt, verstümmelt oder sonstwie gräßlich verletzt wurden, betrachtet Mr Spurgeon nur als ein weiteres Eingreifen der Vorsehung zu seinen Gunsten. 'Dieser Vorfall lehrt uns hoffentlich die Notwendigkeit' - nüchtern, vernünftig und bescheiden zu sein? - Nein - 'ein eigenes Gebäude zu haben.' Predige nur weiter die Massen zur Raserei , - töte und zerdrücke noch ein paar Dutzend -, dann wird der Plan schon gelingen."[11]

---

[10] Spurgeon beschrieb das Unglück in der Musikhalle als "die große, schreckliche Katastrophe, die der Satan ersonnen hat, um mich umzustoßen". 6, 436.

[11] *The Early Years,* 441-2.

Nach Behandlung der Frage, was die Welt 1856 von Spurgeon hielt, wollen wir jetzt einige Faktoren bedenken, die ihn zum Werkzeug dieser großen Erweckung machten. Zunächst einmal besaß Spurgeon überragende natürliche Fähigkeiten, die alle dem Ziel der Wortverkündigung geweiht waren. Seine Vorstellungskraft und seine Gabe, etwas zu beschreiben, versetzten ihn in die Lage, bekannte Wahrheiten mit fesselnder Lebhaftigkeit darzustellen. Nimm als Beispiel folgenden Predigtauszug, in welchem er Gläubige ermahnt, zur Dringlichkeit des Evangeliums aufzuwachen: "Lieber Christ, während du schläfst, bedenke, daß die Zeit weiterläuft. Könntest du die Zeiger der Zeit eine Weile anhalten, dann dürftest du dir ein wenig Muße gönnen; könntest du sie, wie man sagt, beim Schopfe fassen, dürftest du gern eine Ruhepause einlegen. Doch du darfst nicht ausruhen, denn die riesigen Räder der Kutsche Zeit werden mit solch furchterregendem Tempo vorangetrieben, daß ihre Achsen glühend heiß sind und ihre ungeheure Hetzjagd keine Pausen mehr kennt. Weiter, weiter, weiter geht es, und ein Jahrhundert ist wie eine Nachtwache verflogen." Solche Sprache war ein aufsehenerregender Gegensatz zum langweiligen Kanzelstil des Viktorianismus. Es war frech in den Augen der religiösen Welt, wenn ein junger Anfänger einen neuen Predigtstil einführte. Aber genau das tat Spurgeon, und darin bewies er ein Selbstbewußtsein und eine Originalität, wie man sie selten findet. Er verachtete eine würdevolle, unpersönliche Darreichung des Evangeliums und sprach zu seinen Hörern, als nähme er sie persönlich an die Hand und spräche während eines Spaziergangs mit ihnen.

Spurgeon nahm "Allerwelts-" Wahrheiten und -Themen, die als ein wenig langweilig und schwerfällig galten, und präsentierte sie in so klarer, dynamischer Sprache, daß die Menschen sich kaum dagegen wehren konnten, ergriffen und bis in die Tiefe aufgerüttelt zu werden. Welcher Reichtum der Sprache, Lehre und Anschaulichkeit liegt zum Beispiel in folgendem Zitat über die Unvergänglichkeit der Kirche:

"Bedenke allein die Tatsache, daß eine Kirche existiert. Welch ein Wunder das ist! Es ist vielleicht das größte Wunder aller Zeiten, daß Gott eine Kirche in dieser Welt hat . . . zu allen Zeiten! Als die ganze Gewalt der heidnischen Machthaber wie eine donnernde Lawine über sie kam, schüttelte sie die horrende Last von sich, so wie ein Mensch Schneeflocken von seinem Mantel schüttelt, und lebte unversehrt weiter. Als das päpstliche Rom noch wütender und erfinderischer seiner Bosheit freien Lauf ließ; als grausame Mörder die Heiligen in den Alpen jagten oder im Flachland quälten; als Albigenser und Waldenser ihr Blut in Strömen vergossen und den Schnee karminrot färbten, lebte sie dennoch und war gesünder denn je, wenn sie in ihr eigenes Blut getaucht war. Als nach einer halben Reformation in diesem Lande die religiösen Scharlatane bestimmten, daß die wahrhaft Geistlichen des Landes vertrieben werden sollten, da schlief Gottes Kirche nicht, ihr Leben und Dienst war nicht zum Schweigen zu bringen. Laß das Bündnis, mit Blut gezeichnet, von der Stärke der verfolgten Heiligen zeugen. Achte auf ihren Psalm inmitten der heidebedeckten Hügel Schottlands und auf ihr Gebet in den geheimen Konventikeln Englands. Hört die Stimme Cargils und Camerons in den Bergen gegen einen falschen König und ein abtrünniges Volk donnern; hört das Zeugnis Bunyans und seiner Genossen, die eher in Kerkern verrotten wollten als die Knie vor Baal zu beugen. Fragt mich, "Wo ist die Kirche?", und ich finde sie in allen Zeiten, in jeder Periode vom Tage an, da der Heilige Geist im Obergemach herabkam, bis heute.

In ununterbrochener Linie läuft die apostolische Nachfolge; nicht durch die Kirche Roms; nicht durch die abergläubischen Hände der von Priestern gemachten Päpste, oder von Königen geschaffenen Bischöfen (welch übertünchte Lüge liegt in der apostolischen Nachfolge derer, die sich so lautstark ihrer rühmen!), sondern durch das Blut guter und wahrhaftiger Männer, die nie das Zeugnis Jesu verleugneten; durch die Lenden wahrer Pastoren, eifriger Evangelisten, treuer Märtyrer und ehrbarer Gottesmänner verfolgen wir unseren Stammbaum bis zurück zu den galiläischen Fischern und rühmen uns der Gnade Gottes, daß wir diese wahre und treue Kirche des lebendigen Gottes weiterführen dürfen, diese Kirche, in der Christus wohnt und wohnen wird, bis die Welt vergeht.

Das größte Wunder ist, daß sie vollständig bleibt. Nicht einer von Gottes Erwählten ist zurückgegangen, nicht einer der Bluterkauften hat den Glauben verleugnet. Nicht ein einziger Mensch, der je wirksam berufen wurde, kann dazu gebracht werden, Christus zu verleugnen, selbst wenn man sein Fleisch mit einer heißen

Zange von den Knochen zöge, oder seinen gequälten Leib vor den Rachen wilder Bestien würfe. Alles, was der Feind getan hat, ist für die Kirche wirkungslos geblieben. Der alte Felsen wurde von den stürmischen Wellen gewaschen und immer wieder gewaschen und tausendmal in die wilde Flut getaucht, doch selbst seine Winkel und Ecken blieben unverändert und unveränderlich. Wir können von der Hütte des Herrn sagen, nicht einer ihrer Pfähle sei bewegt, nicht eines ihrer Seile sei gerissen. Das Haus des Herrn ist noch ganz und vollständig, vom Fundament bis zur Zinne: 'Der Regen fiel und die Fluten kamen, und die Winde bliesen und schlugen an jenes Haus, und es fiel nicht', nicht ein einziger Stein, 'denn es war auf einen Felsen gegründet.' "

Es kann keinen Zweifel geben, daß einer der Hauptgründe für Spurgeons Einfluß die Tatsache war, daß er zum einen Fähigkeiten besaß, die es ihm ermöglichten, durch die alt-eingefahrenen Konventionen seiner Zeit hindurchzubrechen, zum anderen die nötige Zuversicht hatte, den Stürmen, die sein Verhalten verursachte, standzuhalten. "Oftmals haben die Leute gesagt", erklärte er in einer Predigt über Gebet, "weil ich nicht in der üblichen Form beten wollte, 'Dieser Mann ist nicht ehrfürchtig!' Liebe Herren, ihr seid nicht Richter meiner Ehrfurcht. . . Geschwister, gern würde ich den ganzen Vorrat alter Gebete verbrennen, die wir seit fünfzig Jahren benutzen. Dieses "Öl, das von Gefäß zu Gefäß geht" - dieser falsch zitierte, zerstückelte Text, 'wo zwei oder drei versammelt sind, wirst du in ihrer Mitte sein und sie segnen', - und all die anderen Zitate, die wir uns gebastelt, aus dem Zusammenhang gerissen oder anderen Menschen nachgeredet haben. Ich wollte, wir lernten endlich, zu Gott einfach aus unseren Herzen zu sprechen."[12] Genauso fest war seine Antwort an die Kritiker seiner Art zu predigen: "Ich bin nicht sehr vorsichtig, wie ich predige. Ich habe um keines Menschen Liebe gebuhlt; ich bat

---

[12] 6, 338. "In einer Gebetsversammlung", sagt er an einer anderen Stelle, "weiß ich sofort, ob ein Bruder betet oder ob er nur schauspielert und mit dem Gebet tändelt. Ihr kennt vielleicht auch diese Gebete, die einer Rechnung ähneln, auf der es nur heißt 'wie gehabt', oder einer Liste von Gütern, auf der häufig der Ausdruck 'dito, dito' erscheint. Aber oh, ich wünsche mir mehr von diesem tiefen innerlichen Stöhnen! Ein Seufzer der Seele birgt mehr Kraft als stundenlanges Aufsagen schöner frommer Worte. Oh, wie wertvoll ist ein Schluchzen aus der Seele, eine Träne aus dem Herzen!"

niemanden, meine Gottesdienste zu besuchen. Ich predige, was ich möchte, wann ich möchte und wie ich möchte."

In der englischen Kirchengeschichte gab es wahrscheinlich nur zwei Evangelisten, mit denen man Spurgeon angemessen vergleichen kann. In mehreren seiner natürlichen Gaben glich er Hugh Latimer und George Whitefield, in einer natürlichen Gabe jedoch übertraf er beide Vorgänger. Er hatte einen Verstand, der ihn befähigte, praktisch alles, was er las, aufzunehmen, zu verdauen und später gemeinverständlich darzustellen.[13] Dazu sei erwähnt, daß Spurgeons Kindheit und Jugend solcherart waren, daß er zur Zeit, als er nach London kam, bereits eine für sein Alter enorme Menge gelesen hatte. Er war voll eingetaucht in, wie er es nannte, das goldene Zeitalter englischer Theologie - die Zeit der Puritaner[14], und vor allem las er seit dem Alter von sechs Jahren fließend in der Bibel. Was Spurgeon über Bunyan schrieb, gilt gleichermaßen von ihm selbst: "Lies von ihm, was du willst, und du wirst sehen, es ist fast so, als läsest du die Bibel selbst. Er hat die Autorisierte Übersetzung (Authorized Version) studiert, die nach meinem Urteil bis zu Christi Wiederkunft niemals übertroffen werden wird.

---

[13] "Seine Fähigkeit zu lesen hatte vielleicht niemals ihresgleichen . . . Er erfaßte den Inhalt beinahe mit einem Blick, und sein Gedächtnis, was das Gelesene betraf, ließ ihn nie im Stich. Er hatte es sich zur Aufgabe gemacht, jede Woche ein halbes Dutzend der schwierigsten Bücher zu lesen. Verschiedenemal hatte ich die Gelegenheit, die Gründlichkeit seines Lesens zu prüfen, und ich fand nie einen einzigen Fehler." (Dr. Wright, zitiert in Spurgeons *Autobiography*, 4, 273). Zum Ende seines Lebens hatte er eine Bibliothek von 12.000 Büchern, und man sagte, er hätte fast jedes einzelne im Dunkeln finden können.

[14] Spurgeon blieb seiner Meinung über die Puritaner, mit denen er bereits in seiner Kindheit die erste Bekanntschaft geschlossen hatte, sein ganzes Leben treu. Im Jahre 1872 sagte er: "Wir erklären hiermit, daß, wenn wir einen Band puritanischer Theologie zur Hand nehmen, wir auf einer einzigen Seite mehr Gedanken und mehr Gelehrsamkeit, mehr biblisch fundierte Unterweisung finden als in ganzen Bänden der Ergüsse modernen Denkens. Die modernen Menschen wären reich, wenn sie auch nur die Brosamen besäßen, die von dem Tisch der Puritaner fallen." 18, 322. Spurgeon hielt nichts von jenen, die sagten: " 'Wir werden nichts lesen außer *dem Buch* selbst, wir werden auch kein Licht annehmen außer dem, das durch den Spalt in unserem eigenen Dach dringt. Wir wollen nicht mit Hilfe von anderer Leute Kerzen sehen, lieber wollen wir im Dunkeln bleiben.' Geschwister, verfallt nicht in solche Narrheit!" 25, 630.

Er hat sie gelesen, bis sein ganzes Wesen mit der Heiligen Schrift vollgesogen war. Die Bibel war ihm ins Blut übergegangen. Er kann nichts sagen, ohne eine Schriftstelle zu zitieren, denn seine Seele ist voll des Wortes Gottes."[15]

Es wäre falsch, Spurgeons natürliche Begabungen und sein intensives Studium außer Acht zu lassen, aber ein noch viel größerer Fehler wäre zu meinen, daß diese Dinge das Wesen seines frühen Dienstes erklären. Solche Annahme wäre im Widerspruch zu allem, was er lehrte. Spurgeon kam nach London in dem Bewußtsein, daß Gott Sein Angesicht vor Seinem Volk verborgen hielt. Seine Kenntnis der Bibel und der Kirchengeschichte führte ihn zu der Überzeugung, daß, verglichen damit, was die Kirche erwarten durfte, der Geist Gottes weitgehend entzogen war, und, so erklärte er seiner Gemeinde, daß er, wenn Gott weiterhin Sein Angesicht verbergen würde, es nichts gäbe, was man zur Förderung Seines Reiches tun könne. Nicht dein Wissen, so würde er sagen, nicht dein Talent, nicht dein Eifer kann Gottes Werk durchführen. "Doch, Geschwister, eines kann getan werden - *wir werden zum Herrn schreien, bis er sein Angesicht wieder zeigen wird.*"

"Was uns fehlt, ist der Geist Gottes. Liebe christliche Freunde, geht heim und betet darum; gönnt euch keine Ruhe, bis Gott sich selbst offenbart! Bleibt nicht stehen, wo ihr seid, seid nicht zufrieden damit, in eurem ewig gleichen Trott weiterzumachen wie bisher; seid nicht zufrieden mit dem üblichen Ablauf der Formalitäten. Erwache, Zion, erwache, erwache, erwache!"

Wenige Monate später wurde deutlich, daß die New Park Street Gemeinde erwachte, und während das Ringen im Gebet zum typischen Merkmal der Kirche wurde, wurde das Anliegen des Pastors zur gemeinsamen Last der ganzen Gemeinde. "Der Herr gebe uns Seinen Segen, Er muß ihn geben, unsere Herzen werden brechen, wenn Er ihn nicht gibt." Oh, welche Verwandlung fand in den Gebetstreffen statt! Anstelle der alten müden Gebete "glich jeder einem Kreuzritter bei der Belagerung des Neuen Jerusalems; jeder schien fest entschlossen, die Himmlische Stadt durch die Macht der Fürbitte zu stürmen; und bald kam der Segen in solcher

---

[15] *Autobiography*, 4, 268.

Fülle über uns, daß wir nicht genug Raum hatten, ihn zu empfangen."[16]

Bis zu seinem Lebensende verwies Spurgeon auf die Erweckung in der New Park Street als sicheren Beweis, daß Gott Gebet erhört, und oft rief er seiner Gemeinde jene Anfangszeit ins Gedächtnis. "Oh, was für Gebetstreffen haben wir gehabt! Werden wir je die Park Street vergessen, jene Gebetstreffen, an denen ich mich genötigt fühlte, euch ohne ein Wort von meinen Lippen heimgehen zu lassen, weil der Geist Gottes so stark gegenwärtig war, daß wir uns in den Staub gebeugt fühlten . . .";[17] "und welch horchendes Erwarten gab es in der Park Street, wo wir kaum Luft zum Atmen hatten! Der Heilige Geist kam herab wie Regenschauer, die die Erde sättigen, bis die Schollen reif zum Umbrechen sind; und dann dauerte es nicht lange, da hörten wir zur Rechten und zur Linken den Ruf 'Was müssen wir tun, um gerettet zu werden?' "

So zählte es denn auch zu den eindringlichsten Warnungen, die Spurgeon seiner Gemeinde mitgab, wenn er ihnen die Gefahr vor Augen hielt, die Abhängigkeit von Gott im Gebet zu mißachten. "Gnade mir Gott, wenn ihr aufhört, für mich zu beten! Verratet mir den Tag, und ich höre auf zu predigen. Verratet mir, wann ihr aufhören wollt zu beten, und ich werde rufen: "Oh, mein Gott, gib mir heute mein Grab und laß mich im Staube schlafen."[18] Diese Worte zeugen nicht von der Beredsamkeit eines Predigers, vielmehr drücken sie die tiefsten Empfindungen seines Herzens aus.[19] *Er glaubte,* daß ohne den Geist Gottes nichts getan werden konnte. Sollte seine Gemeinde je aufhören, ihre "äußerste, völlige, absolute Abhängigkeit von der Gegenwart Gottes" zu spüren, dann, so war er gewiß, "würde sie sehr bald zum Spott, zum Ärgernis oder zu einem Stück Treibholz auf dem Wasser werden.[20]"

---

[16] *The Early Years*, 263.

[17] 11, 379.

[18] 3, 255-6.

[19] Bei einem seiner Besuche auf dem Kontinent traf Spurgeon einen amerikanischen Geistlichen, der sagte: "Ich habe mir lange gewünscht, Sie zu sehen, Mr. Spurgeon. In unserem Lande gibt es viele Meinungen darüber, welches wohl das Geheimnis ihres großen Einflusses sei. Wären Sie so gut, mir Ihren eigenen Standpunkt zu verraten?" Nach kurzer Pause sagte Spurgeon: "Meine Leute beten für mich."

[20] 13, 118-19.

Seine ganze Dienstzeit hindurch blieb dieses Anliegen vorrangig in seinem Herzen. "Dürfte ich, bevor ich sterbe, nur ein Gebet sprechen, dann wäre es dieses: 'Herr, sende Deiner Kirche Menschen, die erfüllt sind mit dem Heiligen Geist und mit Feuer.' Gib jeder Denomination solche Menschen, so wird ihr Fortschritt mächtig sein: Verweigere ihr solche Menschen, sende stattdessen Gentlemen aus Bibelschulen mit großer Bildung und gründlichem Wissen, aber mit wenig Feuer und Gnade, stumme Hunde, die nicht bellen können, und augenblicklich muß es mit der Denomination bergab gehen."[21]

Die wirkliche Erklärung für den Dienst Spurgeons ist somit in der Person und Kraft des Heiligen Geistes zu finden. Er selbst war sich dessen zutiefst bewußt. Es ging ihm nicht um die Bewunderung der Menschen, sondern er eiferte darum, sie zur Ehrfurcht vor Gott zu bringen. "Gott ist zu uns gekommen, nicht um uns, sondern um *sich selbst* zu verherrlichen." Darüberhinaus sah er nichts Besonderes in seinem Vertrauen auf den Heiligen Geist, denn er wertete es als Kennzeichen jedes wahren Boten Gottes. "Ein Prediger", so sagt er, "sollte sich bewußt sein, daß er wirklich den Geist Gottes besitzt und daß, wenn er spricht, er unter einem Einfluß steht, der ihn befähigt, so zu sprechen, wie Gott es möchte, ansonsten sollte er die Kanzel sofort verlassen; er hat kein Recht, dort zu stehen. Er ist nicht berufen, Gottes Wahrheit zu predigen."[22]

Die Gegenwart des Heiligen Geistes zeigte sich in Spurgeons Dienst vor allem in zweifacher Hinsicht. Zuerst darin, daß sein Predigen in demselben Geist geschah wie das des Apostels Paulus, nämlich "mit Schwachheit und Furcht und mit großem Zittern" (1. Kor. 2,3). "Wir zittern", sagt er, "vor Furcht, falsch zu glauben; und zittern mehr - wenn ihr seid wie ich - vor Furcht, uns zu irren und das Wort Gottes falsch zu deuten. Ich glaube, Martin Luther fürchtete sich nicht, dem Teufel persönlich zu begegnen; aber wir haben sein eigenes Bekenntnis, daß ihm die Knie schlotterten,

---

[21] 10, 337-8.

[22] 1, 203. Siehe auch seine eindringliche, aber selten gelesene Ansprache mit dem Titel *Der Heilige Geist in Verbindung mit unserem Dienst*, in welcher er aufzeigt, daß "viele in ihrem geistlichen Amt so fruchtlos sind, weil sie nicht bewußt die Kraft des Heiligen Geistes wahrnehmen." *Lectures to my Students*, 2. Serie, 1-22.

sooft er sich zum Predigen erhob. Er zitterte vor Furcht, dem Wort Gottes nicht treu zu sein. Die ganze Wahrheit zu predigen, ist ein furchterregender Auftrag. Ihr und ich, die wir Botschafter Gottes sind, müssen vor Gottes Wort zittern, nicht mit ihm spielen.[23]" Wenn der Heilige Geist einen Menschen zum Dienst bereitet, gibt er ihm etwas von derselben Sorge um Menschenseelen, die im irdischen Dienst Christi sichtbar war. "Niemals predigte Jesus eine sorglose, unbedachte Predigt", und Spurgeon versuchte, seinem Herrn darin ähnlich zu werden. Die Nachfolge dieses leuchtenden Vorbildes führte ihn zuweilen in Höhen der Freude - über Joh. 17, 24 predigend rief er aus, "Ich hatte einen Gedanken, doch ich kann ihn nicht ausdrücken. Der Weg in den Himmel war nur ein kleiner Schritt; so fühle ich mich diesen Augenblick"; - aber er wurde auch in jene Gethsemane-Tiefen inneren Kampfes hineingenommen, wo einem die schreckliche Wirklichkeit von Gottes Gericht gegen menschliche Sünde bewußt ist. "Mir möchte das Herz brechen", sagte er, "wenn ich bedenke, wie die Massen das Evangelium ablehnen", und dieses Bewußtsein, diesen Geist suchte er immer, wenn er sprach. "Diesen Moment kann ich sagen", rief er während einer Predigt aus, "ich fühle eine so tiefe Sehnsucht nach der Bekehrung meiner Zuhörer, daß ich es nicht beschreiben kann. Es wäre mir eine hohe Ehre, heute morgen in den Tod zu entschlafen, wenn dieser Tod eure Seelen von der Hölle erlösen könnte."[24]

---

[23] 35, 105.

[24] 8, 64. In späteren Jahren sah Spurgeon mit großer Besorgnis auf die drohenden Folgen eines wachsenden Unglaubens an die Wirklichkeit der Hölle. 1865 sagte er: "Es besteht heute unter Christen ein tiefsitzender Unglaube an die Ewigkeit der zukünftigen Strafe. In vielen Fällen wird er nicht ausgesprochen, sondern eher geflüstert; und häufig nimmt er die Gestalt einer wohlwollenden Sehnsucht an, daß diese Lehre sich als falsch erweisen möge. Ich fürchte, daß am Grunde alles dessen eine Rebellion gegen die erhabene Souveränität Gottes liegt; eine Hoffnung, daß Sünde am Ende doch nicht so schlimm ist, wie sie immer meinten; eine Entschuldigung, oder zumindest die heimliche Sehnsucht nach einer Entschuldigung für Sünder, die vielmehr als Objekte des Mitleids gesehen werden, und nicht mehr als Objekte des Zornes, die die angemessene Bestrafung wirklich verdienen, die sie sich mutwillig zugezogen haben. Ich fürchte, es ist die alte Natur in uns in der trügerischen Verkleidung wohlwollender Liebe, die uns so verleitet, eine Tatsache zu mißachten, die so gewiß ist wie die Freude derer, die glauben." 10, 670-1. "Manche können den Gedanken nicht ertragen; aber für mich

Die Kanzel war für Spurgeon der ernsthafteste Ort der Welt, und nichts könnte der Wahrheit ferner sein als die Behauptung, er mache sie zu einem Podium der Unterhaltung. Vielmehr war sein Werk im Dienst des Herrn von den frühesten Tagen an von Ernsthaftigkeit gekennzeichnet. Als er im Jahr seiner Bekehrung (1850) Sonntagsschullehrer wurde, notierte er einmal nach einer Arbeitsbesprechung mit den anderen Lehrern in sein Tagebuch: "Zuviel Witzemachen und Oberflächlichkeit für meine Vorstellung von dem, was ein Sonntagsschullehrer sein sollte." Drei Tage nach Spurgeons Tod schrieb Robertson Nicoll, ein scharfer Kritiker von Predigern, während eines Besuchs in New York: "Verkündigung von der humorvollen Sorte mag die Massen anziehen, aber sie legt die Seele in Schutt und Asche und zerstört die Religion bis in den Keim. Mr. Spurgeon wird von solchen, die seine Predigten nicht kennen, für einen humorvollen Prediger gehalten. Tatsache ist, daß es keinen Prediger gab, dessen Ton durchweg ernster, ehrfurchtsvoller und eindringlicher war."[25]

Spurgeon war bemüht, seine Gemeinde so zu behandeln wie William Grimshaw seine vielen Zuhörer in Haworth während der

---

scheint es unvermeidbar, daß Sünde bestraft werden muß . . . Wenn Sünde zur Kleinigkeit wird, dann wird Tugend zum Spielzeug." 31, 498.

[25] Doch die alte Travestie hat in jenen ihren Fortbestand, die den wirklichen Spurgeon nicht kennen, z. B. Kenneth Slack, der von ihm spricht als von einem "großen Entertainer, der jeden Kunstgriff an Witz, Humor, Erfindungskraft und dramatischer Kühnheit einsetzt." *The British Church Today*, 1961, 73. Spurgeon hätte gewiß Charles Simeon zugestimmt, der im Hinblick auf Prediger von der witzigen Sorte bemerkte: "St. Paulus sprach von Sündern, 'von welchen ich euch mit Weinen gesagt habe, daß sie sind die Feinde des Kreuzes Christi, welcher Ende ist die Verdammnis, die irdisch gesinnt sind' (Phil. 3, 18). Doch solche Prediger sagen euch solche Dinge lachend anstatt weinend. Ihnen scheinen die Ehrfurcht und die Achtung zu fehlen, mit der wir alle, besonders Pastoren, an Gott und Gottes Wort herantreten sollten. Der Christ sollte bei dem Gedanken an einen leichtfertigen Umgang mit diesen Dingen erschaudern." Zu diesem Thema siehe *An All-Round Ministry*, 335. Natürlich will ich nicht abstreiten, daß wahrer Humor eine heilsame und erfrischende Gabe ist; die vorangegangenen Bemerkungen betreffen nur die Unangemessenheit seiner Ausübung, wenn man im öffentlichen Gottesdienst im Namen Gottes spricht. Bezaubernde Beispiele für Spurgeons Humor sowie anderes wertvolles Material finden sich in W. Williams Buch *Personal Reminiscences of C. H. Spurgeon*, 1895, und in der *Autobiography*, 3, 339-61.

Erweckung im 18. Jhd. behandelt hatte. Bei einer Gelegenheit, als Whitefield für Grimschaw predigte, unterbrach letzterer ihn mit den Worten: "Bruder Whitefield, schmeichle ihnen nicht, ich fürchte, die Hälfte von ihnen geht mit offenen Augen in die Hölle."

Jeder Pastor kann verstehen, was Wesley meinte, als er sagte: "Müßte ich ein ganzes Jahr lang an einem Ort predigen, würde ich mich selbst und den Großteil meiner Gemeinde in den Schlaf predigen", und es gab Zeiten, in denen Spurgeon wünschte, die Last, Jahr für Jahr vor Tausenden zu predigen, würde von seinen Schultern genommen: "Unzähligemal habe ich mir gewünscht, ich könnte der Pastor einer kleinen Kirche auf dem Lande werden, mit zwei- oder dreihundert Zuhörern, über deren Seelen ich mit unermüdlicher Fürsorge wachen könnte.[26]" Aber er wußte, es sollte nicht sein, und er betete, Gott möge eher seinen Mund zu ewigem Schweigen versiegeln, als daß er sorglos und zufrieden würde, solange Seelen in die Verdammnis gehen: "Es wäre mir besser, wenn ich nie geboren wäre, als wenn ich diesen Menschen unachtsam predigte oder ihnen irgendeinen Teil von meines Meisters Wahrheit vorenthielte. Besser ein Teufel gewesen zu sein als ein Prediger, der Schindluder mit Gottes Wort treibt und so den Ruin von Menschenseelen bewirkt . . . Mein höchster Ehrgeiz wird sein, vom Blut aller Menschen rein zu sein. Wenn ich, wie George Fox, im Sterben sagen kann, 'Ich bin rein, ich bin rein', so wäre das für mich fast schon der Himmel, den ich mir wünsche."[27]

Wenn wir den Geist, in dem Spurgeon predigte, beschrieben haben, dann haben wir damit noch nicht den ultimativen Beweis für unsere Überzeugung geliefert, daß die Fülle des Heiligen Geistes in seinem Dienst gegenwärtig war. Ihm war der *Inhalt seiner Botschaft* wichtiger als die Art und Weise seiner Predigt, und deshalb wollen wir jetzt den zweiten Punkt erörtern. Die oben angeführten Zitate sind nicht nur unvollständig, sondern könnten, für sich genommen, sogar irreführend sein. Sein tiefes Verantwortungsgefühl war nicht der zwingende Beweggrund seines Predigens, er wurde getrieben von etwas Höherem als dem Ruf der Pflicht.

---

[26] 19, 363.
[27] 19, 370; 27, 310.

Diese Worte führen uns zum Herzen von Spurgeons Predigt. Er *liebte* es, "die Herrlichkeit Gottes im Angesicht Jesu Christi" zu verkünden. Christus - Er war das herrliche, alles überstrahlende Thema in Spurgeons Dienst, und dieser Name machte aus seiner Kanzelarbeit ein "Bad in den Wassern des Paradieses."[28]

Die Geschichte, wie ein unbemerkter Arbeiter erweckt wurde, als Spurgeon im leeren Chrystal Palace einen Text ansagte, um in Vorbereitung eines Gottesdienstes die Akustik zu prüfen, ist wohlbekannt, aber der Text, den er dafür benutzte, war gewiß kein zufälliges Detail. Als er, wie er dachte, keine Gemeinde und keine Zuhörer hatte, waren die Worte, die ganz schlicht und natürlich auf seine Lippen kamen: "Siehe, das Lamm Gottes, welches die Sünden der Welt trägt."

Ist es dann überraschend, daß wir beim Durchsehen seiner Predigten von 1856 und 1857 ständig diesen Namen wiederkehren finden - "Christus in Seines Vaters Haus"; "Christus - die Kraft und Weisheit Gottes"; "Christus erhöht"; "Die Herablassung Christi"; "Christus, unser Passahlamm"; "Christus verherrlicht"; "Die Verherrlichung Christi"; "Christus in dem Bündnis" ? Wir wollen uns einen Moment lang eine solche Predigt anschauen; sie trägt den Titel "Der Ewige Name" und wurde 1855 gehalten, als Spurgeon 20 Jahre alt war. Im Laufe der Predigt beschreibt er, was aus der Welt würde, wenn ihr der Name Jesus genommen werden könnte, und, außerstande, seine Gefühle zurückzuhalten, rief er aus: "Ich hätte kein Verlangen, hier zu sein ohne meinen Herrn. Und wäre das Evangelium nicht wahr, so wäre ich Gott dankbar, wenn er mein Leben auf der Stelle auslöschte, denn ich wollte nicht mehr leben, wenn ihr den Namen Jesu Christi zunichte machen könntet."[29] Viele Jahre später hatte Mrs. Spurgeon eben diese Predigt nicht vergessen und beschreibt ihren Schluß, als Spurgeons Stimme vor physischer Erschöpfung beinahe brach, in folgenden Worten:

"Ich erinnere trotz des langen zeitlichen Abstandes mit sonderbarer Lebendigkeit den Sonntagabend, als er über den Text "Sein Name wird ewig bleiben" predigte. Das war ein Thema, in dem er schwelgte; es war seine höchste Freude, seinen herrlichen

[28] *The Early Years*, 403.
[29] 1, 208-9.

Retter zu erheben, und in dieser Predigt schien er geradezu seine Seele, sein Leben in Verehrung und Anbetung vor seinem himmlischen König auszugießen. Ich dachte wirklich, er wollte dort sterben, vor all den Leuten! Am Ende der Predigt machte er gewaltige Anstrengungen, seine Stimme wiederzuerlangen; aber die Sprache versagte fast vollständig, und nur in gebrochenen Lauten war der leidenschaftliche Schluß seiner Rede zu hören, - 'Laßt meinen Namen untergehen, doch Christi Namen laßt für immer bleiben! Jesus! Jesus! Jesus! Krönt Ihn zum König der Könige! Weiter werdet ihr mich nichts sagen hören. Dieses sind meine letzten Worte in Exeter Hall für diesmal. Jesus! Jesus! Jesus! Krönt Ihn zum König der Könige!', und dann fiel er, der Ohnmacht nahe, in den Stuhl, der hinter ihm stand."[30]

Kann die Gegenwart des Heiligen Geistes im Dienst eines Menschen sich deutlicher beweisen als in solcher Predigt? Wenn ja, dann vielleicht in jenem, nur vom Prediger selbst erfahrbaren Empfinden der Gegenwart Christi mit ihm, während er spricht - "Es ist einem Menschen wohl kaum möglich, diesseits des Grabes sich dem Himmel näher zu fühlen als während dieser Erfahrung", schreibt Spurgeon, und es gab Zeiten, in denen er bezeugen konnte, "Ich habe die besondere Gegenwart meines Herrn bei mir mit der gleichen Gewißheit erkannt, mit der ich weiß, daß ich lebe. Jesus war für mich, an meiner Seite auf dieser Kanzel, so wirklich, als hätte ich Ihn mit meinen Augen gesehen."

Wir können den Abschnitt über Spurgeons Predigtdienst nicht abschließen, ohne ein Beispiel davon zu liefern, wie er Christus jeder Klasse von Hörern predigte als den, den *allein* jedes Herz braucht: "Bedenke, Sünder, nicht dein Festhalten an Christus rettet dich - sondern Christus; nicht deine Freude in Christus rettet dich - sondern Christus; nicht einmal dein Glaube an Christus, wenn er auch das Werkzeug ist - sondern Christi Blut und Verdienst; deshalb, schau nicht auf deine Hoffnung, schau auf Christus, die Quelle deiner Hoffnung; nicht auf deinen Glauben, sondern auf Christus, den Anfänger und Vollender deines Glaubens; und wenn du das tust, können zehntausend Teufel dich nicht stürzen . . . Das ist etwas, was wir alle in unseren Predigten, wenn auch unbeabsichtigt, wie ich glaube, viel zu sehr verschleiern - nämlich

---

[30] *The Early Years*, 403.

die große Wahrheit, daß es nicht unser Gebet, nicht unser Glaube, nicht unsere Taten und nicht unsere Gefühle sind, auf die wir bauen dürfen, sondern Christus und Christus allein. Wir denken leicht, mit uns stimmt es nicht, wir fühlen nicht genug, anstatt uns zu erinnern, daß wir es nicht mit uns selbst zu tun haben, sondern mit Christus. Ich möchte euch dringlich bitten, schaut nur auf Christus; erwartet Befreiung und Hilfe niemals von euch selbst, von Pastoren oder von irgendwelchen Mitteln irgendwelcher Art getrennt von Christus; haltet eure Augen einfältig auf Ihn gerichtet; laßt eurem Bewußtsein Seinen Tod, Seine Kämpfe, Seine Seufzer, Seine Leiden, Seine Verdienste, Seine Herrlichkeit, Seine Fürbitte immer neu und frisch gegenwärtig sein; wenn ihr am Morgen erwacht, haltet nach Ihm Ausschau; wenn ihr euch des Abends niederlegt, dann schaut auf Ihn."[31]

Solcherart war der Geist und die Botschaft C. H. Spurgeons im Alter von zweiundzwanzig Jahren, und wer von uns spürt nach dem kleinen Einblick in diese Seite seines Dienstes nicht die Notwendigkeit, auch heute wieder die Bedeutung dessen zu erkennen, was es heißt, von der Liebe Christi gedrängt zu sein? Ein oft zitierter Vers drückte Spurgeons Gebet aus; laßt uns die Worte zu den unseren machen:

> A very wretch, Lord! I should prove,
> **Ein wahrer Lump, Herr, wäre ich,**
> Had I no Love for Thee;
> **wenn ich Dich nicht liebte;**
> Rather than not my Saviour love,
> **als meinen Heiland nicht zu lieben,**
> O may I cease to be!
> **möchte ich lieber sterben.**

---

[31] 2, 375-6.

Mr. Spurgeon ist Calvinist, was man heute nur noch von sehr wenigen Dissenter-Pastoren sagen kann. Er predigt Errettung nicht aus dem freien Willen des Menschen, sondern aus dem Wohlwollen Gottes, was heutzutage in London, wie man befürchten muß, nur sehr wenige tun.

John Anderson, Helensburgh

Ich zögere nicht zu sagen, daß außer der Lehre von der Kreuzigung und Auferstehung unseres seligen Herrn keine Lehre solches Gewicht in der frühen christlichen Kirche hatte wie die Lehre von der Erwählung aus Gnade.

C. H. Spurgeon

Die Lehre von der Gnade ist in der Rumpelkammer abgestellt worden. Sie wird als wahr anerkannt, denn sie ist in den meisten Glaubensbekenntnissen enthalten; sie ist in den Artikeln enthalten, sie findet sich in den Bekenntnissen aller möglichen protestantischen Christen, ausgenommen jener, die erklärtermaßen arminianisch sind, doch wie wenig wird sie je gepredigt! Sie wird zu den Relikten der Vergangenheit gezählt. Man sieht sie an wie einen ehrwürdigen Offizier im Ruhestand, von dem niemand erwartet, daß er je wieder aktiven Dienst leisten wird.

C. H. Spurgeon

2: DIE VERLORENE KONTROVERSE

Im vorigen Kapitel versuchten wir, das Bild Spurgeons nachzuzeichnen, wie es sich zur Zeit seines Dienstes in der New Park Street darstellte. Das Bild, das entstand, war nicht das eines jovialen Kanzelphänomens, das die Menschen mit ihrem Lob überhäuften, sondern vielmehr das eines jungen Mannes, dessen Ankunft mitten in das ruhige, schläfrige religiöse Leben Londons ungefähr ebenso wenig willkommen war wie die russischen Kanonen, die damals in die ferne Krim einschlugen. Die Fakten sind für uns deshalb so überraschend, weil wir mehr oder weniger gewohnt sind, in Spurgeon einen gütigen Großvater des modernen Evangelikalismus zu sehen. Als die Erweckung von 1855 und später Southwark aus seinem geistlichen Schlummer rüttelte, war der Name des Pastors der New Park Street ein Symbol der Schmach, und es hagelte Schläge für ihn von allen Seiten. Seitdem ist sein Name zu einem Symbol evangelikaler Ehrbarkeit geworden, und wir trösten uns inmitten des allgemeinen Abfalls von evangelischen Grundsätzen gern mit dem Gedanken, daß die religiöse Welt einen Mann noch nicht vergessen hat, der so dachte wie wir und dessen Einfluß vor wenigen Jahren die ganze Welt umspannte. Doch wenn wir uns den wahren Charakter seines Dienstes vor Augen führen, dann kann sich unser Trost nur verflüchtigen, denn wir stehen nicht vor der Frage, wie sehr wir Spurgeon bewundern, sondern was ein Mann wie er über die Kirche von heute denken würde?

Von den allgemeinen Merkmalen seines frühen Lebens haben wir bereits gesprochen. Sie müssen berücksichtigt werden, wenn wir uns einer detaillierten Betrachtung der Lehre, die er predigte, zuwenden. Wir täten dem Mann Unrecht, wenn wir in irgendeiner Weise die Lehre, die er hochhielt, von *dem Geist,* in dem er lebte, abkoppeln würden. Seine lehrmäßigen Überzeugungen waren nicht in kühler Sachlichkeit eines Studierzimmers formuliert, vielmehr waren sie in ihm vom Heiligen Geist eingebrannt, erleuchtet durch die Liebe zu seinem Erlöser und frisch und lebendig gehalten in seinem Dienst durch Gemeinschaft mit Gott. Spurgeon hielt wenig von Menschen, die an einem orthodoxen System festhielten, dies jedoch ohne die lebendige Salbung des Geistes taten.

Eine der ersten Attacken, die auf Spurgeons Dienst nach seiner Niederlassung in London gemacht wurden, kam von einem Zweig der Baptisten, die man zu dieser Zeit als "hyper-calvinistisch" bezeichnete. Spurgeon selbst mochte diese Bezeichnung nicht anwenden, denn er betrachtete die Einführung des Namens des großen Reformators als unpassend: "Calvinisten mögen sich solche Menschen zwar nennen, doch, anders als der Reformator, dessen Namen sie sich zulegen, bringen sie ein theologisches System zur Bibel, um sie zu erklären, anstatt jedes System, so wertvoll es sein mag, dem reinen, unverfälschten Wort Gottes unterzuordnen." In der Ausgabe des Blattes *The Earthen Vessel* vom Jan. 1855 äußerte ein anonymer Schreiber Zweifel an Spurgeons Stellung und an seiner Berufung zum Dienst. Spurgeons unkonventionelle Ausdrucksweise, die Massen, die ihm folgten, die allgemeinen Einladungen und Ermahnungen an alle Hörer, Buße zu tun und das Evangelium zu glauben, und die "Grobheit" seiner Theologie - all das waren Gründe zum Argwohn. Er war weder eng noch abgrenzend genug für seine Kritiker, die sich beschwerten: "Spurgeon predigt jede und keine Lehre; jede Erfahrung, und deshalb keine Erfahrung."

Aus einem Grunde, der später deutlich werden wird, lag dem jugendlichen Prediger nichts daran, diesem Angriff etwas zu entgegnen, nichtsdestoweniger hielt er im Verlauf einer Predigt manchmal inne, um sich mit den Ansichten der Hyper-Calvinisten auseinanderzusetzen. Zuweilen sind seine tadelnden Bemerkungen halb humorhaft, so wie die folgende: "Gibt es nicht so manchen guten 'hyper-calvinistischen' Bruder, der die Lehren von der Gnade genau kennt, der aber, wenn er eines Tages beim Bibellesen einen Text findet, der ihm allzu weit und allgemein klingt, sagt: 'Das kann unmöglich so zu verstehen sein; ich muß es zurechtstutzen, damit es zu Dr. Gills Kommentar paßt' ?" Häufiger geht er wesentlich schärfer gegen die Grundsätze vor, die zu solchem Verhalten führen, denn Hyper-Calvinismus verursacht nicht nur eine persönliche Schlagseite, sondern, was viel schlimmer ist, verhindert volles, ausgewogenes Predigen des

Evangeliums:[1] "Ich halte nichts von der Art und Weise, wie manche Leute vorgeben, das Evangelium zu predigen", erklärte er im Laufe einer Predigt über den Barmherzigen Samariter, "Sie haben kein Evangelium für Sünder als Sünder, sondern nur für solche, die über dem normalen Niveau des Sünderseins stehen, solche mit der technischen Bezeichnung *sensible* Sünder." Wir müssen das Zitat für einen Moment unterbrechen, um seine Terminologie zu erläutern: Hyper-Calvinismus, in seinem Bemühen, alle Evangeliumswahrheit mit dem Ziel Gottes zu vereinbaren, die Auserwählten zu retten, leugnet einen allgemeinen Befehl zur Buße und zum Glauben und behauptet, wir seien nur berechtigt, jene zu Christus einzuladen, die sich ihrer Sünde und Not *bewußt* sind. In anderen Worten, die Aufforderungen des Evangeliums sind nur an die gerichtet, die geistlich immerhin so erweckt sind, daß sie nach einem Erlöser suchen, nicht aber an die, die tot sind in Unglauben und Gleichgültigkeit. Und so wurde eine Methode ersonnen, wie man das Evangelium auf die beschränken könne, die Grund zur Annahme boten, daß sie erwählt waren. "Wie der Priester in diesem Gleichnis", fährt Spurgeon fort,"sehen sie den armen Sünder, und sie sagen, 'Er ist sich seiner Not nicht bewußt, wir können ihn nicht zu Christus einladen'; 'Er ist tot', sagen sie, 'es ist zwecklos, toten Seelen zu predigen'; so gehen sie auf der anderen Straßenseite vorüber, halten sich eng an die Erwählten und Erweckten, aber haben den Toten absolut nichts zu sagen, damit sie nur ja nicht herausfinden, daß Christus zu gnädig, Seine Gnade zu frei sei . . . Ich habe Pastoren kennengelernt, die sagen: 'Nun ja, wissen Sie, wir sollten dem Sünder schon seinen Zustand vor Augen halten und ihn warnen, aber ihn zu Christus einladen - das dürfen wir nicht.' Ja, meine Herrn, ihr müßt auf der anderen Seite vorübergehen, nachdem ihr ihn angeschaut habt, denn nach eurem eigenen Bekenntnis habt ihr

---

[1] "Sie waren genötigt, Stellen wie die folgende zu vertuschen, weil sie sie nicht verstehen konnten: 'Jerusalem, Jerusalem, . . . wie oft habe ich deine Kinder versammeln wollen, wie eine Henne versammelt ihre Küchlein unter ihre Flügel, und ihr habt nicht gewollt.' Sie durften nicht über Texte wie diesen predigen: 'Denn ich habe kein Gefallen am Tode des Sterbenden, spricht der Herr Herr. Darum bekehrt euch, so werdet ihr leben.' Sie schämen sich, zu Menschen zu sagen: 'Kehrt um, kehrt um, warum wollt ihr sterben?' Sie wagen nicht, hervorzutreten und wie Petrus zu predigen: 'Tut Buße und bekehrt euch, damit eure Sünden getilgt werden'." 6, 302.

keine *guten* Nachrichten für den armen Kerl. Ich preise meinen Herrn und Meister, Er hat mir ein Evangelium gegeben, das ich *toten* Sündern bringen kann, ein Evangelium, das noch für die Schlechtesten der Schlechten Gültigkeit hat."[2]

Spurgeon war bei diesem Thema unerbittlich, weil er sah, daß, wenn die Berechtigung des Sünders zum Empfang des Evangeliums von irgendwelchen inwendigen Qualifikationen und Empfindungen abhinge, die Unbekehrten, als solche, keine unmittelbare Pflicht hätten, an Christus zu glauben, und sie deshalb den Schluß ziehen dürften, der Befehl, an Christus zu glauben, gelte, weil sie weder Reue noch Not verspürten, nicht für sie. Wenn andererseits die Berechtigung nicht auf irgendetwas in der Person des Sünders Liegendem basiert, sondern einzig auf dem Befehl und der Einladung Gottes, dann haben wir eine Botschaft für jedes Geschöpf unter dem Himmel. Spurgeon glaubte nicht, daß die Tatsache der Erwählung vor den Unbekehrten verheimlicht werden sollte, sondern vertrat die Ansicht, daß der Hyper-Calvinismus dadurch, daß er die Aufmerksamkeit des Menschen von der zentralen Stellung des persönlichen Glaubens an Christus ablenkte, den Schwerpunkt des Neuen Testaments verzerrt[3] und bei den Ungläubigen Selbstgefälligkeit gefördert hatte. Er hatte die These aufgestellt: Weil Glaube im Menschen durch die Kraft des Geistes Gottes gewirkt wird, können wir den Menschen nicht gebieten zu glauben, aber dabei hatte er die reine Tatsache außer Acht gelassen, daß uns Unglaube in der Heiligen Schrift immer als Sünde dargestellt wird, für die wir verantwortlich sind: "Wenn ihr nicht gefallen wäret, würdet ihr sofort zu Christus kommen, wenn er euch gepredigt wird; aber ihr kommt nicht wegen eures sündigen Wesens." Die Unfähigkeit des

---

[2] 8, 55.

[3] "Ihr kennt doch jene Spiegel", sagt er (und meint die Zerrspiegel auf dem Jahrmarkt), "ihr geht auf sie zu und seht euren Kopf zehnmal so groß wie euren Körper, oder ihr tretet zurück und verändert eure Haltung, und dann sind eure Füße monströs, und der Rest des Körpers ist klein; das ist ein feines Spielzeug, aber ich muß leider sagen, daß viele nach dem Vorbild dieses Spielzeugs an Gottes Wahrheit herangehen: Sie vergrößern eine wichtige Wahrheit, bis sie monströs wird; sie verkleinern und verschweigen eine andere Wahrheit, bis sie ganz und gar vergessen ist." 8, 182. Für eine kurze Zusammenfassung von Spurgeons Sicht von der "Predigt an die Sünder" siehe seinen Predigtband *Only A Prayer-Meeting,* 301-5.

Menschen, sich dem Evangelium zu fügen, ist, anstatt entschuldbar zu sein, der höchste Ausdruck seiner Verderbtheit.

Aus alledem dürfte deutlich sein, daß Hyper-Calvinismus mehr ist als eine theoretische Abweichung vom Evangelium, und Spurgeon drückte sich mit aller Schärfe aus, weil er aus Erfahrung wußte, daß diese Denkweise Kirchen inaktiv machte oder gar vollständig lähmte. "Einige Brüder, denen ich begegnet bin, haben versucht, die Bibel verkehrt herum zu lesen. Sie haben gesagt: 'Gott hat einen Plan, der sich ganz gewiß erfüllen wird, deshalb rühren wir uns keinen Zoll von der Stelle. Alle Macht ist in den Händen Christi, deshalb werden wir stillsitzen'; doch Christus versteht die Stelle anders, nämlich so: 'Mir ist gegeben alle Macht, deshalb *geht hin* und tut etwas!' "[4] "Die Faulpelze unserer orthodoxen Kirchen rufen: 'Gott wird Sein Werk schon tun', und dann suchen sie sich das weichste Kissen aus, das sie finden können, und legen es unter ihre Köpfe und sagen: 'Die ewigen Ratschlüsse Gottes werden sich ereignen: Gott wird verherrlicht werden.' Das hört sich alles sehr gut an, kann aber mit der bösesten Absicht gesagt sein. Ihr könnt Opium daraus machen, das euch in einen tiefen, furchtbaren Schlaf lullt und verhindert, daß ihr überhaupt irgendwie nützlich werdet."[5]

In keinem Punkt irrten die Hyper-Calvinisten in Spurgeons Augen so sehr wie darin, daß sie sich nicht durch kämpferischen, weltweiten Missionsgeist auszeichneten. Während ihm zwar bewußt war, daß nicht wenige Christen dieser Überzeugung besser waren als ihr Credo, sah er es doch deutlich als theoretisch und historisch bewiesen, daß der Einfluß dieser Lehre ernsthaftes missionarisches Wirken nicht gerade förderte. Wenn das Evangelium nur für *empfindsame* Sünder gilt, wie kann sich die Kirche dann von ihrem Auftrag drängen lassen, in "alle Welt" zu gehen und "das Evangelium aller Kreatur zu predigen"? Wenn die Berechtigung zum Glauben nur für die Reumütigen besteht, dann gilt sie nicht für alle Menschen überall, denn die Massen auf dieser Erde sind nicht in dieser Gemütsverfassung: "Ich würde einen von denen, die nur zu empfindsamen Sündern predigen, gern einmal nehmen und in der Hauptstadt des Königreichs Dahome absetzen. Da gibt es keine empfindsamen Sünder! Sieh sie an, mit ihren

---

[4] 42, 234.
[5] 30, 630.

Mündern befleckt mit menschlichem Blut, mit ihren Leibern, die sie über und über mit dem Blut ihrer Menschenopfer beschmiert haben - wie wird der Prediger hier irgendwelche Qualifikationen entdecken? Ich weiß nicht, was er sagen könnte, doch ich weiß, was meine Botschaft wäre. Sie würde ungefähr so lauten: "Männer und Brüder, Gott, der den Himmel und die Erde gemacht hat, hat Seinen Sohn Jesus Christus in die Welt gesandt, um für unsere Sünden zu leiden, und wer auch immer an Ihn glaubt, wird nicht verderben, sondern ewiges Leben haben."[6]

"Es gab Zeiten", sagte er in einer anderen Predigt, "da schon der bloße Gedanke daran, das Evangelium zu den Heiden zu bringen, als ein Stück Don Quichotismus angesehen wurde, das einen Versuch nicht wert war, und selbst jetzt, wenn du sagst, 'Die ganze Welt für Jesus', sperren sie ihre Augen auf und sagen, 'Oh, wir befürchten, die Lehre von der Allgemeinen Erlösung hat dich angesteckt, oder du verirrst dich im Lager der Arminianer'. Gott schenke diesen lieben Geschwistern neue Herzen und aufrichtige Geister; momentan sind ihre Herzen zu klein, um Ihm viel Ehre zu machen. Mögen sie größere Herzen bekommen, ein wenig

---

[6] 9, 538, eine Predigt über "die Berechtigung zum Glauben". "Der Befehl, an Christus zu glauben, muß für den Sünder gleichzeitig die Berechtigung sein. Es sei denn, alle Kreatur hat Anteil an dieser Berechtigung, kann keine Rede davon sein, das Evangelium durchweg *aller Kreatur* zu predigen." Siehe auch eine weitere Predigt über diese Berechtigung: "Darf ich?" 30, 613. Vielleicht hat kein christlicher Führer des letzten Jahrhunderts so klar über die Frage der Berechtigung gelehrt wie der ehrwürdige Professor John Duncan aus Edinburgh. In seiner gewohnten Art, ein Problem auf ein paar Sätze zu reduzieren, sagte er: "Wenn nur der bewußte Sünder berechtigt ist, Christus zu ergreifen, dann muß ich, bevor ich berechtigt bin, Ihn zu ergreifen, überzeugt sein, daß ich ein bewußter Sünder bin. Aber der Heilige Geist ist die einzige Quelle untrüglichen Bewußtseins, und der Heilige Geist ist uns verheißen, nicht, daß er uns das Bewußtsein von der Sünde bewußt macht, sondern die Sünde. Gewiß, allein der bewußte Sünder kann rettenden Glauben empfangen, aber nicht als bewußter Sünder bin ich aufgerufen, zu Christus zu kommen . . . Niemand würde sich weniger gern als bewußt bezeichnen als jener, der es wirklich ist . . . Der bewußte Sünder wäre der letzte, der ein Angebot ergreift, das nur bewußten Sündern gilt; aber verkündige das Evangelium einem niederträchtigen, schuldigen Sünder, und er wird sagen, 'Ja, das bin ich' . . . Gott muß sehr viel *für* Sünder tun, um sie umzukehren, aber Gott verlangt nichts *von* Sündern, als daß sie zurückkommen". *Recollections of the late John Duncan*, A. Moody Stuart, 1872, 96-7, 219.

mehr wie das ihres Herrn, und möge ihnen Gnade widerfahren, daß sie lernen, dem kostbaren Blut mehr zuzutrauen, denn unser Herr starb nicht für ein paar hundert Menschen; Er vergoß Sein Blut für eine Zahl, die kein Mensch zählen kann, und Seine Auserwählten übertreffen an Menge den Sand, der das Meer umsäumt."[7]

Die obigen Zitate sind aus verschiedenen Gründen äußerst wichtig. Zunächst zeigen sie, daß ein echter Unterschied zwischen biblischem Calvinismus und Hyper-Calvinismus besteht. Die zuletzt genannte Bezeichnung wird zuweilen so gebraucht, als wäre sie nur eine konsequentere Formulierung schriftgemäßer Lehren - in Abgrenzung zu einem "gemäßigten" Standpunkt - aber dieser Gebrauch ist falsch, denn das System weicht gravierend von der Schrift ab und bleibt hinter der Schrift zurück. Ein weiterer fälschlicher Gebrauch des Ausdrucks, der sogar noch häufiger vorkommt, ist der, daß man solche als "Hyper-" oder "Ultra-" Calvinisten betitelt, die tatsächlich den Hyper-Calvinismus bekämpfen. In Unkenntnis der deutlichen theologischen Unterschiede, die den Hyper-Calvinismus von dem Glauben der Reformatoren und der Puritaner absetzen, und ohne Wissen über die verschiedenen geschichtlichen Ursprünge, gebrauchen manche Kritiker dieses Wort als Beschreibung für jeden, der sich ernsthaft gegen die Grundsätze des Arminianismus stellt. Aber während dies eine bequeme Art sein mag, "Extremisten" zu brandmarken, offenbart es doch auch die geistliche Verwirrung derer, die sich ihrer bedienen. Spurgeon jedenfalls mußte sich solche Betitelung des öfteren gefallen lassen, und auch heute ist sie nicht unbekannt.

Wenn der Leser sich mit Spurgeon-Biographien des zwanzigsten Jahrhunderts befaßt, wird er keine Schwierigkeiten haben, darin Hinweise auf die ablehnende Haltung des Predigers gegenüber der "Hyper-" Schule zu finden. J. C. Carlile beispielsweise sagt: "Natürlich brachte Mr. Spurgeons Theologie ihn oft in Auseinandersetzungen", und direkt danach führt er die oben skizzierte Kontroverse an. Der Eindruck wird vermittelt, daß Spurgeon ist wie wir - gegen alles Extreme, und in diesem Gefühl werden wir bestärkt, wenn wir bei W. Y. Fullerton lesen, daß er

---

[7] 20, 239.

"sich von der strengen Schule löste"[8]. Natürlich wird uns eine vage Darstellung von Spurgeons Calvinismus gegeben, doch Carlile setzt hinzu, daß "die ernsten Wahrheiten des calvinistischen Glaubens von praktisch allen Protestanten vertreten" werden[9]. So wird uns mit derlei Versicherungen nahegelegt, arglos zu glauben, daß der *lehrmäßige* Inhalt von Spurgeons Predigten keinen großen Tumult in der religiösen Welt seiner Zeit verursacht habe. Das ist alles grundlegend irreführend. Vielmehr haben die Spurgeon-Biographen des zwanzigsten Jahrhunderts *die* größte Kontroverse seines Dienstes in jungen Jahren völlig übergangen. Da ist nicht einmal ein Hauch von dem Wort, das durch die sechs Bände der New Park Street Predigten widerhallt. In den Registern dieser Biographien kann man es nicht finden. Warum sind die modernen Evangelikalen nur so bemüht, das Wort "Arminianismus" verschwinden zu lassen?[10]

Was immer die Absicht gewesen sein mag, diese Methode, mit Spurgeon umzugehen, hat recht wirkungsvoll ein Bild von dem Mann geschaffen, das heute sehr große Verbreitung hat, doch wir glauben, daß dieses Bild vom Wesen seines Evangelikalismus durch ein Studium seiner Autobiographie sowie seiner ungekürzten Predigten gründlich zerstört wird. Als eine kleine Auswahl seiner Predigten im Jahr 1959 unter dem Namen "Erweckungsjahr-Predigten" veröffentlicht wurden, im Andenken an die Erweckung ein Jahrhundert früher, konnten einige britische Rezensenten nicht umhin, ihrem Empfinden Ausdruck zu verleihen, daß die Predigten "handverlesen" waren in der Absicht, eigene Sonderlehren zu verbreiten, die mit Spurgeons wirklicher Lehre nichts zu

---

[8] *C. H. Spurgeon,* W. Y. Fullerton, 1920, 290. Fullerton scheint anzudeuten, daß Spurgeon den Hyper-Calvinismus verließ; jedoch wird aus seiner Autobiographie sehr deutlich, daß er niemals Hyper-Calvinist war! Dieser Umstand war Anlaß zu einer Auseinandersetzung mit einem seiner Diakone in Waterbeach, seinem ersten Pastorat. Siehe *The Early Years,* 221-2.

[9] *C. H. Spurgeon: An Interpretative Biography*, J. C. Carlile, 1933, 147.6

[10] Noch schlimmer: 'Arminianismus' war sogar aus den Texten einiger seiner Predigten gestrichen worden, die in der Kelvedon-Ausgabe neu aufgelegt wurden, obwohl der Leser auf keine Kürzungen hingewiesen wird. Vergleiche z. B. die Predigt vom 18. Okt. 1857, die Nr. 159 in Band 3 der *New Park Street Pulpit*, mit der Fassung, die in Band 13 (Predigten von Trost und Gewißheit), Seite 222 der Kelvedon-Ausgabe bei Marshall, Morgan & Scott erschienen ist.

tun hatten. Und als ein spanischer Pastor dieselben Predigten in seine Landessprache übersetzt hatte, stellten spanische Baptisten die Glaubwürdigkeit der Übersetzung in Frage! Wir mögen über den viktorianischen Schuljungen schmunzeln, der dachte, Spurgeon wäre der Premierminister von England, doch es scheint, in unserer Zeit kursieren ähnlich wilde Vorstellungen davon, was für ein Mensch er wirklich war.

Zur näheren Ausführung dieser Aussagen ist es zunächst notwendig zu zeigen, daß die vorherrschende Lehrmeinung in den 1850er Jahren nicht calvinistisch, wie Carlile versichert, sondern vielmehr arminianisch war, und hauptsächlich weil Spurgeon sich dagegen stellte, wurde seine Ankunft in London mit so viel Ungunst von Seiten der religiösen Welt betrachtet. Spurgeons Schlagabtausche mit dem Hyper-Calvinismus waren lediglich Geplänkel verglichen mit dem Kampf, den er an einer ganz anderen Front auszutragen hatte; nach seinem Ermessen wurde der Hyper-Calvinismus innerhalb der baptistischen Kirche nur von einer Gruppe mit vergleichsweise kleinem und zerstreutem Einfluß vertreten, während er den Arminianismus als einen Irrtum einschätzte, der durchweg in den Freikirchen wie auch in der Church of England einflußreich war. Folglich widmete er der Bloßstellung des letzteren mehr Zeit und Kraft, und die Richtigkeit seiner Einschätzung der Lage ist durch die Stärke der Opposition, die ihm bald entgegenschlug, bestätigt worden.

Die wenigen religiösen Zeitschriften, die den Hyper-Calvinismus unterstützten, hätten nie den Sturm verursachen können, der um Spurgeons Dienst in jungen Jahren tobte. Die Zeitungen im allgemeinen, religiöse wie weltliche, waren in der Tat so weit entfernt vom Hyper-Calvinismus, daß sie nicht einmal wahrnahmen, daß Spurgeon von Hyper-Calvinisten angegriffen wurde!

Es fehlt nicht an literarischen Zeugnissen, die anzeigen, daß Spurgeons lehrmäßige Position in den Augen seiner Zeitgenossen sein eigentliches Vergehen war. Zum Beispiel leitet Silas Henn sein Buch "Spurgeons Calvinismus untersucht und widerlegt", das 1858 veröffentlicht wurde, mit folgenden Worten ein:

"Für viele ist die calvinistische Debatte seit langem beigelegt, und vergleichsweise wenige wagen es in unserer Zeit, inmitten all der aufgeklärten christlichen Sichtweisen, offen, ohne Maske die sonderbaren Lehren Johannes Calvins zu verkünden. Selbst auf vielen erklärtermaßen calvinistischen Kanzeln sind die Lehren weitgehend abgewandelt, und echter Calvinismus ist in den Hintergrund getreten. Aber es gibt einige, die ihn in all seiner Länge und Breite vertreten, und von diesen ist Pastor C. H. Spurgeon, der bekannte Prediger in der Musikhalle Royal Surrey Gardens,der prominenteste."

Dieselbe Kritik ist durchweg in vielen Zeitungen jener Zeit zu finden. *The Bucks Chronicle* klagte Spurgeon an, Hyper-Calvinismus zur Bedingung für den Einlaß in den Himmel zu machen; *The Freeman* bedauerte, daß er Arminianer "in fast jeder Predigt brandmarkte"; *The Christian News* verurteilte ebenso seine "Lehren von äußerst haarsträubender Ausschließlichkeit" und seinen Widerstand gegen den Arminianismus; und *The Saturday Review* war, wie wir schon feststellten, schmerzlich berührt von der Profanität, die darin lag, daß er "in Salons, die das Parfum von Tabak ausdünsteten", predigte.

Vielleicht faßte *The Patriot,* eine nonkonformistische Zeitschrift, am besten zusammen, warum sie alle so sehr an dem jungen Prediger Anstoß nahmen:

"Alle, einer nach dem anderen, kommen unter die Geißel des altklugen Anfängers. Er allein ist ein konsequenter Calvinist. Alle anderen sind entweder krasse Arminianer, zügellose Antinomisten, oder untreue Vertreter der Lehren von der Gnade. Die College-Ausbildung entfremdet junge Leute nur von den Menschen; und 'Bauern, die die Äcker pflügen, würden weitaus bessere Prediger abgeben.' Die Lehre von der Erwählung ist 'in unserer Zeit verspottet und verhaßt'. Die 'zeitdienerische Religion der Gegenwart wird nur in evangelikalen Empfangszimmern zur Schau gestellt'. 'Viele, viele fromme Prediger gibt es am Sabbattag, die für den Rest der Woche sehr unfromme Prediger sind!' 'Niemals' hört er seine Amtsbrüder 'die positive Genugtuung und Stellvertretung unseres Herrn Jesus Christus verfechten.' Diese Menschenfischer 'haben ihr Leben damit verbracht, mit höchst eleganten Seidenleinen und Haken aus Gold und Silber zu fischen, aber trotz alledem wollen die Fische nicht beißen; während wir von der rauheren Sorte', fügt der selbstgefällige Zensor hinzu, 'den Haken Hunderten in den Gaumen getrieben haben.' Noch 'rauher', wenn das möglich ist, verfährt Mr. Spurgeon mit Theologen, die nicht zu seiner speziellen Schule gehören. 'Arminianische Verdrehungen', insbesondere, 'sollen wieder in ihren Geburtsort, die Hölle, zurücksinken.' Ihre Ansicht, es gebe die Möglichkeit eines endgültigen Abfalls von der Gnade, ist 'die boshafteste Lüge auf Erden'."[11]

Diese Zitate sind alle vom Ärger der Schreiber gefärbt, doch zwei Punkte treten deutlich daraus hervor: nämlich, daß Spurgeons Lehre nicht die charakteristische Lehre des zeitgenössischen Protestantismus war, und zweitens, daß er offen und wiederholt den Arminianismus bekämpfte. Anstatt sich gegen diese Vorwürfe zu verwahren, nahm Spurgeon sie bereitwillig an.[12] "Wir brauchen uns unseres Stammbaumes nicht zu schämen", sagte er, "obwohl Calvinisten heute als irrgläubig gelten." Seine Einschätzung der religiösen Situation war, daß die Kirche in der Anfechtung stand, "vom Arminianismus en gros überschwemmt zu werden"[13], und daß ihr Mangel in erster Linie nicht einfach mehr Evangelisation oder mehr Heiligung war, sondern eine Rückkehr zur vollen Wahrheit der Lehre von der Gnade -, die er bereit war, der Bequemlichkeit halber Calvinismus zu nennen. Eindeutig sah Spurgeon sich selbst nicht einfach als Evangelisten, sondern auch als Reformator, dessen Aufgabe es war, "jenen alten Lehren des Evangeliums in der religiösen Welt mehr Achtung zu verschaffen"[14]. . . "Die alte Wahrheit, die Calvin predigte, die Augustin predigte und die Paulus predigte, ist die Wahrheit, die ich heute predigen muß, oder ich würde meinem Gewissen und meinem Gott untreu. Ich kann die Wahrheit nicht *formen,* es sei fern von mir, die rauhen Kanten einer Lehre abzuschälen. John Knox' Evangelium ist mein Evangelium; was durch Schottland

---

[11] Pike, 2, 196.

[12] 4, 341 "Kaum ein angesehener Baptisten-Pastor wird mich anerkennen", schrieb Spurgeon in einem Brief an einen Freund, und in einem anderen Brief äußerte er, daß zeitgenössische Prediger "Angst haben vor dem *echten Evangeliums-Calvinismus"* (*The Early Years*, 342-3). Nachdem der ehrwürdige Thomas Binney im Jahre 1855 im Auftrag der Londoner Vereinigung Baptistischer Kirchen eine Predigt angehört hatte, in der der Pastor der New Park Street gegen den Arminianismus sprach, erklärte er: "So etwas habe ich in meinem ganzen Leben noch nicht gehört"!

[13] 1, 208.

[14] *The Early Years*, 350.

donnerte, muß auch wieder durch England donnern."[15] Diese Worte führen uns zurück zum eigentlichen Wesen seines Dienstes in New Park Street. Er strahlte einen reformatorischen Eifer und prophetisches Feuer aus, das, während es die einen erweckte, in anderen Zorn und Feindschaft erregte. Spurgeon sprach als ein Mann, der überzeugt war, der *wußte,* warum die Kirche so fruchtlos war, und der, selbst wenn er es als einziger sagen mußte, nicht schweigen würde:

"In der Kirche Christi hat sich die Vorstellung breit gemacht, daß viele Dinge in der Bibel gelehrt werden, die nicht so wesentlich sind; daß wir sie ruhig ein wenig verändern dürfen, um sie unseren Zwecken anzupassen; daß, solange wir im Grundsätzlichen richtig liegen, die anderen Dinge bedeutungslos sind . . . Aber das wisset, daß die kleinste Verletzung des göttlichen Gesetzes Gericht über die Kirche bringen wird und gebracht hat, und auch heute Gottes Hand davon abhält, uns zu segnen . . . Die Bibel, die ganze Bibel und nichts als die Bibel ist die Religion der christlichen Kirche. Und bis wir dorthin zurückkehren, wird die Kirche zu leiden haben . . . "

"Oh, wie viele hat es gegeben, die gesagt haben: 'Die alten puritanischen Lehren sind zu streng für diese Zeit; wir werden sie ändern, wir werden sie ein wenig abschwächen.' Was denkt ihr euch nur dabei? Wer seid ihr, daß ihr es wagt, auch nur einen einzigen Buchstaben von Gottes Buch anzutasten, welches Gott mit Donner umzäunt hat in jenem ungeheurem Satz, wo geschrieben steht: 'So jemand dazusetzt, so wird Gott ihm die Plagen dazusetzen, die in diesem Buch geschrieben stehen. Und so jemand davontut von den Worten des Buches dieser Weissagung, so wird Gott sein Teil abtun vom Holz des Lebens und von der heiligen Stadt, davon in diesem Buche geschrieben steht.' Wir sollten uns klarmachen, was für eine furchtbare Sache es ist, Gottes Wort nicht richtig und angemessen zu beurteilen, auch nur einen Aspekt undurchdacht, einen Bereich unstudiert zu lassen, damit wir nicht andere in die Irre führen und selbst in Ungehorsam gegen Gott handeln . . ."

"Die Siege unserer Kirche sind nicht so gewesen wie die Siege in alten Zeiten. Warum nicht? Meine Theorie ist folgende:

---

[15] ebd. 162.

Zunächst liegt es an der weitgehenden Abwesenheit des Heiligen Geistes. Aber wenn man zur Wurzel des Problems durchdringt, dann ist meine andere, vollständige Antwort diese: Die Kirche hat ihre ursprüngliche Reinheit verloren, und deshalb hat sie ihre Kraft verloren. Wenn wir erst einmal alles Falsche beseitigt hätten, und wenn durch den einmütigen Willen des gesamten Leibes Christi jede böse Zeremonie, jede Zeremonie, die nicht von der Schrift eingesetzt ist, abgeschnitten und erledigt wäre, wenn jede Lehre abgewiesen wäre, die nicht durch die Heilige Schrift gestützt wird, wenn die Kirche wieder rein wäre, dann würde ihr Weg siegreich triumphierend aufwärts führen . . . "

"Das mag für dich scheinbar wenig Relevanz haben, doch in Wirklichkeit geht es hier um Leben und Tod. Ich möchte jeden Christen anflehen - denk darüber nach, mein lieber Bruder. Wenn einige von uns Calvinismus predigen, und einige Arminianismus, können wir nicht beide Recht haben; es ist zwecklos zu meinen, wir könnten es - 'Ja' und 'nein' kann nicht beides wahr sein . . . Wahrheit schwingt nicht wie ein Pendel hin und her. Sie ist nicht wie ein Komet, der bald hier, bald dort, bald überall ist. Eines muß richtig und das andere falsch sein."[16]

Dieses reformatorische Element in Spurgeons frühem Dienst kann nur richtig gedeutet werden, wenn wir wissen, was er über die theologische Strömung seiner Zeit dachte. Er glaubte, daß Gott ihn berufen hatte, Stellung zu beziehen für eine Wiederbelebung der alten calvinistisch-evangelischen Lehre, die einst in England vorherrschend war, und weil diese Überzeugung so mit dem Verlauf seiner Arbeit während der ersten Jahre in London verflochten war, widmet er diesem Aspekt ein Kapitel seiner Autobiographie unter dem Titel "Plädoyer für den Calvinismus"[17]. Ein interessanter Brief Spurgeons, der erst kürzlich zum Vorschein kam, geht in dieselbe Richtung. Der Brief ist an Charles Spiller, einen Baptisten-Prediger in Chipping Campden, geschrieben, und während Spurgeon den Angriff, den er von Seiten des hyper-calvinistischen Quartalsheftes *The Earthen Vessel* erlebte, zwar erwähnt, wird doch deutlich, daß sein Hauptaugenmerk in eine ganz andere Richtung geht. Er bringt seine Freude darüber zum Ausdruck, daß Gott ihm durch die Plattform von Exeter Hall Gele-

---

[16] 6, 166-70.
[17] Zur deutschen Ausgabe vergl. das Vorwort dieses Buches.

genheit gegeben hat, frischen Wind in die allgemeine religiöse Malaise zu bringen, von der er glaubte, daß sie mit dem Schwinden der alten Orthodoxie zusammenhing.

"75 Dover Road
Boro
13. Febr. 1855

Mein lieber Bruder,

Inmitten der Arbeit einer enormen Korrespondenz finde ich dennoch einen Augenblick, dein Schreiben zu beantworten. Ich preise Gott, daß ich in Zion Alarm geblasen habe, denn ich stelle fest, der Schall ist gehört worden. Du kannst dir meine Lage vorstellen, ein junger Mann unter 21, der zu solchem Anlaß zu (fast) allen Pastoren Londons predigt, aber ich danke Gott, daß ich nie Menschen fürchtete, und obwohl am letzten Sabbat mehr als 4000 in Exeter Hall versammelt waren, obwohl jeder Zoll besetzt war und sie sich an Säulen und sonstwo festhielten, kann mich das nicht einschüchtern, denn der Gott in uns kann selbst den Säugling mächtig machen. Meine Position als Pastor an einer der einflußreichsten Kirchen versetzt mich in die Lage, mir Gehör zu verschaffen, und meine tägliche Arbeit besteht darin, die *alten* Lehren von Gill, Owen, Calvin, Augustin und *Christus* wiederzubeleben.

Meine Predigten werden wöchentlich gedruckt, ich lege ein Exemplar bei - der Verkauf ist sehr gut - Du kannst sie bei deinem Buchhändler bestellen. Sie werden auch in den Penny Pulpits abgedruckt.

Wenn du je 'The Earthen Vessel' gelesen hast, wirst du gesehen haben, wie ich attackiert und als Betrüger abgestempelt worden bin - die Folge war, daß noch mehr Interesse erregt wurde; die ganze Auflage von "The Earthen Vessel" wurde verkauft, hunderte von Erwiderungen wurden an den Herausgeber gesandt - während ich ruhig zuschaute und mich freute, daß alle Dinge zum Besten dienen. Ich denke, es würde dich amüsieren, die Ausgabe für Dezember, Januar, Februar zu lesen. Ich lasse mich nicht so leicht einschüchtern, ich gehe genauso weiter und kümmere mich nicht um die Meinung irgendeines Menschen auf Gottes Erde. Du darfst gern dafür beten, daß ich nahe bei Gott gehalten werde, denn bei all den Fausthieben nach oben und

58

Fußtritten nach unten wäre ich wohl der Elendste unter den Menschen, wenn ich mich nicht auf Seinen Arm stützen würde. Es ist keine leichte Sache, sowohl von Hohen als von Niedrigen traktiert zu werden und dabei stillzuhalten.

Ich preise Gott, daß meine Kirche in einem Maße wächst, das hoffen läßt. Heute abend stehen 20 draußen vor der Kirche, die zuhören wollen, und es kommen immer noch mehr. Gott sei alle Ehre - für Seinen Namen kann ich Schmach tragen - aber die Wahrheit muß ich verkünden. Dein Schreiben ist wie eine Blume im Winter - es lag ein Hauch von Sommer darauf. Oh, Christus im *Herzen* zu haben, den *Heiligen Geist in der Seele,* und die Herrlichkeit in Aussicht - dafür möchten wir wohl gern Welten tauschen, und dafür laßt uns kämpfen, nicht nur in Worten auf der Kanzel, sondern in Wahrheit in unseren Kammern allein mit unserem Vater.

In brüderlicher Liebe,

Dein

C. H. Spurgeon"[18]

Daß es seine ausdrückliche Wiederbelebung der alten Lehre war, die den lebhaften Widerstand gegen seinen Dienst entfachte, daran hatte Spurgeon nicht den geringsten Zweifel: "Wir sind als *Hypers* verschrien, wir werden zum Abschaum der Schöpfung gerechnet; kaum ein Geistlicher betrachtet oder beurteilt uns wohlwollend, weil wir feste Ansichten über Gottes Souveränität , und seine göttliche Erwählung und seine besondere Liebe zu

---

[18] Dieser Brief wurde zuerst in *The Baptist Times* vom 17 Jan. 1963 abgedruckt. Zu dieser Zeit hatte Spurgeon offensichtlich denselben lehrmäßigen Schwerpunkt auch auf seinen vielen Predigtreisen in die Provinzen. Ein Schreiber erinnert sich im Jahre 1879, wie er Spurgeon erstmals fast ein Viertel Jahrhundert früher in Arley Chapel, Bristol, gehört hatte. Nach einer Beschreibung seines Auftretens und seiner Erscheinung fährt er fort: "Ich sehe und höre noch Mr. Spurgeon, wie er an jenem Morgen in Arley Chapel predigte. Der Punkt seiner Predigt, der mir am deutlichsten im Gedächtnis ist, war die sehr entschiedene Lehre von der Erwählung und die Beteuerung des Predigers, eins zu sein mit Calvin und Augustin, von welchen, ebenso wie von der Lehre, meine Kenntnis keineswegs umfassend war." *Sword and Trowel*, 1879, 420.

Seinem Volk haben."[19] Seiner eigenen Gemeinde predigend sagte er im Jahr 1860: "In den letzten fünfzig Jahren hat es wohl keine einzelne Kirche in England gegeben, die durch mehr Anfechtung gegangen ist als wir . . . Kaum ein Tag stürmt über meinen Kopf hinweg, an dem nicht die scheußlichsten Beschimpfungen, die fürchterlichsten Verleumdungen, sowohl privat als in der öffentlichen Presse, gegen mich vorgebracht werden. Alle Hebel sind in Bewegung gesetzt, Gottes Diener zum Schweigen zu bringen - jede Lüge, die ein Mensch erfinden kann, wird gegen mich geschleudert . . . Sie haben unsere Tatkraft als Kirche nicht gebremst, sie haben die Besucherzahlen unserer Versammlungen nicht geschmälert; was nur ein Strohfeuer sein sollte - ein Enthusiasmus, der, so hofften sie, nicht länger als eine Stunde anhalten würde, das hat Gott täglich wachsen lassen; nicht meinetwegen, sondern des Evangeliums wegen, das ich predige; nicht, weil irgendetwas an mir ist, sondern weil ich als Repräsentant des klaren, geradlinigen, ehrlichen Calvinismus dastehe, und weil ich mich bemühe, das Wort schlicht zu verkünden."[20]

Spurgeon war angesichts der Feindschaft, die sich gegen seine Verkündigung der Lehre von der freien Gnade erhob, nicht überrascht: "Geschwister, in uns allen lebt diese natürliche Feindschaft gegen Gott und gegen die Souveränität seiner Gnade."[21] "Ich habe erlebt, wie Menschen vor Wut auf ihre Lippen bissen und mit den Zähnen knirschten, als ich die Souveränität Gottes predigte . . . Die Schulmeister von heute erlauben einen Gott, aber König darf er nicht sein: das heißt, sie wählen einen Gott, der kein Gott ist, und vielmehr der Knecht und nicht der Herrscher der Menschen."[22] "Die Tatsache, daß Bekehrung und Errettung von Gott sind, ist eine demütigende Wahrheit. Und wegen ihres demütigenden Charakters mögen die Menschen sie nicht. Gesagt bekommen, daß Gott mich retten muß, wenn ich gerettet werde, und daß ich in Seiner Hand bin wie der Ton in den Händen des Töpfers, 'das mag ich nicht', sagt einer.

---

[19] 2, 391.
[20] 6, 435-6.
[21] 29, 85.
[22] 36, 416.

Nun, das dachte ich mir; wer hätte je im Traum daran gedacht, daß du es mögen würdest?"[23]

Andererseits führte Spurgeon die Popularität des Arminianismus darauf zurück, daß er dazu diente, das Evangelium mehr dem Denken des natürlichen Menschen anzugleichen; er brachte die Lehre der Schrift dem Verständnis der Welt näher. Die allgemeine Sichtweise der Christenheit wurde von den Menschen nur deshalb akzeptiert, weil sie *nicht* die Lehre Christi war: "Hätte die Religion Christi uns gelehrt, daß der Mensch ein edles Wesen ist, nur ein wenig gefallen - hätte die Religion Christi gelehrt, daß Christus durch Sein Blut die Sünde jedes Menschen fortgenommen hat und daß jeder Mensch durch seinen eigenen freien Willen, ohne göttliche Gnadeneinwirkung, gerettet werden könnte - wäre sie in der Tat eine für die Masse der Menschen höchst akzeptable Religion."[24] Die Brisanz dieser Bemerkung Spurgeons liegt in der Tatsache, daß genau dieses von einem oberflächlichen Protestantismus als der christliche Glaube gepredigt wurde! Spurgeon mußte also, wenn er die gängigen weltlichen Ansichten der Christenheit attackierte, zwangsläufig untergraben, was viele innerhalb der Kirche tatsächlich predigten. Kein Wunder, daß es einen großen Tumult gab! Doch Spurgeon ließ sich nicht einschüchtern, denn er glaubte, daß die alten Wahrheiten kraftvoll genug waren, seine Zeit in Aufruhr zu versetzen. In einer Predigt über das Thema erklärte er: "Christus hat die Welt in Aufruhr versetzt, und zwar bezüglich unserer *religiösen Ansichten.* Nun, die Masse der Menschheit glaubt, daß es absolut ausreicht, wenn ein Mensch gerettet werden will. Viele unserer Prediger verkünden dem Sinn nach diese weltliche Maxime. Sie fordern die Menschen auf, den Willen zu haben. Und jetzt hört, wie das Evangelium diese Ansicht in Aufruhr versetzt: 'So liegt es nicht an jemandes Wollen oder Laufen, sondern an Gottes Erbarmen.' Auch die Welt wird ihre weltweite Religion haben. Seht, wie Christus das umstürzt: 'Ich bete für sie; ich bete nicht für die Welt.' Er hat uns *aus* der Menge der Menschen heraus verordnet: 'Erwählt nach der Vorsehung Gottes, des Vaters, in der Heiligung durch den Geist zum Gehorsam.' "[25]

---

[23] 6, 258.
[24] 7, 475-6.
[25] 4, 230.

Spurgeon sah offenbar den Unterschied zwischen Calvinismus und Arminianismus als etwas Konkretes, Bestimmbares an, und nicht einfach als eine Frage der "Balance" oder Proportion von Wahrheit. Unter Arminianismus verstand er nicht eine "Betonung" der menschlichen Verantwortung, denn er selbst predigte menschliche Verantwortung so stark wie nur irgendeiner,der je gelebt hat.[26] Noch weniger dachte er, ein aufrichtiger, schriftgemäßer Standpunkt könne beide Positionen vereinen, ja, in der Tat fiel es

---

[26] Der Irrtum des Arminianismus besteht nicht darin, daß er die biblische Lehre von der Verantwortlichkeit vertritt, sondern darin, daß er diese Lehre *gleichsetzt* mit einer unbiblischen Lehre vom "freien Willen" und daß er beides predigt, als wären es Synonyme. Aber der Wille des Menschen wird stets im Einklang mit seiner Natur angewandt, und da seine Natur sich in Feindschaft gegen Gott befindet, ist es mit seinem Willen ebenso. Der Mensch ist gefallen, und sein Wille *kann nicht* neutral oder "frei" sein, gegen seine Natur zu handeln. "Der freie Wille hat schon viele Seelen in die Hölle gebracht, aber noch nie eine Seele in den Himmel." vergl. "Freier Wille - ein Sklave", 1, 395, und zur tiefer gehenden Behandlung des Themas: "Gottes Wille und des Menschen Wille", 8, 181. Die geistliche Ohnmacht des Menschen liegt einzig und allein in seiner Sünde und mindert somit in keiner Weise seine Verantwortlichkeit. Daß der Mensch *fähig* sein muß, zu glauben und Buße zu tun, um für seinen Unglauben und seine Unbußfertigkeit verantwortlich zu sein, ist ein philosophisches Konzept, das in der Schrift nicht zu finden ist; ja, es steht direkt gegen die Schrift, denn wenn die Verantwortlichkeit an der Fähigkeit zu messen wäre, bedeutete das, daß ein Mensch, je sündiger er würde, desto weniger dafür verantwortlich wäre!

Spurgeon, und reformierte Theologen, sprechen von der Handlungsfreiheit des Menschen - die für die moralische Verantwortlichkeit unerläßlich ist - und bezeichnen dabei gelegentlich den Willen als "frei", das heißt: frei von irgendeinem äußerlichen Zwang zur Sünde. In diesem Sinne hat der Mensch einen freien Willen (diese Anwendung des Begriffes ist offensichtlich eine andere als die der Arminianer), und das bringt für uns eine schreckliche Verantwortlichkeit für unser Handeln mit sich. Vergl. Spurgeon zu Apg. 13, 46 u. 48: "Ihr erwählt die Sünde; ihr erwählt, ungereinigt von eurer Sünde zu bleiben; ihr erwählt, unter dem Zorn Gottes zu bleiben . . . Das ist furchtbar . . . Für einen Menschen wird es die Hölle sein, seine eigene, freiwillige Entscheidung bestätigt und unwandelbar gemacht zu sehen. Oh, ihr Herren, ich fürchte vor allen Dingen, daß ihr für alle Ewigkeit eurem freien Willen überlassen werdet!" 34, 532-3. Wahrer Calvinismus hat das nie geschmälert. Spurgeon hätte uneingeschränkt den Worten John Duncans zugestimmt: "Je älter ich werde, umso schrecklicher erscheint mir das Thema des menschlichen Willens - die Vorstellung, daß der Mensch die Kraft hat, Gott zu verlassen".*Colloquia Peripatetica*, 1905, 168.

ihm schwer, ruhig zu bleiben, wenn er solcher Verwirrung begegnete: "Meint nur nicht", sagt er, "ihr müßt Irrtum in eurer Lehre haben, um fruchtbar in eurem Dienst zu sein. Wir haben einige, die im ganzen ersten Teil der Predigt Calvinismus predigen und dann mit Arminianismus abschließen, weil sie meinen, das mache sie fruchtbarer. Fruchtbarer Blödsinn! Weiter ist das nichts. Wer mit der Wahrheit nicht fruchtbar sein kann, der kann es auch nicht mit einem Irrtum. Die reine Wahrheit gibt uns genug, was wir Sündern predigen können; da brauchen wir keine Irrlehren einzuführen."[27] Tatsache ist, daß es in der Auseinandersetzung der beiden Systeme um ganz bestimmte Lehrfragen geht, und wer mit diesen Fragen konfrontiert wird, muß sich entweder zur einen oder zur anderen Seite stellen.

Einige dieser Fragen lassen sich folgendermaßen skizzieren:

Gibt es einen ewigen Erlösungsplan, in welchem Gott, durch Christus, beschlossen hat, bestimmte Personen, die Er erwählt hat, zu retten?

Sorgt dieser Plan für eine freie Darreichung aller Mittel zu seiner Durchführung oder ist eine Durchführung bedingt von einer Annahme vonseiten des Menschen?

Hat Christus in Seinem Sterben unfehlbar die Erlösung all derer sichergestellt, für die Er als Stellvertreter eintrat?

Erfüllt der Heilige Geist in der Neugeburt der Sünder die Absicht des Vaters zur vollen Genüge und bringt er das Erlösungswerk Christi unfehlbar zur Anwendung?

Kann dem neuschaffenden Wirken des Geistes widerstanden werden?

Werden wir neu geschaffen, wiedergeboren, aufgrund unseres Glaubens und unserer Buße? Oder ist Glaube *Wirkung* und Ergebnis der Wiedergeburt?

---

[27] 1, 381 "Wir haben Männer gekannt, die an calvinistische Lehren glaubten, aber am Morgen Calvinismus, und am Abend Arminianismus predigten, weil sie befürchteten, Gottes Evangelium würde keine Sünder bekehren, und so bastelten sie ihr eigenes zusammen." 2, 179.

Es gibt wahrscheinlich einige, die gegen die bloße Formulierung solcher Fragen Einspruch erheben würden. Die kurzen Glaubensartikel des modernen Evangelikalismus haben - anders als die reformierten Bekenntnisse des 16. und 17. Jahrhunderts - zu diesen Fragen nichts zu sagen, vermutlich, weil es nicht länger für nötig gehalten wird. Die vorherrschende Einstellung war, klare und bestimmte Thesen zur Wahrheit scheel anzusehen und sich für Unklarheit und Undeutlichkeit einzusetzen, als ob das letztere geistlicher und biblischer wäre und eher die Einheit erhalten würde. Es ist deshalb nicht überraschend, daß in solcher Atmosphäre geringer geistlicher Sichtweite sich die Idee durchsetzen konnte, daß ein Mensch gleichzeitig Arminianer und Calvinist sein kann. William Cunningham nennt die wahre Sachlage mit seiner üblichen Treffsicherheit, wenn er sagt, daß eine Betrachtung all der Diskussionen und Kontroversen über diese Punkte "entschieden den Eindruck bestätigt, daß es eine deutliche Demarkationslinie zwischen dem grundlegenden Prinzip des Augustinischen oder Calvinistischen, und andererseits des Pelagianischen oder Arminianischen theologischen Systems gibt, - daß der wahre *status quaestionis* in der Auseinandersetzung zwischen diesen Parteien leicht und genau ermittelt werden kann, - daß er ohne Schwierigkeit auf einen Punkt gebracht werden kann, wo Menschen entweder Ja oder Nein sagen können oder sollten und, je nach dem, ob sie das eine oder das andere sagen, als Calvinisten oder Arminianer eingestuft und mit Recht so genannt werden können."[28]

Wir haben nicht die Absicht, Spurgeons Antworten auf die erwähnten Fragen zu formulieren (zumal sie aus den noch folgenden Zitaten sowieso deutlich hervorgehen), sondern vielmehr in den nächsten beiden Kapiteln zu untersuchen, warum er glaubte, daß die Irrtümer des Arminianismus für die Kirche so schädlich waren. Ob er richtig lag mit seiner Einstellung und damit, daß er den zeitgenössischen Protestantismus so warnte, wie er es tat, kann nur von der Schrift her bestimmt werden, doch es sollte für alle offensichtlich sein, daß dieses Thema für uns von großer Wichtigkeit ist, da es grundlegend unsere Sicht des Evangelikalismus der Gegenwart beeinflußt. Wenn wir die Gründe für Spurgeons

---

[28] *The Reformers and the Theology of the Reformation*, 188

Stellungnahme gegen den Arminianismus untersuchen, graben wir nicht lediglich ein altes Schlachtfeld theologischer Altertümer aus; die Tatsache, daß die Angelegenheit noch immer so kontrovers ist, beweist, daß sie sehr relevant für die gegenwärtige Situation in den Kirchen ist.

Bevor wir weitergehen, ist es notwendig, etwas auf der negativen Seite klarzustellen, um einem möglichen Mißverständnis vorzubeugen. Spurgeon griff den Arminianismus *nicht* deshalb an, weil er glaubte, eine Person, die seine Irrtümer vertritt, könne kein Christ sein; er glaubte nichts dergleichen. In der Tat glaubte er, daß ein Mensch ein evangelischer Arminianer sein kann, wie John Wesley oder John Fletscher of Madeley, und dabei "weit über dem Standard normaler Christen"[29] leben kann. Er wußte, daß ein Mensch leidenschaftlich für die Erwählung, dabei aber "stolz wie Luzifer" sein kann, während andere Christen, die diese Wahrheiten nicht sehen, ein demütiges, fruchtbares Leben führen können: "Es sei fern von mir, mir einzubilden, daß Zion nur calvinistische Christen in seinen Mauern beherbergt, oder daß niemand gerettet wird, der nicht unsere Ansichten teilt." In anderen Worten, Spurgeon sah - was wir sehen müssen - daß ein Unterschied zwischen *Irrtümern* und *Personen* gemacht werden muß. Alle, die innerhalb des Kreises der Liebe Christi sind, müssen innerhalb des Kreises unserer Liebe sein, und für die Lehre in einer Weise zu streiten, die diese Wahrheit ignoriert, hieße die Einheit der Kirche, Seines Leibes, zu zerreißen. Trotzdem gilt gleichermaßen, daß niemandes Ansichten oder Predigten bereits der Notwendigkeit der Prüfung entwachsen sind,

---

[29] *The Early Years,* 173. Gleichzeitig hätte Spurgeon folgenden Worten William Cunninghams uneingeschränkt zugestimmt: "Es gibt keinen bekehrten und gläubigen Menschen auf Erden, in dessen Gewissen nicht wenigstens der Same oder der Embrio eines Zeugnisses zugunsten des Wesens der calvinistischen Erwählungslehre liegt. Dieses Zeugnis mag mißverstanden, entstellt oder unterdrückt werden; aber es besteht in dem unauslöschlichen Bewußtsein, das jeder bekehrte Mensch hat, daß, wenn Gott nicht ihn erwählt hätte, er niemals Gott erwählt hätte, und daß, wenn Gott in dieser Sache nicht einen entscheidenden und bestimmenden Einfluß ausgeübt hätte, er niemals von der Finsternis zum Licht gekehrt und dazu geleitet worden wäre, Christus als Erlöser zu umarmen. Das ist eigentlich die Summe und das Wesen des Calvinismus." *The Reformers and the Theology of the Reformation,* 209.

und es ist die Aufgabe von Geistlichen, Irrtümern entgegenzutreten, selbst wenn sie von ernsthaften und heiligen Christen vertreten werden.[24] Spurgeon brachte diese beiden Dinge in Einklang, als er über John Wesley schrieb: "Ich kann nur von ihm sagen, daß ich zwar viele der Lehren, die er predigte, verabscheue, aber an Achtung für den Mann selbst hinter keinem Wesleyaner zurückstehe." Er faßt seine Haltung so zusammen: "Wenn wir den Arminianismus angreifen, haben wir keine Feindschaft gegen die Menschen, die diesen Namen tragen, und wir sind nicht gegen irgendeine Gruppe von Menschen, sondern gegen die Ideen, die sie vertreten."[25] In unserem toleranten Zeitalter wird, selbst unter Evangelikalen, sofort angenommen, daß, wenn die Ansichten eines Menschen bekämpft werden, das einem Tadel seiner ganzen Person gleichkommt; aber das sollte nicht so sein, und wir sollten alle bereit sein, unsere Ansichten durch die Schrift richten zu lassen, ohne das als persönliche Beleidigung anzusehen. Allzuoft ist die Kirche des zwanzigsten Jahrhunderts der Versuchung erlegen (vor der Spurgeon bereits vor hundert Jahren warnte), jede Kontroverse als "Parteigeist" und Sektierertum abzutun. Einmal sprach er davon, wie "unschätzbar hilfreich" Kontroversen dabei sein konnten, die "natürliche Lethargie der Kirche aufzurütteln", und erklärte:

---

[24] "Ich bin mir ganz sicher, daß wir die Einheit am besten fördern, wenn wir die Wahrheit fördern. Es wird uns nichts nützen, wenn wir alle vereint sind, indem sich jeder unter die Irrtümer des anderen beugt. Wir sollen einander in Christus lieben; aber wir sollen nicht so vereinigt sein, daß wir außerstande sind, die Fehler des anderen und besonders die eigenen Fehler zu erkennen. Nein, reinigt das Haus Gottes, und dann werden herrliche, gesegnete Zeiten über uns anbrechen." 6, 171.

[25] 7, 300. Dieses Zitat stammt aus seiner Eröffnungsrede am 11. April 1861, einem Tag, den er für die "Darlegung der Lehren von der Gnade" durch mehrere Pastoren am Metropolitan Tabernacle ausgesondert hatte. Der Tabernacle war damals gerade vor weniger als einem Monat eröffnet worden, und Spurgeon wollte zu diesem Anlaß offensichtlich die Wahrheiten deutlich herausstellen, ohne die dieses Gebäude niemals entstanden wäre. Zu einem späteren Zeitpunkt erklärte er seinen Studenten: "Die Gebäude, in denen ihr predigen werdet, waren als Monumente für die Kraft der Lehren von der Gnade errichtet worden. Gebt acht, daß ihr in ihnen auch diese Lehren predigt. Die Lehren, die manche heute predigen, könnten nicht einmal eine Mausefalle bauen."

"Ich rühme mich dessen, wogegen heute soviel gesprochen wird - des Sektierertums. Ich finde diese Bezeichnung auf alle Sorten Christen angewandt, ganz gleich, welche Ansichten sie vertreten; Wenn ein Mensch es ernst meint, ist er sofort ein Sektierer. Es lebe das Sektierertum; möge es blühen und wachsen. Wenn es das nicht mehr gibt, dann ade, kraftvolles Christenleben. Wenn wir, jeder einzelne von uns, aufhören, unsere eigenen Ansichten von der Wahrheit zu haben, und diese Ansichten fest und energisch aufrechtzuerhalten, dann wird die Wahrheit aus dem Lande fliehen, und Irrtum allein wird regieren."[26]

---

[26] 8, 181.

Ich glaube, daß ein Großteil des gängigen Arminianismus schlicht Unkenntnis der evangelischen Lehre ist.

C. H. Spurgeon (Predigten)

Als ich zu Christus kam, dachte ich, ich komme aus eigenem Antrieb, und ich suchte den Herrn ernstlich, hatte aber keine Ahnung, daß der Herr mich suchte. Ich denke, der Jungbekehrte ist sich dessen nicht bewußt. Ich kann mich an den Tag und die Stunde erinnern, da ich jene Wahrheiten zuerst in meiner Seele empfing - da sie, wie John Bunyan sagt, mit einem heißen Eisen in mein Herz gebrannt wurden; und ich kann mich erinnern, wie ich fühlte, daß ich plötzlich vom Kind zum Mann gewachsen war - daß ich den entscheidenden Fortschritt in der Schrifterkenntnis gemacht hatte, weil ich, ein für allemal, den Schlüssel zur Wahrheit Gottes gefunden hatte.

C. H. S. ("Die Frühen Jahre")

3: DER ARMINIANISMUS STEHT GEGEN DIE SCHRIFT

Für Spurgeon war es nicht nur von der Schrift, sondern aus eigener Erfahrung her offensichtlich, daß Menschen - auch Kinder - Christen werden können, auch wenn sie über die Tatsache hinaus, daß der Sohn Gottes ihre Sünden in Seinem eigenen Leibe aufs Holz getragen hat, noch sehr wenig erkannt haben. Was sie zum Glauben, oder was Christus nach Golgatha gebracht hat, mögen sie zu dem Zeitpunkt nicht wissen - "wir wußten noch nicht, ob Gott uns bekehrt hatte oder ob wir uns selbst bekehrt hatten."[1] Hierzu gibt er uns sein eigenes Zeugnis: "Ich weiß noch, als ich zu Gott bekehrt wurde, war ich durch und durch Arminianer . . . Ich saß manchmal da und dachte: Nun, ich habe Gott jahrelang gesucht, bevor ich ihn fand."[2] In einer anderen Predigt wiederum, gehalten achtundzwanzig Jahre nach der zuletzt zitierten, sagt er: "Ich kannte einige, die kurz nach ihrer Bekehrung noch recht unklare Vorstellungen vom Evangelium hatten, die aber dadurch, daß sie entdeckten, wie sehr sie Gottes Barmherzigkeit brauchten, erst wahrhaft evangelisch gemacht wurden. Sie konnten das Wort 'Gnade' nicht buchstabieren. Sie begannen mit 'G', doch recht bald kam bei ihnen dann ein 'r', bis es sich ähnlich schrieb wie 'Freier Wille', als sie fertig waren. Aber nachdem sie ihre Schwächen kennengelernt hatten, nachdem sie in schwere Sünde gefallen waren und Gott sie wieder aufgerichtet hatte, oder nachdem sie durch tiefe Depressionen gegangen waren, sangen sie ein neues Lied. In der Schule der Buße haben sie buchstabieren gelernt. Sie begannen mit dem Wort 'Frei', aber nach 'frei' schrieben sie jetzt nicht 'Wille', sondern 'Gnade', und da stand es in großen Buchstaben, 'FREIE GNADE' . . . Sie wurden klarer in

---

[1] 7, 85.
[2] 4, 339.

ihrer Frömmigkeit und wahrhaftiger in ihrem Glauben, als sie je zuvor gewesen waren."[3]

Angesichts der Tatsache also, daß falsche Lehre nicht unbedingt unechte Gotteserfahrung bedeutet und daß wir nicht wahren Gläubigen ihr Christsein absprechen wollen, wenden wir uns jetzt erneut der Frage zu: Warum ging Spurgeon so resolut gegen den Arminianismus vor? Wenn Menschen auch durch nicht speziell calvinistische Predigt zu Christus gebracht werden können, und wenn sie Gläubige sein können, ohne diese Lehren klar zu begreifen, ist dies dann überhaupt ein Thema, das je den Frieden der Kirche stören darf? Hat der moderne Evangelikalismus nicht doch recht, wenn er die ganze Angelegenheit in die Rumpelkammer verbannt und Arminianismus als eine Art theologisches Gespenst betrachtet, das einst gelebt hat und sich noch immer gelegentlich herumtreiben mag, aber worum zu streiten kein vernünftiger Christ seine Zeit verschwenden sollte? Oder, um die beliebte Unterscheidung zu gebrauchen, laufen wir nicht Gefahr, Wesentliches und Unwesentliches durcheinanderzubringen, wenn wir diesen Fragen Vorrang gewähren? Wir wollen uns Spurgeons Rechtfertigung seines Standpunktes anhören.

Erstens, Spurgeon war der Überzeugung, daß der Arminianismus nicht nur ein paar Lehren betrifft, die man vom Evangelium abkoppeln kann, sondern vielmehr die Gesamtheit biblischer Offenbarung in Mitleidenschaft zieht und unsere Sichtweise des ganzen Erlösungsplanes in beinahe jedem Punkt beeinflußt. Er hielt Unkenntnis des vollen Inhalts des Evangeliums für eine Hauptursache des Arminianismus, und die Irrtümer dieses Systems verhindern dann, daß ein Mensch je die ganze göttliche Einheit biblischer Wahrheiten erfaßt und sie in ihrer wahren Beziehung zueinander und in ihrer rechten Ordnung sieht. Arminianismus verstümmelt die Schrift und zieht gegen die *Ganzheit* der Sicht zufelde, die für die Ehre Gottes, die Erhöhung Christi und die Standhaftigkeit der Gläubigen so wichtig ist. Alles, was in solcher Weise die Christen dazu verleitet, sich ohne diese Fülle der Gesamtsicht zufrieden zu geben, ist deshalb eine

---

[3] 35, 226. In meiner Darstellung der Ansichten Spurgeons über die Lehren von der Gnade wird deutlich werden, daß ich mich nicht auf seine frühen Predigten beschränke.

ernstzunehmende Angelegenheit, die es zu bekämpfen gilt: "Ich möchte, daß ihr viel im Wort Gottes studiert, bis ihr eine klare Sicht von dem ganzen Plan bekommt, von der Erwählung bis zum endgültigen Ausharren, und vom endgültigen Ausharren bis zum Zweiten Kommen Christi, zur Auferstehung, zu den Herrlichkeiten, die folgen werden, Welten ohne Ende."[4] Spurgeon wurde nie müde, in seine Predigten Übersichten über die Breite und Tiefe des Erlösungsplanes Gottes einzufügen und dennoch seine herrliche Einheit darzustellen. Folgender Auszug aus einer Predigt über Galater 1,15 mit dem Titel "Es gefiel Gott" ist ein typisches Beispiel dafür:

"Ihr werdet an diesen Worten feststellen, daß der göttliche Erlösungsplan sehr klar ausgelegt ist. Seht ihr, er beginnt im Willen und Wohlgefallen Gottes: 'Als es aber Gott gefiel'. Der Grund der Errettung ist nicht im Willen des Menschen gelegt. Sie beginnt nicht mit dem Gehorsam des Menschen, um dann erst zu Gottes Absicht zu werden, sondern hier nimmt sie ihren Anfang, hier ist der Quellbrunnen, von dem die lebendigen Wasser fließen: 'Es gefiel Gott'. Gleich nach dem souveränen Willen und Wohlgefallen Gottes kommt der Akt der Aussonderung, allgemein bekannt unter dem Namen Erwählung. Dieser Akt, so heißt es im Text, fand sogar schon im Mutterleib statt, was uns lehrt, daß er vor unserer Geburt stattfand, als wir noch überhaupt nichts getan haben konnten, um zu gewinnen oder zu verdienen. Vom frühesten Abschnitt und Zeitpunkt unseres Daseins an sonderte Gott uns ab; und in der Tat, lange vor der Zeit, als die Berge und Hügel noch nicht aufgeschichtet waren und die Ozeane durch Seine schöpferische Kraft noch nicht geformt waren, hatte Er uns in Seiner ewigen Absicht für sich selbst beiseite gestellt. Dann, nach diesem Akt der Aussonderung, kam die wirksame Berufung: 'und durch Seine Gnade berufen hat . . .' Die Berufung verursacht nicht die Erwählung, sondern die Erwählung, die ihre Quelle in der göttlichen Absicht hat, verursacht die Berufung. Die Berufung kommt als Folge der göttlichen Absicht und der göttlichen Aussonderung, und ihr werdet sehen, wie der Gehorsam dem Ruf folgt. So ist der ganze Werdegang folgendermaßen - zunächst die heilige, souveräne Absicht Gottes, dann die einzelne, bestimmte

---

[4] 11, 29.6

Erwählung oder Aussonderung, dann die wirksame und unwiderstehbare Berufung, und danach der Gehorsam zum Leben, und die köstlichen Früchte des Geistes, die daraus erwachsen. Diejenigen irren und kennen nicht die Schrift, die einen dieser Prozesse in falscher, unbiblischer Reihenfolge vor den anderen stellen. Die den Willen des Menschen an erste Stelle setzen, wissen nicht, was sie sagen noch wovon sie reden."[5]

Die Schuld des Arminianismus besteht somit darin, daß er die Lehre verwirrt und einem klaren, deutlichen Erfassen der Heiligen Schrift im Wege steht; weil er die ewige Absicht Gottes falsch darlegt, verdreht er die Bedeutung des ganzen Erlösungsplanes. In der Tat, wenn man von dieser grundlegenden Wahrheit abweicht, ist Verwirrung unvermeidbar.

"Ohne (diesen Erlösungsplan) fehlt ihnen die gedankliche Einheit und haben sie, im allgemeinen, keine Vorstellung von einem theologischen System. Es ist beinahe unmöglich, einen Theologen aus einem Menschen zu machen, ohne hiermit zu beginnen. Du kannst, wenn du willst, einen jungen Mann jahrelang zur Bibelschule schicken, aber wenn du ihm diesen Grundplan des ewigen Bündnisses nicht zeigst, wird er wenig Fortschritte machen; weil seine Studien nicht zusammenhängen, sieht er nicht, wie eine Wahrheit zur anderen paßt und wie alle Wahrheiten miteinander harmonieren müssen. Aber laß ihn nur einmal eine klare Vorstellung davon bekommen, daß Erlösung aus Gnade geschieht, laß ihn den Unterschied zwischen dem Bund der Werke und dem Bund der Gnade entdecken, laß ihn klar die Bedeutung von Erwählung als Ausdruck der Absicht Gottes, sowie ihren Einfluß auf andere Lehren, die sich mit dem Vollzug dieser Absicht befassen, verstehen - von dem Augenblick an ist er auf bestem Wege, ein lehrreicher Christ zu werden. Er wird stets bereit sein, mit Sanftmut und Furcht einen Grund für die Hoffnung anzugeben, die in ihm ist. Das läßt sich leicht beweisen. Nimm jede Grafschaft Englands, und du wirst arme Leute finden, die Hecken und Gräben ziehen, die aber besseres theologisches Wissen haben als die Hälfte derer, die von den Seminaren und Bibelschulen kommen, und das aus dem schlichten und einfachen Grund, daß diese Menschen zuallererst in ihrer Jugend das System

---

[5] 56, 230.

gelernt haben, deren Mitte die Erwählung ist, und daß sie danach festgestellt haben, daß ihr Erleben sich genau damit deckt. Auf diesem guten Fundament haben sie einen Tempel heiligen Wissens gebaut, der sie zu Vätern der Kirche Christi machte.

Keines der anderen theologischen Systeme eignet sich zum Bauen, sie sind nur Holz, Heu und Stroh. Was du auch auf sie schichten magst, sie werden fallen. Sie haben kein architektonisches System, sie passen in keine der Vernunfts- oder Offenbarungs-Ordnungen. Ein verrenktes System macht seinen Schlußstein größer als sein Fundament; es läßt einen Teil des Bundes mit einem anderen im Widerspruch stehen; es läßt den mystischen Leib Christi ohne irgendeine Form sein; es gibt Christus eine Braut, die er nicht kennt und die er nicht erwählt, und es stellt ihn in der Welt hin als den, der sich jedem vermählen läßt, der ihn haben will; aber er selbst hat keine Wahl. Es macht jedes Bild, das für Christus und seine Kirche gebraucht wird, sinnlos. Der gute alte Plan der Gnadenlehre ist ein System, das, wenn es einmal angenommen ist, selten wieder losgelassen wird; wenn es recht gelernt wird, formt es die Gedanken des Herzens, und es drückt einen heiligen Stempel auf die Charaktere jener, die einmal seine Kraft entdeckt haben."[6]

Es ist häufig gesagt worden, der Calvinismus hätte keine evangelistische Botschaft, wenn es zur Predigt vom Kreuz kommt - weil er nicht sagen kann, daß Christus für die Sünden aller Menschen überall starb. Aber bei Spurgeon stand das Sühnopfer im Mittelpunkt aller Predigten, und weit entfernt von dem Gedanken, daß ein allgemeines Sühnopfer zur Verkündigung nötig sei, vertrat er die Meinung, daß er, wenn der arminianische Standpunkt wahr wäre, keine wirkliche Erlösung predigen könnte, da dann die ganze Evangeliumsbotschaft völlig durcheinandergeworfen wäre. Er glaubte: Sowie ein Prediger aufhört, das Kreuz in den Zusammenhang des Heilsplanes zu stellen, und sowie das Blut, das vergossen ist, nicht mehr als das Blut des ewigen Bundes gesehen wird, ist nicht nur der Umfang, sondern das Wesen des Sühneopfers in Frage gestellt. Wenn wir andererseits uns mit der Schrift daran halten, daß Golgatha die Erfüllung des großen Gnadenplanes ist, in welchem der Sohn Gottes der Stellvertreter und

---

[6] 6, 305.

das Haupt jener wurde, die vor Grundlegung der Welt vom Vater geliebt wurden (Eph. 1,4), dann werden damit zugleich das Wesen und der Umfang des Sühneopfers festgestellt. Daß Sein Tod seinem Wesen nach stellvertretend war (Christus trug die Strafe für die Sünden anderer), und daß er zugunsten derer erduldet wurde, zu denen Er in einem ewigen Bündnis stand, das sind zwei Wahrheiten, die innerlich miteinander verknüpft sind.[7]

Gegen diese Personen, so erklärt die Schrift, kann keine Anklage der Sünde erhoben werden, und die Hingabe Christi für sie stellt die Tatsache außer Zweifel, daß Gott ihnen mit Ihm auch alles andere schenken wird (Röm. 8,32-33).

Das muß so sein, denn das Sühnopfer bedeutet nicht nur, daß Erlösung von der Sünde als Beeinträchtigung der menschlichen Natur (von dem Gebundensein und der Befleckung durch die Sünde) erreicht wurde, sondern, noch wunderbarer, von den Folgen der Sünde, der Schuld und der Verdammnis vor Gott. Christus hat die göttliche Verdammnis getragen, eine Verdammnis, die keinen Sinn ergäbe, wenn wir nicht glaubten, daß sie das Gerichtsurteil für die Sünden bestimmter Personen war[8], und durch Sein Opfer trifft Er, und beseitigt somit, den Zorn, der Seinem Volk gebührte. In Seiner Person hat Er der Heiligkeit und dem Gesetz

---

[7] Wie Hugh Martin in seinem Werk über *Das Sühnopfer in seinen Beziehungen zum Bündnis, zur Priesterschaft und zur Fürbitte* (1887) zeigt, begegnen wir einem Einwand gegen die angebliche Ungerechtigkeit eines stellvertretenden Sühnopfers (der Unschuldige stirbt an der Stelle des Schuldigen) am besten mit dem Hinweis auf die Wahrheit von "Christi Bündnis, Vormundschaft und Verantwortlichkeit und der Bündniseinheit derer mit Ihm, deren Sünden Er sühnt, indem Er an ihrer Stelle stirbt." (Seite 10). Bündnis-Einheit ist die Grundlage Seiner Stellvertretung, und durch diese Tatsache ist "die Stellvertretung Seines Opfers nicht nur ans Licht gebracht, sondern gerechtfertigt. Es ist nicht nur wahr, daß Er für uns leidet, es ist auch wahr, daß wir in Ihm leiden. Und letztere These rechtfertigt die Wahrheit und Gerechtigkeit der ersten These. Er wird als Ersatz *für uns* eingesetzt, weil Er eins *mit uns* ist - gleichgesetzt mit uns, und wir mit Ihm" (Seite 43). So lautet die große biblische Wahrheit: Christus wurde durch den Ratschluß und die Gabe des Vaters vor Seiner Fleischwerdung mit den Seinen vereint, und aus dem Grunde starb Er für sie.

[8] "Ebenso wie Sünde zu Personen gehört, ruht der Zorn auf den Personen, die die Betreiber der Sünde sind", John Murray, Monographie über das Sühnopfer (*The Atonement*), 1962. Vergleiche von demselben Autor den Kommentar zum Römerbrief, *The Epistel to the Romans* Bd. 1, 1960, 16-21.

Gottes volle Genüge getan, so daß jetzt, aus Gründen der *Gerechtigkeit* das göttliche Wohlwollen für jene gesichert ist, an deren Stelle Christus litt und starb. In anderen Worten, das Kreuz hat eine Gott-zugewandte Bedeutung. Es war ein Sühnewerk, durch das der Vater besänftigt ist, und es ist auch die Grundlage, nämlich Christi Gehorsam und Blut, auf der alle Segnungen der Erlösung dem Sünder frei und gewiß zufließen. Das ist es, was so deutlich in Römer 3, 25-26 gelehrt wird. Über diese Verse schrieb Robert Haldane: "Gott wird uns als einer gezeigt, der nicht nur gnädig ist zu vergeben, sondern Er ist *treu und gerecht,* dem Sünder seine Sünde zu vergeben. Gerechtigkeit hat ihre volle Bezahlung erhalten und garantiert seine Befreiung. Und wir dürfen erkennen, daß selbst die größten Sünder in dem Versöhnungsopfer ihres Bürgen der göttlichen Liebe vollkommen würdig sind, weil sie nicht nur vollkommen unschuldig sind, sondern *die Gerechtigkeit Gottes* haben. 'Er hat den, der von keiner Sünde wußte, für uns zur Sünde gemacht, auf daß wir würden in ihm die Gerechtigkeit, die vor Gott gilt.' "[9] Spurgeon rühmte sich dieser Wahrheit: "Er hat Christus bestraft, warum sollte er zweimal für das gleiche Vergehen strafen? Christus ist für die Sünden all der Seinen gestorben, und wenn du in dem Bündnis bist, dann bist du einer von denen, die Christus gehören. Verdammt werden kannst du dann nicht mehr. Für deine Sünden leiden kannst du dann nicht mehr. Gott kann nicht ungerecht sein und sich dieselbe Schuld zweimal zahlen lassen, und deshalb wird er die Seele, für die Christus starb, nicht zerstören."[10]

Evangelischer Arminianismus predigt ein stellvertretendes Sühnopfer und hält gleichzeitig an der allgemeinen Erlösung fest, doch weil er weiß, daß diese Allgemeingültigkeit so geartet ist, daß sie keine allgemeingültige Errettung sichert, muß er notwendigerweise die *Wirklichkeit* der Stellvertretung schwächen, und sie als etwas Undefiniertes, Unpersönliches hinstellen[11] - eine Stellver-

---

[9] *Exposition of the Epistle to the Romans*, 1958, 154.
[10] 5, 245.
[11] Thomas Goodwin erläutert in seinem Kommentar zu Epheser, Kap. 1-2,11 "die große Liebe, damit er uns geliebt hat" und stellt fest: *"Daß Gott in seiner Liebe sich an Personen festmacht.* Gott macht sich nicht nur an Grundsätzen fest, indem er beispielsweise sagt: 'Ich werde den lieben, der glaubt, und werde ihn retten', wie es die Arminianer vertreten; nein, er

tretung, die nicht wirklich erlöst, sondern die Erlösung aller Menschen möglich macht. Wenn es nach dem Arminianismus geht, hat das Sühnopfer keinen speziellen Bezug zu irgendeiner individuellen Person und läßt niemandes Errettung gewiß sein. Aus dem Grunde hat diese Lehre auch die unausweichliche Neigung, die Bedeutung des Versöhnungsopfers zu unterschätzen und die Tatsache zu verfinstern, daß Rechtfertigung dem Sünder allein aufgrund des Werkes Christi zukommt.[12] Nicht Glaube macht die Sühnetat für uns wirksam, sondern vielmehr umgekehrt: das Sühnopfer hat die Rechtfertigung und Gerechtigkeit der Sünder gesichert, und selbst der Glaube, durch den wir diese Segnungen begreifen, ist eine Gabe, deren Urheber und Erwerber Christus

---

macht sich an Personen fest. Und Christus starb nicht nur für Grundsätze, sondern für Personen . . . Er liebte uns nackt und bloß, wie wir waren; er liebte *uns, nicht das Unsere*. Nicht um unseres Glaubens willen, noch um irgendeiner anderen Qualität willen, die in uns liegt; 'nicht aus Werken', sagt der Apostel, nein, und auch nicht aus Glauben. Seine Entscheidung gilt der bloßen Person. Er liebt euch, nicht das Eure. Deshalb liegt hier der Grund dafür, daß seine Liebe nie versagt, weil sie an der Person festgemacht ist, an der Person als solcher . . . Das Bündnis der Gnade ist ein Bündnis von Personen, und Gott gibt uns die Person Christi, und er gibt uns die Person des Heiligen Geistes . . ." *Works of Thomas Goodwin*, 1861, Bd. 2, 151.

[12] Wie Charles Hodge in einer Anmerkung zu den in Römer 3,21-31 enthaltenen Lehren sagt: "Der Grund der Rechtfertigung ist nicht unser eigener Verdienst oder Glaube oder evangelischer Gehorsam; nicht das Werk Christi in uns, sondern Sein Werk für uns, das heißt: Sein Gehorsam bis zum Tode. V. 25". Im Laufe der Geschichte hat der Arminianismus wiederholt die Lehre von der Rechtfertigung in Frage gestellt, und das war genau die Gefahr, die Calvin und andere Reformatoren voraussahen, als sie erklärten, daß eine klare Aussage zur Rechtfertigung unmöglich ist, wenn wir die Lehre nicht im Zusammenhang mit Gottes gnädiger Absicht sehen, die Auserwählten zu retten: "Wenn wir uns über diese Punkte nicht absolut im klaren sind, können wir immer wieder wie Papageien wiederholen, daß wir durch Glauben gerechtfertigt sind, und werden doch nie die wahre Lehre von der Rechtfertigung begreifen. Es ist nicht einen Deut besser, wenn man heimlich von dem alleinigen Fundament der Errettung fortgelockt ist, als wenn man offensichtlich davon abgeglitten ist." Johannis Calvin, *Tracts*, Bd. 3, 254. Nur wenn der Rechtfertigung nicht der volle Sinngehalt gegeben wird, können Calvinismus und Arminianismus miteinander verschmelzen. "Ganz gewiß ist", sagt Jerome Zanchius, "daß die Lehre von der unverdienten Rechtfertigung nur auf der Lehre von der unverdienten Vorherbestimmung in Christus aufbauen kann, da letztere die Ursache und die Grundlage für die erstere ist."

ist. Während also der Arminianismus den stellvertretenden Charakter des Sühneopfers nicht leugnet, ist die Gefahr, daß er es tut, doch stets latent vorhanden, und das ist ein Grund dafür, daß mehr als einmal in der Geschichte der Arminianismus zu einem Modernismus geführt hat, der Stellvertretung und Sühnopfer ganz und gar leugnet. Wenn erst einmal eine verschwommene, unklare Sicht vom Sühnopfer in der Kirche akzeptiert wird, ist es mehr als wahrscheinlich, daß die nächste Generation zur letzten Unklarheit eines Mannes wie F. W. Robertson aus Brighton kommen wird, von dem gesagt worden ist: "Robertson glaubte, daß Christus irgendetwas für irgendjemand getan hat, das in irgendeinem Zusammenhang mit Erlösung stand."

Wer den Wunsch hat, die Beziehung zwischen den Lehren der Gnade und dem Sühnopfer eingehender zu studieren, wird eine ausführliche Untersuchung in John Owens Werk *The Death of Death in the Death of Christ* ('Der Tod des Todes im Tode Christi') finden, und Spurgeons Standpunkt war genau derselbe wie der des großen Puritaners.[13] Wenn wir diese bestimmte Lehre in diesem Zusammenhang zur Sprache bringen, wollen wir damit nur zeigen, daß Spurgeon mehr darin sah als einen Disput über den Umfang der Erlösung. In einer Predigt über "Spezielle Erlösung" sagte er 1858: "Die Lehre von der Erlösung ist eine äußerst wichtige Lehre im System des Glaubens. Ein Fehler in dem Punkt wird unweigerlich zu einem Fehler im ganzen Gefüge unseres Glaubens führen."[14] Mehr als zwanzig Jahre später war das noch immer seine Überzeugung: "Die Gnade Gottes kann nicht zuschanden werden, und Jesus Christus starb nicht vergeblich. Diese beiden Prinzipien, so denke ich, liegen jeder gesunden Lehre zugrunde. *Die Gnade Gottes kann letztlich nicht zuschanden werden.* Ihr ewiges Ziel wird erfüllt werden, ihr Opfer und ihr Siegel werden erfolgreich sein; die Auserwählten der Gnade wer-

---

[13] Zu Owens Standpunkt zur Unmöglichkeit eines Kompromisses mit dem Arminianismus siehe sein Werk *Display of Arminianism*, Works of John Owen, Bd. 10, 5-7. Spurgeon hatte die Texte, die angeblich eine allgemeine Erlösung lehren sollten, gründlich studiert und scheute sich nicht, sie auszulegen. Siehe z. B. seine ernste Warnung an solche, die "um der Speise willen den verderben, um welches willen Christus gestorben ist." 12, 542.
[14] 4, 130.

den zur Herrlichkeit kommen."[15] Der Arminianer glaubt, daß Christus, als er starb, nicht mit der Absicht starb, irgendeine bestimmte Person zu retten; und er lehrt, daß Christi Tod nicht von sich aus ohne Zweifel die Errettung irgendeines lebenden Menschen gewährleistet . . . Sie sind gebunden zu glauben, daß, wenn der Wille eines Menschen nicht nachgäbe und sich freiwillig der Gnade auslieferte, das Sühnopfer Christi vergeblich sein würde. Wir sagen, Christus starb so, daß er unfehlbar die Errettung für eine große Menge, die niemand zählen kann, sicherte, die durch Christi Tod nicht nur gerettet werden, sondern gerettet sind, gerettet sein müssen und unmöglich Gefahr laufen können, irgendetwas anderes als gerettet zu sein."[16]

Nach Spurgeons Sicht führte der Irrglaube, daß Christus gleichermaßen für alle Menschen starb, zu einem weiteren Abrücken von der Bibel, indem er den Hörern des Evangeliums die Natur des errettenden Glaubens falsch darstellte:

"Wenn ich Botschaften von Erweckungsbrüdern hörte, die wieder und wieder sagten: 'Glaubt, glaubt, glaubt!', habe ich zuweilen gedacht, ich würde gern einmal wissen, was es ist, das wir glauben müssen, um gerettet zu werden. Ich fürchte, in dieser Angelegenheit gibt es viel Unklarheit und Unausgegorenheit. Ich höre oft, wie behauptet wird, wenn du glaubst, daß Jesus Christus für dich starb, wirst du gerettet werden. Mein lieber Leser, laß dich von solchen Gedanken nicht täuschen. Möglicherweise glaubst du, daß Jesus Christus für dich starb, und möglicherweise glaubst du damit etwas, das nicht wahr ist. Es kann sein, daß du etwas glaubst, das dir überhaupt keinen Nutzen bringt. Das ist nicht der errettende Glaube. Der Mensch, der errettenden Glauben hat, gelangt hinterher zu der Überzeugung, daß Christus für ihn starb, aber das gehört nicht zum Wesen des errettenden Glaubens. Bilde dir das nicht ein, sonst wird es dich zugrunde richten. Sage nicht, 'Ich glaube, daß Jesus für mich starb', und fühle dich aufgrund dessen gerettet. Ich bitte dich zu erinnern, daß der wahre Glaube, der die Seele rettet, als Hauptbestandteil Vertrauen hat - absolutes Ruhen der ganzen Seele in dem Herrn Jesus Christus, daß Er mich rette, ob Er nun insbesondere starb, um mich zu retten oder nicht; und wenn ich mich ganz und allein auf Ihn ver-

---

[15] 26, 252.
[16] 4, 130, 135.

lasse, bin ich gerettet. Erst hinterher wächst in mir die Erkenntnis, daß ich einen persönlichen Anteil an dem Blut des Erlösers habe. Wenn ich jedoch meine, das verstanden zu haben, bevor ich an Christus geglaubt habe, dann habe ich die biblische Reihenfolge der Dinge verdreht und das als Frucht meines Glaubens eingenommen, was rechtmäßig nur dem Menschen zusteht, der bedingungslos auf Christus und Christus allein vertraut, daß Er ihn errette."[17]

In noch bündigerer Sprache hat Charles Hodge aufgezeigt, wie der Arminianismus den Zusammenhalt der ganzen biblischen Offenbarung untergräbt. Nach der Darlegung, daß der radikale Unterschied zwischen dem arminianischen und dem augustinischen System die Erwählung einiger aus der gefallenen Familie der Menschen zum ewigen Leben betrifft (mit der daraufhin erfolgten Gabe des Sohnes Gottes zu ihrer Erlösung und Seines Geistes zur Sicherstellung ihrer Buße und ihres Glaubens und heiligen Lebens bis zum Ende), fährt er fort: "Obwohl man dieses als den Angelpunkt zwischen den beiden großen Systemen bezeichnen kann, die zu allen Zeiten die Kirche gespalten haben, so bezieht doch dieser Punkt notwendigerweise all die anderen Unterscheidungspunkte mit ein, namentlich das Wesen der Erbsünde, Gottes Beweggrund für die Erlösung, Wesen und Ziel des Werkes Christi, und die Natur der göttlichen Gnade, oder das Werk des Heiligen Geistes. So hängt in hohem Maße das ganze System der Theologie und, zwangsläufig, die Beschaffenheit unserer Religion von der Sichtweise ab, die wir in dieser speziellen Frage haben. Sie ist deshalb eine Frage von höchster praktischer Bedeutung und nicht ein Gegenstand nutzloser Grübelei."[18]

Ein zweiter Grund, warum Spurgeon den Arminianismus so stark bekämpfte, war, weil er sah, daß der *Geist* dieses Systems

---

[17] 58, 583-4.

[18] *Systematic Theology*, 2, 330-1. Die Theologie, die ein Jahrhundert lang von der Hodge-Familie an der Princeton Universität gelehrt wurde, war dieselbe wie das System, das Spurgeon seinen Studenten am Pastor's College einzupflanzen bemüht war. Ja, ihr Textbuch für Systematische Theologie war *Outlines of Theology* von A. A. Hodge. Während eines Besuches in England im Jahre 1877 war Dr. Hodge bei dem jährlichen Picknick des College zugegen, als Spurgeon sagte: "Je länger ich lebe, umso klarer wird mir, daß Johannes Calvins System der Vollkommenheit am nächsten kommt." Pike 6, 197.

direkt zur Gesetzlichkeit[19] führt, denn während evangelische Arminianer zwar Errettung durch Werke ablehnen, geht die Tendenz der Irrtümer, die sie festhalten, dahin, die Bedeutung der Aktivität auf Seiten des Sünders hervorzuheben und Betonung in erster Linie auf menschliches Wollen und Bemühen zu legen. Das ist die logische Folge eines Systems, das die Entscheidung des Menschen als den ausschlaggebenden Faktor bei der Bestimmung ansieht, wer gerettet wird und wer nicht, und das Glauben als etwas darstellt, was jeder Mensch ausüben kann, wenn er will. Ein moderner Evangelist beispielsweise hat geschrieben: "Wir erkennen Christus nicht mit den fünf physischen Sinnen, sondern wir erkennen ihn mit dem sechsten Sinn, den Gott jedem Menschen gegeben hat - und das ist die Fähigkeit zu glauben." Wenn Gott diese Fähigkeit allen Menschen gegeben hat, dann gibt die Antwort des Menschen den Ausschlag, da eindeutig nicht alle gerettet werden. Diese Konsequenz wird vom Arminianismus akzeptiert. In den Worten eines zeitgenössischen Predigers dieser Richtung: "Diese unermeßliche, unverkennbare, endlose Liebe Gottes, diese Liebe Gottes, die den Menschen erreicht, wo immer er auch ist, kann ganz und gar abgewiesen werden. Gott wird sich niemandem gegen seinen Willen aufzwingen . . . Aber wenn du sie wirklich willst, mußt du glauben - du mußt die Liebe Gottes annehmen, du mußt sie begreifen." Der Schwerpunkt lag bewußt auf "Du", und der Eindruck ist unvermeidbar, daß es nur unser Glaube ist, der uns retten kann - als wenn der Glaube die *Ursache* der Errettung wäre. Das ist die genaue Umkehrung von Spurgeons Auffassung vom Geist der Evangeliumspredigt. "Ich könnte nicht wie ein Arminianer predigen", sagt er, und im folgenden Abschnitt sagt er uns genau, warum: "Was der Arminianer will, ist die Aktivität des Menschen entfachen; was wir wollen, ist, sie ein für allemal zu töten, ihm zu zeigen, daß er verloren und am Ende ist, und daß seine Aktivitäten dem Werk der Bekehrung in keiner Weise angemessen sind, und daß er aufwärts blicken muß. *Sie* wollen den Menschen dazu bringen, aufzustehen; wir wollen ihn niederbeugen und ihm das Gefühl vermitteln, daß er in Gottes Hand liegt und daß sein Teil darin besteht, sich Gott zu unterwerfen und laut zu rufen: 'Herr, errette uns, oder wir gehen verloren.' Wir glauben,

---

[19] "Der Arminianismus neigt zur Gesetzlichkeit; nichts als Gesetzlichkeit liegt an der Wurzel des Arminianismus." 6, 304.

daß der Mensch der Gnade nie so nahe ist als wenn er zu fühlen beginnt, daß er absolut nichts tun kann. Wenn er sagt, 'Ich kann beten, ich kann glauben, ich kann dieses und ich kann jenes', stehen ihm Selbstzufriedenheit und Arroganz auf der Stirn geschrieben."[20]

Indem der Arminianismus die Liebe Gottes und die Errettung von Bedingungen auf Seiten des Sünders abhängen läßt anstatt einzig und allein von der Gnade, begünstigt er einen Irrtum, dem man nicht entschieden genug begegnen kann: "Seht ihr nicht auf einen Blick, daß das Gesetzlichkeit ist", sagt Spurgeon, " - daß es ein Festmachen unserer Errettung an unserem Werk, ein Abhängigmachen unseres ewigen Lebens von etwas, was wir tun, ist? Nein, die Lehre von der *Rechtfertigung* selbst, wenn sie von einem Arminianer gepredigt wird, ist letztlich nichts anderes als die Lehre von der Errettung durch Werke, denn er denkt immer, Glaube sei ein Werk, das das Geschöpf leistet, und eine Bedingung für sein Angenommensein. Zu sagen, der Mensch sei durch Glauben (insofern damit eine eigene Leistung gemeint ist) gerettet, ist ebenso falsch wie zu sagen, er sei durch die Werke des Gesetzes gerettet. Wir sind durch Glauben als der Gabe Gottes und erstes Zeichen seiner ewigen Zuneigung zu uns gerettet, aber es ist nicht Glaube als unsere eigene Leistung, der uns rettet, sonst wären wir durch Werke gerettet und nicht durch Gnade." "Wir haben ihn nicht gebeten, mit uns den Gnadenbund zu schließen"[21], erklärte er in einer anderen Predigt, "Wir haben ihn nicht gebeten, uns zu erwählen. Wir haben ihn nicht gebeten, uns zu erlösen. Diese Dinge waren bereits vor unserer Geburt geschehen. Wir haben ihn nicht darum gebeten, uns durch seine Gnade zu rufen, denn wir wußten doch gar nichts über den Wert dieses Rufes, und wir waren tot in den Übertretungen und Sünden, doch er schenkte uns von seiner ungesuchten, aber grenzenlosen Liebe. Vorlaufende

---

[20] 6, 259.

[21] 6, 304. "Errettung folgt weder aus unserem Glauben, noch aus unserer Hoffnung, noch aus unserer Liebe, noch aus unseren guten Werken. Diese Dinge begleiten sie als ihre Ehrengarde. Der Ursprung der Errettung liegt allein in dem souveränen Willen Gottes des Vaters, in der grenzenlosen Wirkungskraft des Blutes Jesu, des Sohnes, und in dem göttlichem Einfluß Gottes, des Heiligen Geistes." 3, 357. "Ich kenne nur eine Antwort auf die Frage, 'warum haben einige geglaubt?', und diese Antwort lautet: '*Weil Gott es so wollte*'" 9, 355.

Gnade kam zu uns und übertraf alle unsere Wünsche, all unseren Willen, alle unsere Gebete."[22] Liebt Gott mich, weil ich ihn liebe? Liebt Gott mich, weil mein Glaube stark ist? Nun, dann hätte er mich wegen einer in mir liegenden Qualität lieben müssen, und das entspricht nicht dem Evangelium. Das Evangelium zeigt uns den Herrn, wie er die Unwürdigen liebt und die Unfrommen rechtfertigt, und deshalb muß ich die Idee aus meinem Kopf streichen, daß göttliche Liebe von Bedingungen auf Seiten des Menschen abhängt."[23]

Weil er die Herrlichkeit, die allein der Gnade Gottes gebührt, verdunkelt, kommt er unter die apostolische Verurteilung[24] und ist somit ein hinreichend schwerer Irrtum, mit dem man keine Kompromisse schließen darf. Wohl dürfen wir Gemeinschaft mit Geschwistern haben, die unter dem Einfluß dieser Irrlehren sind, aber in der Predigt und Lehre der Kirche darf es keine Unschlüssigkeit und Verschwommenheit in solch einer Sache geben.

Auf der persönlichen Ebene ist es die volle Verkündigung der Gnadenlehre, die dem Gläubigen den Frieden gibt, der in Horatius Bonars Versen so schön zum Ausdruck kommt:

> *My love is oft-times low,*
> *My joy still ebbs and flows;*
> **Meine Liebe ist oft schwach, meine Freude noch sehr schwankend;**

---

[22] 14, 573.   [23] 24, 440.

[24] Siehe Thomas Goodwins gründliche Ausführung hierzu in seiner Auslegung von Epheser 2,5: "Unsere Errettung aus Gnade," sagt er, "ist von allen Dingen das allergrößte, und es ist von höchster Bedeutung, daß die Christen sie erkennen und begreifen. 'Aus Gnade seid ihr errettet', so lautet das große Axiom, der große Grundsatz, den (der Apostel) in ihrer aller Herzen hervorbringen wollte. Und es soll dem Plan Gottes dienen, dem Ruhm seiner Gnade, so steht es in Vers 7. Das ist die Summe und das Wesen des Evangeliums, und es ist die Summe des großen Planes Gottes . . . Deshalb werdet ihr feststellen, daß es von einem Menschen, der den Weg, die Straße der freien Gnade in irgendeine Richtung verläßt, heißt, er wende sich von Gott ab. Gal. 1,6 'Mich wundert, daß ihr euch so bald abwenden laßt von dem, der euch berufen hat in die Gnade Christi' - sie hielten sich nicht an die Lehre von der freien Gnade - 'zu einem anderen Evangelium.' Gottes Ziel war es, seine Gnade darzustellen, und deshalb nennt er ein Abrücken von dieser Lehre ein 'Wegwerfen der Gnade Gottes' Gal. 2,21. Das tun die Menschen, wenn sie dieser Lehre irgendetwas beimischen." *Works*, Bd. 2, 230-1.

But peace with Him remains the same -
No change Jehova knows.
doch der Friede bei Ihm bleibt - Jehowa kennt kein Wanken.

I change, He changes not,
The Christ can never die;
Ich bin wandelbar, Er bleibt, der Christus kann nie sterben;
His love, not mine, the resting place,
His truth, not mine, the tie.
Seine Liebe, nicht meine, ist der Ruheort,
Seine Wahrheit, nicht meine, der Anker.

Dieser Glaube war es, der Spurgeon durch Zeiten der Krankheit und Finsternis trug, die er manchmal erlebte, und er brachte die Empfindungen seines Herzens zum Ausdruck, wenn er sagte: "Ich kann niemals verstehen, was ein Arminianer macht, wenn er in Krankheit, Sorge und Not gerät."[25] C. T. Cook streicht diese Worte allerdings in dem Nachdruck der Kelvedon-Ausgabe seiner Predigten, aus welcher dieses Zitat stammt.[26] Es entspricht wohl kaum modernen Ansichten, den Arminianismus als Unterminierung des Herzensfriedens anzusehen, doch wo anders kann der Gläubige in Zeiten der Bedrängnis Ruhe finden, wenn nicht in der Zuversicht, daß er gerettet, bewahrt und zur Herrlichkeit bestimmt ist, und zwar einzig und allein durch die ewige, unwandelbare Gnade Gottes!

Zu demselben Thema gibt es an anderer Stelle dieses Zeugnis: "Ich würde freudig viele Lehren fahrenlassen, wenn ich meinte, sie wären nur Losungsworte einer Partei, und würden nur gebraucht, um eine Sekte aufrechtzuerhalten. Doch jenen Lehren von der Gnade, jenen kostbaren Lehren von der Gnade, gegen die so viele ankämpfen, könnte ich nicht abschwören, noch ein Jota von ihnen dahingeben, weil sie die Freude und das Frohlocken meines Herzens sind. Wenn du volle Gesundheit und Kraft genießt, wenn alles für dich gut steht, magst du vielleicht von den Anfangslehren des Christentums sehr bequem leben, aber in Zeiten schwerer Bedrängnis des Geistes, wenn die Seele oft niedergeschlagen ist, dann brauchst du das Mark und das Fett. In Zeiten innerlichen

---

[25] 4, 463.
[26] Siehe *Sermons of Comfort and Assurance*, C. H. Spurgeon 1961, 36.

Kampfes ist es wichtig, daß die Errettung ganz aus Gnade geschieht, von Anfang bis Ende."[27]

Drittens, Spurgeon stand gegen die bereits in den 1850er Jahren gängige Lehre, weil er der Überzeugung war, daß sie Irrtümer enthielt, die den Ernst der Lage für die Unbekehrten herunterspielten. Der Arminianismus enthüllt nicht vollständig das biblische Zeugnis über den Zustand des Sünders und wird dem schrecklichen Ausmaß ihrer Nöte nicht gerecht. Die Schrift schildert uns Menschen als von Natur aus in solchem Ausmaß gefallen und hilflos, daß wir nicht nur Erlösung von der Schuld der Sünde brauchen, sondern auch eine allmächtige Kraft, die uns, die wir "tot in Übertretungen und Sünden" sind, lebendig macht. Wir sind nicht nur wegen unserer Vergehen unter Verdammnis, sondern wir sind unter der Herrschaft einer *gefallenen Natur,* die in Feindschaft mit Gott steht. Nicht nur, daß wir Sünde begangen haben, für die wir Gnade brauchen, sondern wir haben eine sündige Natur, die neu geschaffen werden muß. Der Arminianismus predigt wohl die neue Geburt, doch er predigt sie als Folge oder Begleiterscheinung der menschlichen Entscheidung. Er stellt es so dar, als sei der Mensch wiedergeboren durch Buße und Glauben, als wenn diese geistlichen Schritte für Unbekehrte überhaupt im Bereich des Machbaren wären. Diese Lehre ist nur möglich, wenn man die Verderbtheit und Ohnmacht des Sünders völlig unterschätzt. Die Schrift sagt, daß der natürliche Mensch geistliche Dinge *nicht* vernehmen *kann,* und deswegen *muß* die göttliche Neubelebung der menschlichen Erwiderung vorausgehen.

Der Ruf Gottes, der die neue Geburt bewirkt, geht dem Glauben und der Rechtfertigung ursächlich voraus[28], wie das Zeugnis des Neuen Testaments belegt. In der Formulierung des Baptisten-Bekenntnisses, das Spurgeon 1855 neu drucken ließ, lautet es: "Dieser wirksame Ruf kommt aus Gottes freier und spezieller Gnade allein, nicht aus irgendetwas im Menschen Vorhergesehenem, noch von irgendeiner Kraft oder Fähigkeit in dem Geschöpf, welches darin völlig passiv ist, da es ja tot ist in Übertretungen und Sünden, bis es durch den Heiligen Geist belebt und erneuert und dadurch befähigt wird, den Ruf zu erwidern und

---

[27] 18, 621.
[28] Siehe die Anmerkung am Ende dieses Kapitels.

die darin angebotene und vermittelte Gnade sich zu eigen zu machen."

In anderen Worten, die Berufung ist der Akt Gottes, der einen Sünder aus dem Reich der Finsternis herausruft. Sie ist wirksam, weil sie die tätige, rettende Gnade mit sich bringt, die alle, die auf solche Weise berufen sind, inwendig erneuert und sie befähigt, mit der Bekehrung zu antworten, d. h. mit Buße und Glauben. Die Bekehrung ist durch die Wiedergeburt verursacht, welche ihrerseits von Gottes Ruf und ewigem Willen abhängt. Spurgeon hatte diese Reihenfolge begriffen und konnte so versichern: "Wenn ein Mensch gerettet ist, dann nicht, weil er den Willen hatte, gerettet zu werden. Wird ein Mensch zu Christus gebracht, dann geschieht das nicht aufgrund irgendeines Bemühens von seiner Seite, sondern die Wurzel, die Ursache, der Beweggrund zur Errettung irgendeines menschlichen Wesens, sowie aller Auserwählten im Himmel läßt sich in der prädestinierenden Absicht und dem souveränen, unterscheidenden Willen des Herrn, unseres Gottes finden."[29]

Man beachte, daß es in dem Disput zwischen der biblischen Lehre und dem Arminianismus nicht um die Frage geht, ob der Wille des Menschen bei der Bekehrung aktiv ist oder nicht. Darüber kann es keine zwei Meinungen geben. Die Meinungsverschiedenheit betrifft vielmehr die Frage, worin diese Aktivität ihren Ursprung hat. In einer Predigt, die ein paar Jahre vor seinem Tod veröffentlicht wurde, sagt Spurgeon:

"Der Mensch glaubt, doch das ist nur eine von vielen Einpflanzungen göttlichen Lebens in die Seele des Menschen durch Gott selbst."

"Schon der bloße Wille, so aus Gnaden gerettet zu werden, kommt nicht aus uns selbst, sondern ist eine Gabe Gottes. Das ist etwas sehr Entscheidendes. Ein Mensch sollte an Jesus glauben: es ist seine Pflicht, ihn aufzunehmen, den Gott zur Versöhnung für Sünden herabgesandt hat. Aber der Mensch will nicht an Jesus glauben, er zieht alles andere dem Glauben an seinen Erlöser vor. Wenn nicht der Geist Gottes sein Denken überzeugt und den Willen nötigt, hat der Mensch keine Neigung, an Jesus zum ewigen Leben zu glauben. Ich fordere jeden geretteten Menschen auf,

---

[29] 9, 355.

auf seine eigene Bekehrung zurückzuschauen und zu erklären, wie sie zustande kam. Du wandtest dich Christus zu und glaubtest an Seinen Namen: das war deine eigene Tat. Aber was brachte dich zu dieser Hinwendung? Welche heilige Kraft war es, die dich von der Sünde zur Gerechtigkeit umwandte? Schreibst du diese einzigartige Erneuerung der Tatsache zu, daß in dir etwas Besseres existierte als in deinem unbekehrtem Nachbarn bislang entdeckt werden konnte? Nein, du bekennst, daß du genau das sein könntest, was er jetzt ist, wenn da nicht eine mächtige Kraft gewesen wäre, die die Wurzeln deines Willens berührte, dein Verständnis erleuchtete und dich an den Fuß des Kreuzes geleitete. Dankbar bekennen wir diese Tatsache: es muß so sein."[30] Das Bewußtsein solcher Wahrheit läßt uns über jede Diskussion erhaben sein, und Spurgeon wurde nie müde, voller Staunen und Lobpreis die Verse zu zitieren:

Why was I made to hear thy voice
And enter while there's room;
When thousands make a wretched choice,
And rather starve than come?

'Twas the same love that spread the feast
That sweetly forced me in;
Else had I still refused to taste,
And perished in my sin. *

Die arminianische Lehre dreht die biblische Reihenfolge um und setzt die menschliche Entscheidung vor den göttlichen Akt. So finden wir in einem evangelistischen Buch aus dieser Richtung folgende Behauptung: "Das heilige Auge Gottes sieht die Sündigkeit jedes Herzens, und er ruft alle dazu auf, sich mit Gott gegen sich selbst zu stellen. Bis das getan ist, ist Glaube gänzlich unmöglich. Das ist keine Einschränkung der Gnade Gottes, sondern Buße schafft Raum für die Gnade Gottes." Der "Ruf" ist in diesem Zusammenhang eindeutig nicht der inwendige, persönliche Ruf Christi, sondern der äußere, allgemeine Ruf des Predigers, der uns zur

---

[30] *Sword and Trowel*, 1887, 8

* (Sinngemäß: Warum durft' ich deine Stimme hören / und Einlaß finden, als noch Raum für mich war, / wenn Tausende das schlechte Los erwählten / und anstatt zu kommen, lieber Hungers sterben? // Dieselbe Liebe, die das Mahl bereitet', / nötigte mich mit sanfter Gewalt herein; / wenn's nicht so wär', wollt' ich noch immer widersteh'n / und würd' in meiner Sünde untergeh'n.)

Entscheidung auffordert.[31] Dieser Ansicht zufolge ist, bis die Entscheidung getroffen ist, nichts weiteres möglich. Buße muß der Neugeburt vorausgehen, und der Aufruf, der für solche Verkündigung charakteristisch ist, steht im Einklang mit dieser Theologie: "Öffne dein Herz und laß Ihn hereinkommen. Sage aller Sünde und allen Sünden ab. Gib auf und, im Glauben, unterwirf dich Ihm. Genau in dem Augenblick findet das Wunder der Wiedergeburt statt. Du wirst ein, moralisch gesehen, neues Geschöpf. Jetzt ereignet sich die Einpflanzung der göttlichen Natur."

Das ist eindeutig nicht nur ein Unterschied in der Terminologie, sondern eine unterschiedliche Einschätzung der Lage der Unbekehrten. Die zitierten Sätze zeugen von der Erwartung, daß durch den allgemeinen Einfluß der Gnade Gottes der natürliche Mensch etwas tun kann, das zu seiner Errettung führen wird. Gnade in dem Sinne ist eindeutig nicht errettende Gnade, weil sie sich in gleicher Weise auf die erstreckt, die verloren gehen. Ja, nach dem biblischen Wortgebrauch ist es eigentlich gar keine Gnade. Der Calvinist hat eine andere Einschätzung sowohl des Sünders als auch der Gnade. Was den Sünder betrifft, glaubt er, daß die Lage, in die er gefallen ist, viel schrecklicher, daß seine Not viel größer ist. Und was die Gnade betrifft, rühmt er sie, daß sie *wirksam* ist, einen Menschen selbst in solch einer Lage zu erreichen: "Du schaust auf das geistliche Thermometer und fragst: 'Wie tief wird die Gnade Gottes gehen? Wird sie bis zur Sommerhitze sinken? Wird sie den Gefrierpunkt berühren? Wird sie unter Null gehen?' Ja, sie wird tiefer gehen als der tiefste wahrnehmbare Punkt, - tiefer als irgendwelche Instrumente anzeigen können: sie wird unter den Nullpunkt des Todes gehen."[32]

An diesem Punkt geistlichen *Todes* geschieht es, daß der Heilige Geist zuerst den Menschen in rettender Kraft begegnet und sie aus der Gruft des Todes erweckt. Erst wenn ihnen Leben eingepflanzt ist, können sie Buße und Glauben ausüben, und deshalb sind diese geistlichen Akte "die ersten sichtbaren

---

[31] In einer Rezension von W. B. Popes Werk *Compendium of Christian Theology* bezeichnet Spurgeon die mangelnde Unterscheidung "zwischen dem speziellen, persönlichen Ruf und dem allgemeinen Ruf des Evangeliums" als charakteristisch für das arminianische Denken. *Sword and Trowel*, 1877, 484.
[32] 30, 502.

Wirkungen der Wiedergeburt"[33]. "Evangelische Buße kann niemals in einer nicht erneuerten Seele stattfinden." Wir sind genauso unfähig, an unserer Wiedergeburt mitzuwirken, wie wir es sind, an dem Werk von Golgatha mitzuwirken, und wie allein das Kreuz mit der Schuld der Sünde fertig wird, so wird allein die Wiedergeburt mit ihrer Macht fertig. Diese Lehre wird sowohl der wahren Lage des Sünders als auch der Größe des Werkes des Heiligen Geistes gerecht.

Spurgeon war gewiß, daß die Wahrheit über die Lage der Sünder nicht vollständig erkannt werden kann, bis die Notwendigkeit des besonderen Eingreifens des Heiligen Geistes unzweideutig klargemacht ist: "Sünder, unbekehrter Sünder, ich warne dich, du kannst niemals bewirken, daß du von neuem geboren wirst, und wenn die Neugeburt auch unbedingt notwendig ist, so ist sie für dich dennoch absolut unerreichbar, wenn der Geist Gottes sie nicht bewirkt . . ."[34] "Mach, was du willst, und wenn du es noch so gut machst, so ist doch eine Kluft so weit wie die Ewigkeit zwischen dir und dem wiedergeborenen Menschen. Der Geist Gottes muß dich neu machen, du mußt von neuem geboren sein. Dieselbe Kraft, die Jesus Christus von den Toten erweckte, muß tätig werden, um uns von den Toten zu erwecken; dieselbe Allmacht, ohne die weder Engel noch Würmer ihr Wesen hätten, muß erneut aus seiner Verborgenheit hervortreten und ein ebenso großes Werk wie bei der ersten Schöpfung tun, indem sie uns neu macht in Christus Jesus unserem Herrn. Ständig versucht die christliche Kirche, das zu vergessen, jedoch jedesmal, wenn diese alte Lehre von der Wiedergeburt deutlich hervorgekehrt wird, gefällt es Gott, Seine Kirche mit einer Erweckung zu segnen . . .[35] Wenn nicht Gott der Heilige Geist, der 'in uns das Wollen und das Vollbringen schafft', auf unseren Willen und unser Gewissen einwirkt, ist Wiedergeburt, und somit Errettung, eine absolute Unmöglichkeit. 'Was!' sagt jemand, 'meinst du im Ernst, daß Gott bei der Errettung eines jeden Menschen tatsächlich eingreift, um in ihm die Wiedergeburt zu wirken?' Das meine ich in der Tat; in der Errettung jeder einzelnen Person geschieht ein wirkliches Aufgebot göttlicher Kraft, wodurch der tote Sünder lebendig, der unwillige Sünder willig, der hoffnungslos harte Sünder an seinem Gewissen weich gemacht wird; und wer Gott abgelehnt und Christus verachtet hatte, wird dahin gebracht, daß

---

[33] 35, 494.   [34] 3, 340.   [35] 7, 479.

er sich zu Jesu Füßen niederwirft. Es muß ein göttliches Eingreifen geben, ein göttliches Wirken, einen göttlichen Einfluß, sonst kannst du machen, was du willst, ohne ein solches kommst du um und gehst zugrunde - 'Es sei denn, daß jemand von neuem geboren werde, so kann er das Reich Gottes Reich nicht sehen'."[36] "Vergessen wir niemals, daß die Errettung einer Seele eine *Schöpfung* ist. Nun, niemand wird je imstande sein, eine Fliege zu schaffen . . . Jehova allein erschafft . . . Keine Menschen- oder Engelskraft kann sich in diesen herrlichen Bereich göttlicher Kraft hineindrängen. Schöpfung ist Gottes Domäne. In jedem Christen steckt eine wirkliche Neuschaffung, - 'Geschaffen in Christus Jesus'. 'Ziehet den neuen Menschen an, der nach Gott geschaffen ist in . . . Gerechtigkeit.' Wiedergeburt ist nicht die Erneuerung bereits vorhandener Bestandteile, sondern das Einpflanzen von etwas, das vorher keine Existenz hatte. Sie bedeutet, daß etwas Neues in einen Menschen hineingelegt wird, genannt der Geist oder der neue Mensch - es geht nicht um die Erschaffung einer Seele, sondern einer noch höheren Ordnung - soviel höher als die Seele wie die Seele höher ist als der Körper . . . Wenn ein Mensch zum Glauben an Christus gebracht wird, ist das eine ebenso wahre und echte Offenbarung der Schöpferkraft Gottes wie es die Erschaffung des Himmels und der Erde war . . ."[37] "Nur Er, der die Himmel und die Erde formte, kann eine neue Natur schaffen. Das ist ein einzigartiges Werk, das sich mit nichts vergleichen läßt, und an dem Gott Vater, Sohn und Heiliger Geist alle zusammen beteiligt sind, denn um die neue Natur in die Christen einzupflanzen, bedarf es des Ratschlusses des ewigen Vaters, des Todes des hochgelobten Sohnes, und der vollen Wirksamkeit des anbetungswürdigen Geistes. Ein Werk ist es wahrhaftig. Die Arbeiten des Herkules waren Kleinigkeiten verglichen hiermit; Löwen und Hydras töten und Augiasställe reinigen - all das sind Kinderspiele verglichen mit der Wiederherstellung eines aufrechten Geistes in der gefallenen Natur des Menschen. Beachte, daß der Apostel versichert (Phil. 1,6), daß dieses gute Werk *von Gott angefangen* wurde. Offensichtlich glaubte er nicht an jene bemerkenswerten Kräfte, die manche Theologen dem freien Willen zu-

---

[36] 3, 118.
[37] 9, 566.

schreiben. Er war kein Anbeter dieser modernen Diana von Ephesus."[38]

Diese Worte, das darf man nicht vergessen, sind nicht die Worte eines Dozenten, sondern eines Evangelisten und Seelengewinners, der sich sehnlich wünschte, Menschen zu Christus zu führen. Für Spurgeon war das nicht nur eine Frage theologischer Orthodoxie. Er wußte, daß durch diese Wahrheiten eine tiefgreifende praktische Wirkung auf die Gewissen der Zuhörer ausgeübt wurde. Sie zerschlagen die Selbstüberhebung des Menschen, bis er hilflos vor Gott steht und unausweichlich mit seinem eigenen verzweifelten Zustand konfrontiert wird: "In diesen Lehren ist etwas, das tief in die Seele des Menschen eindringt. Andere Formen der Lehre fließen an ihr herunter wie Öl an einer Marmorplatte, diese jedoch meißelt sie und gräbt sich tief hinein. Die Menschen können das Gefühl nicht abschütteln, daß hier etwas ist, das trotz aller Bemühung, sich dagegen zu sträuben, dennoch Kraft hat, und sie müssen sich fragen, 'Ist das wahr oder nicht?' Sie können nicht einfach darüber schimpfen und sich leichtfertig darüber hinwegsetzen."[39]

Die herrliche Wahrheit ist, daß es gerade die Hoffnungslosigkeit des Sünders ist, die ihm zeigt, wo wirkliche Hoffnung liegt. Diese Hoffnungslosigkeit zu verringern - wie es der Arminianismus tut - ist deshalb nicht der Weg, das volle Licht der Hoffnung, das im Evangelium erstrahlt, zu offenbaren. Hören wir noch einmal die Schlußworte Spurgeons an eine große Versammlung in Exeter Hall: "Dir, der du nicht bekehrt bist und keinen Anteil an der gegenwärtigen Errettung hast, sage ich so viel: Mensch, Mensch, du bist in der Hand Gottes. Ob du heute heil nach Hause kommst, hängt ganz und gar von Seinem Willen ab."[40] Gibt er mit solchen Worten die Menschen der Verzweiflung preis? Nein, er versperrt ihnen alle anderen Türen, damit sie zu Gott fliehen! Dieselben Wahrheiten, die unsere Hilflosigkeit bloßlegen, weisen uns zu unserer wahren Hoffnung und offenbaren die allmächtige Gnade des Vaters der Barmherzigkeit, der für uns tut, was wir selbst nicht tun können. "Der Calvinismus gibt dir zehntausendmal mehr Grund zur Hoffnung als ein arminianischer

---

[38] 15, 291.
[39] 6, 258.
[40] 6, 324.

Prediger, der sich hinstellt und sagt: 'Es gibt Platz für alle, doch ich denke nicht, daß es eine spezielle Gnade gibt, die sie auch zum Kommen veranlaßt; wenn sie nicht kommen, dann kommen sie nicht, und damit hat sich's; es ist ihre eigene Schuld, und Gott wird sie nicht zum Kommen veranlassen.' Das Wort Gottes sagt, sie können nicht kommen, doch der Arminianer sagt, sie können; der arme Sünder fühlt, daß er nicht kann, und doch erklärt der Arminianer, daß er könnte, wenn er wollte."[41] Wenn ein Mensch, der an diesen Punkt der Hilflosigkeit gelangt ist, hört, daß *Gott beschlossen hat,* Sünder zu retten, daß, genau wie Er zum Mittel das Blut von Golgatha festgesetzt hat, Er den Geist geschenkt hat, daß Er die Verdienste dieser Opfertat zur Anwendung bringe und die in Sünde Toten lebendig mache - die Absicht ist Gottes, die Gabe ist Gottes, die Mittel sind Gottes, die Kraft ist Gottes - , dann ist das genau die Gute Nachricht, die eine ohnmächtige Seele braucht.[42] Für eine Person, die sich nicht länger auf sich selbst verläßt und die das durch und durch Böse ihres Herzens fühlt, könnte es keine passendere Botschaft geben als eine, die sie lehrt, auf die freie Gnade Gottes zu schauen und zu vertrauen: "Das großartige System, das unter dem Namen 'Die Lehren von der Gnade' bekannt ist, stellt dem, der es annimmt, Gott, und nicht den Menschen, vor Augen. Die ganze Anordnung dieser Lehre blickt auf Gott hin"[43], und das ist genau die Richtung, in die ein im Gewissen getroffener Sünder blicken muß. Seine oberflächlichen Vorstellungen von Religion hat er aufgeben müssen - "Zuvor rühmtest du dich, 'Ich kann an den Herrn Jesus glauben, wann ich will, und es wird schon in Ordnung sein'. Einst hieltest du es für einfach zu glauben, aber das siehst du heute anders: 'Oh', rufst du jetzt, 'ich kann nichts fühlen. Und was schlimmer ist, ich kann nicht glauben. Ich kann mich nicht erinnern. Ich kann mich nicht beherrschen. Ich scheine vom Teufel besessen. Gott helfe mir, denn ich kann mir selbst nicht helfen.'[44]". . ."Wenn ein Mensch weiß und empfindet, daß er im wahrsten Sinne ein Sünder vor Gott ist, dann bedarf es eines Wunders, bevor an die Vergebung der

---

[41] 53, 268.
[42] siehe 7, 565 zur Frage, inwiefern die Lehren von der Gnade Brot für hungrige Sünder sind.
[43] 34, 364.
[44] 36, 690.

Sünden glauben kann; allein die Allmacht des Heiligen Geistes kann diesen Glauben in ihm wirken."[45]

Spurgeon kannte die wahre Natur der Sündenerkenntnis genug um zu wissen, daß die Predigt von der unwiderstehbaren Gnade eine köstliche Stärkung für solche ist, die auf Gott allein hoffen. Er rühmte sich der Wahrheit, daß die menschliche Hilflosigkeit keine Schranke für die göttliche Allmacht ist: "Wenn der Herr Sünder retten will, dann hält er sich nicht damit auf zu fragen, ob sie gerettet werden wollen, sondern wie ein mächtiger Wind fegt der göttliche Einfluß jedes Hindernis aus dem Weg. Das unwillige Herz biegt sich vor dem kraftvollen Sturmwind der Gnade, und Sünder, die sich nicht beugen wollten, werden vom Herrn gebeugt. Eines weiß ich: Keiner hier heute morgen ist so hoffnungslos böse, daß er nicht, wenn der Herr es wollte, dazu gebracht werden könnte, Gottes Erbarmen zu suchen, wie ungläubig er auch sein mag. Wie festgewurzelt in seinen Vorurteilen gegen das Evangelium er auch sein mag, Jehova muß nur wollen, und es ist geschehen. In dein finsteres Herz, das nie einen Lichtstrahl gesehen hat, würde das Licht hineinfluten, wenn Er nur sagte 'Es werde Licht', dann wird dort Licht. Du magst deine Faust ballen und deinen Mund aufreißen gegen Jehova. Dennoch ist er dein Meister - dein Meister, der dich zerstören kann, wenn du in deiner Bosheit fortfährst, aber auch dein Meister, der dich heute erretten kann, der dein Herz verwandeln und deinen Willen wenden kann, wie er die Wasserbäche wendet."[46]

Der Titel der Predigt, aus der das letzte Zitat stammt, "Eine Erweckungspredigt", gehalten im Januar 1860, erinnert uns daran, daß die Quelle dieser erstaunlichen Gewißheit nicht nur in Spurgeons Kenntnis der vom Geist gegebenen Lehre, sondern auch in dem Wissen um die Gegenwart desselben mächtigen Geistes lag, welche die Predigt des Wortes begleitete. Nie rühmte er sich der Kraft Gottes mehr als in diesen Jahren der Erweckung.

Unter den denkwürdigen Erfahrungen dieser Zeit war der Abend des 4. September 1855, als ca. 12.000 Menschen auf einem freien Feld nahe der King Edward's Road in Hackney standen, um den Pastor der New Park Street zu hören. "Ich denke, ich werde nie den Eindruck vergessen", schrieb er später in seiner

---

[45] 29, 551
[46] 6, 86.

Autobiographie, "den ich empfand, als vor dem Abschied diese riesige Menge in das Lied 'Praise God from Whom all Blessings flow' einstimmte. An diesem Abend konnte ich besser als je zuvor verstehen, warum der Apostel Johannes in der Offenbarung das 'neue Lied' mit der 'Stimme vieler Wasser' verglich. In diesem glorreichen Halleluja war es, als rollten die mächtigen Wellen des Lobpreises in majestätischer Erhabenheit zum Himmel aufwärts, so wie die Wogen des Ozeans sich am Strand brechen." Wenn man die Worte liest, die an jenem Abend gepredigt wurden, kann man gut nachvollziehen, warum am Schluß des Gottesdienstes die Herzen voll Staunen und Anbetung himmelwärts gerichtet waren. Ausgehend von dem Predigttext "Viele werden kommen vom Osten und vom Westen und mit Abraham und Isaak und Jakob im Himmelreich zu Tische sitzen" rühmte Spurgeon den Triumph der Gnade:

"Oh, ich liebe es, wenn es bei Gott 'werden' und 'wird' heißt. Das ist ganz anders, als wenn der Mensch das sagt. 'Ich werde' sagt der Mensch und führt es nie aus, 'ich werde' sagt er und bricht sein Versprechen. Anders ist es bei Gott. Wenn Er sagt 'Ich werde tun', dann wird er's tun; wenn er sagt 'Es wird sein', dann wird es sein. Nun sagt er hier: 'Viele *werden* kommen'. Der Teufel sagt 'Sie werden nicht kommen', doch 'sie werden kommen'. Ihr selber sagt 'Wir werden nicht kommen', Gott sagt 'Ihr werdet kommen'. Ja, einige hier lachen über die Erlösung, verhöhnen Christen und treiben ihren Spott mit dem Evangelium. Aber ich sage euch, einige von euch werden dennoch kommen. 'Was', sagt ihr, 'kann Gott mich zwingen, Christ zu werden?' Ich sage euch, ja, das kann Er, denn darin liegt die Kraft des Evangeliums. Es erbittet nicht eure Zustimmung, doch es bekommt sie. Es fragt nicht, ob du es haben willst, aber es macht dich willens am Tag der Kraft Gottes. . . . Das Evangelium will nicht dein Einverständnis, sondern bekommt es. Es vertreibt den Feind aus deinem Herzen. Du sagst 'Ich will nicht gerettet werden', Christus sagt, du wirst. Er macht, daß sich dein Wille wendet, und dann schreist du 'Rette mich, Herr, oder ich geh' verloren!' Dann mag der ganze Himmel jubilieren, weil Gott es geschafft hat, deinen Willen zu ändern und dich am Tage Seiner Kraft willens zu machen. Wenn Jesus Christus heute abend auf dieser Kanzel stände, was würden viele Leute mit Ihm tun? Wenn Er kommen würde und sagen würde, 'Hier bin ich, ich liebe euch, wollt ihr euch von mir retten lassen?', würde nicht einer von euch ja sagen, wenn es nach eurem Willen ginge. Er selbst hat gesagt: 'Es kann niemand zu mir kommen, wenn ihn nicht der Vater, der mich gesandt hat, zu mir zieht.' Oh ja, das brauchen wir, und hier haben wir es. Sie werden kommen! Sie werden kommen! Ihr mögt lachen, ihr mögt uns verachten, aber Christi Sterben wird nicht vergeblich sein. Wenn einige von euch Ihn ablehnen, so werden doch andere Ihn nicht ablehnen. Einige werden zwar nicht gerettet sein, aber andere *werden* es sein. Christus *wird* Nachkommen haben, Er *wird* in die Länge leben, und des Herrn Plan *wird* durch Seine Hand gelingen. Sie *werden* kommen! und nichts im Himmel noch auf Erden noch in der Hölle kann sie davon abhalten zu kommen."[47]

---

[47] 1, 304-5.

ANMERKUNG ZU WIEDERGEBURT UND GLAUBE

Daß der Glaube die Folge von Gottes Vorsatz und Seinem wirksamen, erneuernden Ruf ist, wird in einer Reihe von Bibelstellen deutlich gelehrt: Apg. 13,48, "Alle kamen zum Glauben, die zum ewigen Leben bestimmt waren"; Röm. 8,30, "Die er aber vorherbestimmt hat, die hat er auch berufen, die er aber berufen hat, die hat er auch gerecht gemacht"; Joh. 6,65, Joh. 10,26, 27, Eph. 2,1-8 etc. Es ist manchmal ins Feld geführt worden, daß zwei Stellen, Jak. 1,18 und 1. Petr. 1,23 zu lehren scheinen, daß Wiedergeburt "durch das Wort Gottes" geschieht; und da die gelesene oder gepredigte Schrift nicht ohne Glauben wirksam ist, wird die neue Geburt in gewisser Weise dadurch bestimmt, wie der Hörer reagiert. Doch die Exegese dieser beiden Texte verlangt keine solche Schlußfolgerung, vielmehr schließt die Analogie der Schrift sie aus. Der Akt Gottes, der den geistlich Toten Geburt oder Leben schenkt, ist zu unterscheiden von der Wahrheit, genau wie das Sehvermögen vom Licht unterschieden wird. Und weil die Neubelebung ein unmittelbarer und schöpferischer Akt ist, kann ihr keine als Mittel dienende, untergeordnete Ursache beigeordnet werden. Die Schrift ist nur in denen wirksam, die erneuert sind (1. Kor. 2, 12-14); sie kann kein Leben schaffen. Weil ein Mensch aus Geist geboren ist, kann er *sehen* (Joh. 3,3), und wenn er erst einmal die

Fähigkeit besitzt zu sehen, ist das Wort unerläßlich, ihn zum Glauben und zur Umkehr zu leiten, so daß Wiedergeburt nach Gottes Bestimmung nur dort erfolgt, wo die Evangeliumsbotschaft gegenwärtig ist. Theologisch kann Wiedergeburt als ein ganz bestimmter Teil der Errettung gesehen werden, und zwar ein Teil, der nicht durch das äußerliche Wort der Wahrheit zustandegebracht wird. Doch in der Erfahrung Erwachsener ist Wiedergeburt unmittelbar mit Bekehrung verbunden, und im Verlauf der Bekehrung - namentlich der Aktivität von Glauben und Umkehr - ist das Wort Gottes unverzichtbar (Röm. 10,12). "Durch das Wort", sagt Charles Hodge, "sind Person und Werk Christi offenbart, und alle Ziele, die den Aktivitäten der erneuerten Seele gesetzt sind, vor Augen geführt. Durch das Wort werden alle Gnadengaben des Geistes zur Ausübung gebracht, und ohne dasselbe wäre Heiligkeit, in all ihren bewußten Äußerungen, ebenso unmöglich wie Sehvermögen ohne Licht."

Wenn der Begriff Wiedergeburt in dem weiten und umfassenden, die Bekehrung einschließenden Sinne gebraucht wird, dann fällt dem "Wort der Wahrheit" eine wichtige Funktion als Mittel und Werkzeug zu. Joh. 1,18 und 1. Petr. 1,23 deuten auf diesen weiteren Sinn, doch anderswo im Neuen Testament legen die Begriffe, die zur Beschreibung der neuen Geburt gebraucht werden, den engeren Sinn nahe und beziehen sich auf das Handeln Gottes in dem Augenblick, in dem Er neues Leben mitteilt. Der weitere Sinn ist nicht der normale, und deswegen ist es falsch, dem Wort Gottes aufgrund dieser beiden Texte eine Werkzeugfunktion im Akt der Neugeburt zuzuschreiben, denn diese beiden Texte beziehen sich nicht auf den Akt, sondern auf die ganze umfassende Änderung, in welcher Wiedergeburt und Bekehrung unterschiedliche, wenn auch untrennbare Bestandteile sind.

Was die Darbietung des Evangeliums betrifft, darf der Prediger sich durch das Wissen um die Wiedergeburt als notwendige Grundlage zur Bekehrung nicht daran hindern lassen, alle Menschen zu unverzüglichem Glauben an Christus aufzurufen. Denn, wie bereits in der Auseinandersetzung mit dem Hyper-Calvinismus erwähnt, das Unvermögen der Sünder, das sich aus ihrer verderbten Natur ergibt, spricht sie nicht von der Verpflichtung zu glauben frei, und weil die Priorität der

Wiedergeburt gegenüber der Bekehrung sich auf die Rangfolge und das Wesen, nicht aber auf den zeitlichen Ablauf bezieht, sind Prediger nicht berechtigt, einen Zeitabstand zwischen dem wirksamen Handeln des Geistes (das ohnehin für den Menschen unsichtbar ist) und der Ausübung von Glauben zu erwarten. Da Wiedergeburt keine Tat des Menschen ist, wird sie niemals als Pflicht behandelt (obwohl Joh. 3,7 gelegentlich so ausgelegt wird). Die Anforderungen des Evangeliums an den Sünder beschränken sich lediglich auf Buße und Glauben (Apg. 20,21), und es ist nicht unwichtig zu beobachten, daß der moderne Arminianismus für die Pflichten der Unbekehrten neue Formulierungen geprägt hat ("Öffne dein Herz", "Entscheide dich für Christus" etc.), während die konservative reformierte Verkündigung, die an der wahren Lehre von der Wiedergeburt festhielt, auch dem Glauben die Zentralstellung zuwies, die er in der neutestamentlichen Darbietung des Heils hatte. In diesem Zusammenhang vermerkte Spurgeon im Jahre 1890 mit Besorgnis den neuen Stil von Ermahnungen, der von Predigern und Lehrern eingesetzt wurde, um eine Erwiderung bei ihren Zuhörern zu bewirken: "Das Evangelium ist 'Glaube an den Herrn Jesus Christus, und du wirst gerettet werden.' Wenn wir denken, wir werden besser daran tun, den Befehl des Evangeliums durch eine andere Ermahnung zu ersetzen, werden wir erleben, daß wir in ernste Schwierigkeiten geraten. Wenn für den Augenblick unsere Verbesserungen größere Ergebnisse zu erzielen scheinen als das alte Evangelium, dann wird es wie das Wachstum von Pilzen, ja vielleicht sogar von Giftpilzen sein, aber es ist nicht das Wachstum der Bäume des Herrn." Formulierungen, die Spurgeon erwähnt wie "Gib Christus dein Herz", können nicht gebraucht werden, ohne das neutestamentliche Evangelium zu beeinträchtigen, wohingegen die Lehre von der Wiedergeburt, wie sie oben skizziert ist, die Reinheit des Evangeliums gewährleistet und in keiner Weise die apostolische Betonung des Glaubens verlagert. Im Zusammenhang mit Römer 1, 16,17 unterstreicht John Murray die biblische Lehre, daß "Errettung nicht unabhängig vom Glauben zustandekommt", und er fügt hinzu: "Die Vorrangigkeit des wirksamen Rufes und der Wiedergeburt in der *ordo salutis* (Ordnung des Heils) darf diese Wahrheit weder in unserem Denken noch in unserer Predigt des Evangeliums schmälern. Es ist wahr, daß Wiedergeburt kausal vor dem Glauben kommt. Aber eben nur kausal, und eine erwachsene Person, die wiedergeboren ist, übt immer auch Glauben aus. Somit können wir sagen: Ohne Glauben kommt die Errettung, die das Evangelium bringt, uns niemals zugute . . . Die Anwendung der Erlösung auf den Menschen ist ein Prozeß, der einer Ordnung unterliegt, jedoch in dem Sinne, wie ein unauflösliches, viele Elemente umfassendes Ganzes einer Ordnung unterliegt. Errettung in ihrer integrierenden Einheit ist es, von der der Apostel spricht, und sie ist niemals ohne Glauben unser eigen - wir sind gerettet aus Gnade durch den Glauben (Eph. 2,8). Die Person, die *nur* wiedergeboren ist, ist nicht gerettet, aus dem schlichten Grund, weil es eine solche Person nicht gibt. Die gerettete Person ist *auch* berufen, gerechtfertigt und als Kind angenommen."

A. A. Hodge schrieb zu der Frage "Was ist der Unterschied zwischen Wiedergeburt und Bekehrung?" folgendes und faßte damit die biblische Lehre zusammen:

"Der Begriff Bekehrung wird oft in dem weiteren Sinne gebraucht, der sowohl die Veränderung der Natur als auch die Ausübung dieser veränderten Natur einschließt. Unterscheidet man sie jedoch von der Wiedergeburt, dann bezeichnet Bekehrung die erste Ausübung der neuen Grundeinstellung, die durch die Wiedergeburt eingepflanzt wurde, nämlich die freie Hinwendung zu Gott.

Wiedergeburt ist Gottes Handeln, Bekehrung ist unser Handeln. Wiedergeburt ist die Einpflanzung des Gnadenprinzips, Bekehrung ist die Ausübung desselben. Wiedergeburt ist für den, der sie empfängt, niemals ein direkt bewußtes Erlebnis, während Bekehrung von dem, der sich bekehrt, stets bewußt erlebt wird. Wiedergeburt ist ein einzelner, in sich vollständiger, nie zu wiederholender Akt, Bekehrung als Beginn eines heiligen Lebens ist der Anfang einer beständigen, endlos fortschreitenden Serie."

Genau das war Spurgeons Glaube: "Wiedergeburt ist ein Werk des Augenblicks. Bekehrung zu Gott, die Frucht der Wiedergeburt, dauert unser ganzes Leben lang, aber die Wiedergeburt selbst wird in einem Augenblick bewirkt."

Wir glauben, daß das Werk der Wiedergeburt, Bekehrung, Heiligung und Glauben nicht eine Tat des freien Willens und der Kraft des Menschen ist, sondern der mächtigen, wirksamen und unwiderstehbaren Gnade Gottes.

Aus der Glaubenserklärung
der New Park Street Gemeinde.

THE EARLY YEARS, 552

Man kann wohl kaum eine Lehre ersinnen, die sich verheerender auf die Seele auswirkt als die Lehre, daß Sünder ihre Wiedergeburt selbst herbeiführen können, und Buße tun und glauben können, wann es ihnen paßt. . . Weil es eine Wahrheit aus der Schrift und aus der Erfahrung ist, daß der nicht erneuerte Mensch nichts von sich heraus tun kann, um seine Errettung zu erwirken, ist es notwendig, ihn zu einer praktischen Überzeugung von dieser Wahrheit zu führen. Erst wenn er davon überzeugt ist, und nicht vorher, sucht er Hilfe aus der einzigen Quelle, aus der sie erlangt werden kann.

Charles Hodge
SYSTEMATIC THEOLOGY

4: ARMINIANISMUS UND VERKÜNDIGUNG

Die Predigtzitate in unserem letzten Kapitel machen sehr deutlich, daß Spurgeon nicht glaubte, daß es eine Evangeliumsbotschaft gebe, die von der Gesamtstruktur biblischer Theologie gleichsam abgekoppelt werden kann. Er war der Ansicht, daß alle Wahrheit einen Platz in der Verkündigung hat. Doch die Frage, die angesichts der oben zitierten, unserem modernen Verkündigungskonzept recht fremden Aussagen naheliegt, ist, ob das Evangelium auf einer Lehrgrundlage wie dieser überhaupt gepredigt werden kann. Man muß zugeben: Wenn wir mit dem Evangelium meinen, daß Christus für jedermann gestorben ist, daß Gott den freien Willen, den er dem Menschen geschenkt hat, respektiert und daß eine "Entscheidung für Christus" die Crux der Errettung ist, dann ist ein solches Evangelium in Spurgeons Predigten ganz und gar nicht erkennbar. Aber unermüdlich hat er die Größe der Liebe Christi zu den Sündern hervorgekehrt, die Freiheit Seiner Vergebung und die Vollständigkeit Seines Sühneopfers, und er beredete und ermahnte alle, Buße zu tun und einem solchen Retter zu vertrauen. Der Punkt, an dem er sich von Hyper-Calvinisten wie Arminianern unterschied, war, daß er es ablehnte, vernunftsmäßig zu ergründen, *wie* Menschen aufgefordert werden können, etwas zu tun, wozu sie nicht die Kraft haben.[1] Arminianer sagen: Sünder werden aufgefordert, und deshalb müssen sie auch in der Lage

---

[1] Dieselbe Schwierigkeit ergibt sich, wenn man fragt, wie können die Menschen verantwortlich sein, wenn sie in Sünde verloren gehen, wenn doch Gnade allein ein solches Ende verhindern kann? "Jemand sagt, 'Aber ich verstehe diese Lehre nicht.' Das mag wohl sein, aber vergiß nicht, daß wir zwar verpflichtet sind, dir die Wahrheit zu verkünden, aber nicht verpflichtet sind, dir auch die Kraft zu geben, sie auch zu verstehen. Im Übrigen ist dies nicht ein Thema, das es zu verstehen gilt, sondern es ist eine Sache des Glaubens, weil es im Wort Gottes offenbart ist. Es ist eine der Grundsätze der Theologie, daß, wenn der Mensch verloren geht, Gott nicht dafür beschuldigt werden darf, und es ist ebenfalls ein Grundsatz der Theologie, daß, wenn der Mensch gerettet ist, Gott allein die Ehre dafür zusteht." 56, 294.

sein; Hyper-Calvinisten sagen: Sie sind nicht in der Lage, deshalb dürfen sie nicht aufgefordert werden. Aber die Schrift und der Calvinismus lehren *beides,* sowohl das Unvermögen als auch die Pflicht des Menschen, und beide Wahrheiten sind notwendige Bestandteile der Verkündigung - erstere führt vor Augen, daß der Sünder Hilfe braucht, die Gott allein geben kann, und letztere, welche in den Ermahnungen, Verheißungen und Einladungen der Schrift zum Ausdruck kommt, zeigt ihm den Ort, an dem Friede und Sicherheit für ihn liegen, namentlich die Person des Sohnes Gottes.

Die Tatsache, daß die Wiedergeburt das Werk Gottes ist, verbietet uns sicherlich, den Menschen zu sagen, sie könnten zu jedem Zeitpunkt wiedergeboren werden, den sie oder ihr Prediger sich aussuchen, aber sie hindert den Evangelisten nicht daran, sein wahres Werk zu verrichten, welches darin besteht, den Menschen zu zeigen, daß sie aus Gnade durch Glauben gerettet werden müssen, und daß Vertrauen in Christus der Weg zum Frieden mit Gott ist. Wie sehr es auch die Verstandeskräfte überfordern mag, den Befehl, an Gottes Sohn als Erlöser zu glauben, mit der Wahrheit zu vereinbaren, daß allein Gnade die Sünder dazu befähigen kann: in der Heiligen Schrift gibt es keinen Widerspruch zwischen diesen beiden Aussagen. Spurgeon nahm beide Wahrheiten, die *Pflicht* des Menschen zu glauben und seine sündenbedingte Unfähigkeit dazu, und setzte sie wie die zwei Backen eines Schraubstockes ein, um das Gewissen des Sünders zu fassen. Nehmen wir folgendes Beispiel:

"Gott fordert dich auf zu glauben, daß Er durch das Blut Christi der Rechtfertiger der Ungerechten sein kann, ohne selbst Seine Gerechtigkeit zu verlieren. Er fordert dich auf, Christus zu vertrauen als dem, der dich retten kann. Kannst du erwarten, daß Er dich retten wird, wenn du Ihm nicht vertraust? Mensch, es ist das Vernünftigste von der Welt, daß Er von dir verlangt, daß du an Christus glaubst. Und genau das verlangt Er von dir heute morgen. 'Tut Buße und glaubt an das Evangelium.' Oh, Freunde, oh, Freunde, wie traurig ist der Zustand der Seele eines Menschen, der das nicht tut! Wir können euch predigen, doch ihr werdet nie Buße tun und an das Evangelium glauben. Wir können Gottes Befehl wie eine Axt an die Wurzel des Baumes legen, doch so vernünftig wie die Befehle sind, werdet ihr euch dennoch weigern,

Gott das zu geben, was Ihm gebührt. Ihr werdet in euren Sünden fortfahren, ihr wedet nicht zu Ihm kommen, daß ihr Leben hättet, und hier muß der Geist Gottes eintreten, um in den Seelen der Auserwählten zu wirken und sie am Tag Seiner Kraft willens zu machen. Aber oh! In Gottes Namen warne ich euch: wenn ihr diesen Befehl gehört habt und weiterhin - und ich weiß, daß es ohne die Hilfe Seines Geistes so sein wird - einem so vernünftigen Evangelium den Gehorsam verweigert, dann werdet ihr finden, daß es am Ende Sodom und Gomorra erträglicher gehen wird als euch, denn wären die Dinge, die in London gepredigt werden, in Sodom und Gomorra verkündet worden, hätten sie vor langem schon in Sack und Asche Buße getan. Weh euch, ihr Einwohner Londons!"[2]

Doch er ließ Sünder nicht an dem Punkt stehen. Hören wir, wie er die Predigt abschließt, aus der wir gerade zitiert haben. Mit einem großen Crescendo der Wahrheit hat er die Gewissen der Unbekehrten von allen Seiten attackiert und kommt jetzt mit großer Dringlichkeit zu dem grandiosen Abschluß: "Ich ermahne euch bei dem lebendigen Gott, ich ermahne euch bei dem Erlöser der Welt, ich ermahne euch bei dem Kreuz von Golgatha und bei dem Blut, das den Staub von Golgatha färbte, gehorcht dieser göttlichen Botschaft, und ihr werdet ewiges Leben haben; weist sie ab, so komme euer Blut auf eure Häupter für alle Ewigkeit!"[3]

Darüberhinaus ermahnte er Sünder nicht nur, sondern leitete sie auch gelegentlich an. In einer Sprache, die gegenüber den modernen Formeln zum Abschluß einer evangelischen Botschaft abgerückt erscheint, gab er Menschen Rat, wie sie Christus suchen könnten: "Bevor ihr hinausgeht", sagte er bei einer Gelegenheit, "haucht ein ernstes Gebet zu Gott und sagt, 'Gott, sei mir Sünder gnädig. Herr, ich brauche Rettung. Rette mich. Ich rufe deinen Namen an.' Betet diesen Augenblick, ich bitte euch. Betet mit mir, wenn ich euch Worte in euren Mund gebe und sie für euch spreche - 'Herr, ich bin schuldig, ich verdiene deinen Zorn. Herr, ich kann mich nicht selbst retten. Herr, ich hätte gern ein neues Herz und einen aufrichtigen Geist, doch was kann ich tun? Herr, ich kann nichts tun, komm und wirke in mir das Wollen und Vollbringen deines Wohlgefallens.

---

[2] 8, 405.
[3] 3, 408.

Aus tiefster Seele rufe ich deinen Namen an. Zitternd, doch glaubend werfe ich mich ganz auf dich, oh Herr. Ich vertraue dem Blut und der Gerechtigkeit deines lieben Sohnes . . . Herr, errette mich heute, um Jesu willen.' "

Ein weiterer Vers, den er benutzte, um Sündern den Weg zu weisen, war eine Strophe von Charles Wesley:

O God, my inmost soul convert,	Oh, Gott, bekehre meine innerste Seele,
And deeply on my thoughtful heart Eternal things impress;	und präge meinem suchenden Herzen tief ewige Dinge ein;
Give me to feel their solemn weight, And trembling at the brink of fate,	Laß mich ihr ernstes Gewicht fühlen und, wenn zitternd ich am Rande des Abgrunds steh',
Wake me to righteousness!	laß mich erwachen zur Gerechtigkeit.

Auf diese Weise wurden suchende Seelen zu Gott allein gewiesen, und während von Mitgliedern des Tabernacle erwartet wurde, daß sie die Augen offenhielten für solche, die geistliche Hilfe brauchten, wurde von den Betroffenen selbst kein äußeres oder physisches Zeichen verlangt. Gerade in diesem Punkt, so wußte Spurgeon, richtet der Arminianismus viel Chaos an, indem er die Aufmerksamkeit auf das menschliche anstatt auf das göttliche Handeln lenkt. "Geht allein nach Haus", sagte er etwa, "und vertraut auf Jesus. 'Ich würde gern in den Seelsorgeraum gehen'. Das glaube ich wohl, doch wir sind nicht bereit, modernem Aberglauben Vorschub zu leisten. Wir befürchten, daß Menschen in solchen Räumen in falsche Zuversicht eingelullt werden. Sehr wenige der vermeindlich Bekehrten der Seelsorgeräume geraten wohl. Geh zu deinem Gott, unverzüglich, wo du gerade bist. Wirf dich ganz auf ihn, jetzt, sofort, bevor du dich auch nur einen Zoll vom Fleck bewegst!" Diese Worte waren gesprochen, bevor der Seelsorgeraum sich voll zu dem modernen System von Aufrufen und Entscheidungen entwickelt hatte. Mit welchem Schmerz Spurgeon eine solche Entwicklung betrachtet hätte, kann man sich wohl denken. Er erkannte, daß, wenn solche Dinge erst einmal Bestandteil der Verkündigung würden, die Menschen sehr schnell dem Wahn verfallen würden, sie könnten ihre Errettung herbeiführen oder ihr wenigstens ein wenig nachhelfen, indem sie etwas *täten* - "Gott hat nicht 'Errettung durch Seelsorgeräume' angeordnet", wird eine wiederholte Warnung in seinen späteren Predigten.

Menschen haben eine Verbindung hergestellt zwischen dem Nach-vorn-Kommen nach einem Aufruf und dem 'zu Christus Kommen', aber Spurgeon hätte eine solche Verbindung mit aller Entschiedenheit bestritten. Nicht nur, daß eine derartige evangelistische Methode nicht in der Schrift vorkommt, sie macht zunichte, was die Schrift über das 'zu Jesus Kommen' lehrt: "Es ist eine Bewegung des Herzens auf Ihn zu, nicht eine Bewegung der Füße, denn viele kommen wohl mit dem Körper, aber sie kommen niemals in der Wahrheit zu Ihm, . . . das Kommen, das hier gemeint ist, geschieht durch Sehnsucht, Gebet, Zustimmung, Einwilligung, Vertrauen, Gehorsam."[4] Darüberhinaus hatte Spurgeon genug Erfahrung mit dem kraftvollen Wirken des Geistes, um zu wissen, daß diese menschlichen Zutaten zur Predigt des Evangeliums durch ihre vermeindliche Nützlichkeit nicht gerechtfertigt waren. Der Mensch, der echt durch die Wahrheit überführt ist, kann der letzte sein, der den Wunsch hätte, sich der öffentlichen Handlung zu unterziehen, die ein "Aufruf" ihm aufzwingen würde: "Meistens ist es so, daß ein verwundetes Gewissen wie ein verwundeter Hirsch froh ist, allein zu sein, um im Verborgenen zu bluten. Es ist sehr schwer, an einen Menschen heranzukommen, der der Sünde überführt ist; er zieht sich so weit in sich selbst zurück, daß es unmöglich ist, ihm zu folgen."[5] Die Praxis im Tabernacle war ganz im Einklang mit diesen Überzeugungen. Am Schluß der Gottesdienste neigte sich die Versammlung von 5000 in ernstem Schweigen, ohne daß die Orgel oder andere Musik die Stille brach, und dann waren die Gemeindemitglieder bereit, mit Fremden, die in ihrer Nähe saßen und Hilfe brauchten, zu sprechen.

Diese Überlegungen zu der Art und Weise, wie der Arminianismus die Weitergabe des Evangeliums beeinflußt, führen uns zu einem letzten Grund, warum die Lehre mit ernster Sorge betrachtet werden muß. Es ist deshalb, weil dieser Typus von Verkündigung, wo immer er vorherrscht, die unausweichliche Neigung hat, eine gefährliche religiöse Oberflächlichkeit zu bewirken. Indem der Arminianismus, wie wir gesehen haben, die anstößige Wahrheit umgeht, daß alle errettende Erfahrung mit Wiedergeburt *beginnen* muß, und indem er unterstellt, daß der

---

[4] 19, 280.
[5] 23, 428.

Mensch ohne das direkte, vorausgehende Wirken des Heiligen Geistes zu Glauben und Buße kommen kann, richtet er ein Muster für die Bekehrung auf, das hinter dem der Bibel zurückbleibt. Unter arminianischer Predigt wird der Sünder angewiesen, daß er das Werk durch seine Bereitschaft beginnen muß, und Gott wird es vollenden. Er muß tun, was er kann, und Gott muß den Rest besorgen. Wenn somit eine feste "Entscheidung für Christus" getroffen ist, wird er unverzüglich dahingehend beraten, zu vertrauen, daß das göttliche Werk jetzt ebenfalls getan ist, und Texte wie Joh. 1,12 als die eigene Lage beschreibend zu betrachten. Doch die Wahrheit ist, daß der Arminianismus ein Bekehrungsschema aufgerichtet hat, das unter dem Niveau der Schrift ist und in das auch unerneuerte Menschen Einlaß finden können. Indem er Buße und Glauben als etwas dem unerneuerten Menschen Mögliches hinstellt, öffnet er den Weg für eine Erfahrung, in der der Selbstwille des Sünders und nicht Gottes Kraft Hauptbestandteil ist. Die Schrift zeigt überall, wie Gottes Wille und Kraft an erster, nicht an zweiter Stelle in der Heilsordnung stehen, und eine Lehre, die verheißt, daß Gottes Wille unserem Willen folgen muß, kann Menschen dazu bringen, einer Verführung zu glauben - einem Erlebnis, das gar nicht die Errettung ist. Vor einer solchen Verführung warnt die Schrift uns wiederholt. Und die Dringlichkeit der Warnung kommt teilweise aus der Tatsache, daß es einen "Glauben" gibt, der vom unerneuerten Menschen ausgeübt werden kann und dessen Ausübung sogar Friede und Freude hervorbringen kann. Doch der Arminianismus, anstatt Menschen vor dieser Gefahr in Alarm zu versetzen, fördert dieselbe unausweichlich, denn er wirft die Menschen nicht auf Gott, sondern auf ihre eigenen Handlungen. Dem Hörer des Evangeliums wird deutlich der Eindruck vermittelt, daß die Wahl nicht Gottes, sondern seine ist, und daß er hier und jetzt den Zeitpunkt seiner Wiedergeburt zu entscheiden in der Lage ist. Ein Büchlein beispielsweise, das in der Studentenmission gegenwärtig sehr verbreitet ist, legt "Drei einfache Schritte" fest, wie man Christ werden kann: Erstens, persönliche Sündenerkenntnis, und zweitens persönlicher Glaube an das stellvertretende Werk Christi. Diese beiden Schritte werden als vorbereitend beschrieben, doch "der dritte als so entscheidend, daß ihn zu gehen mich zum Christen machen wird . . . *Ich muß zu Christus kommen und meinen per-*

sönlichen Anteil von dem, was Er für jeden getan hat, in Anspruch nehmen." Dieser alles entscheidende dritte Schritt bleibt mir vorbehalten, "Christus wartet geduldig, bis ich die Tür öffne. Dann wird Er hereinkommen . . . " Sowie ich das getan habe, darf ich mich unverzüglich als Christ betrachten. Dann folgt noch der Ratschlag: "Erzähl *heute* jemandem, was du getan hast."

Auf dieser Grundlage kann jemand ein Bekenntnis ablegen, ohne daß je sein Vertrauen in seine eigene Fähigkeit erschüttert wurde. Es wurde ihm absolut nichts darüber gesagt, daß er eine Veränderung seiner Natur braucht, die zu bewirken nicht in seiner Macht steht, und folglich ist er auch nicht bestürzt, wenn er keine solche radikale Veränderung erlebt. Ihm wurde nie erzählt, daß sie unbedingt dazugehört, und so sieht er keinen Grund, sein Christsein anzuzweifeln. In der Tat, die Lehre, unter die er gekommen ist, zieht unablässig dagegen zu Felde, daß solche Zweifel aufkommen. Häufig wird gesagt, ein Mensch, der eine Entscheidung getroffen hat, aber wenig Anzeichen einer Lebensveränderung erkennen läßt, könne ein "fleischlicher" Christ sein, dem nur Unterweisung in der Heiligung fehlt; oder sollte derselbe Mensch allmählich sein neugefundenes Interesse verlieren, dann wird der Fehler häufig einem Mangel an "Nacharbeit" oder Gebet oder einer anderen Unzulänglichkeit auf Seiten der Kirche zugeschrieben. Die Möglichkeit, daß diese Anzeichen von Weltlichkeit und Abfall auf das Fehlen einer errettenden Erfahrung zurückzuführen sind, wird von vornherein selten in Betracht gezogen. Würde man sich diesem Punkt stellen, dann würde das ganze System von Aufrufen, Entscheidungen und Beratung in sich zusammenfallen, denn dann würde Licht auf die Tatsache fallen, daß eine Veränderung der Natur nicht in der Macht des Menschen liegt und daß es viel länger als ein paar Stunden oder Tage dauert, bis außer Frage steht, ob ein Bekenntnis als Antwort auf das Evangelium echt ist. Aber anstatt sich dem zu stellen, wird protestiert, daß zu bezweifeln, ob ein Mensch, der "Christus angenommen" hat, Christ sei, einem Zweifel am Wort Gottes selbst gleichkomme und daß Aufrufe mit all ihrem Beiwerk preiszugeben bedeute, Verkündigung ganz und gar aufzugeben. Daß so etwas gesagt werden kann, ist ein tragischer Beweis dafür, wie weit das arminianische Bekehrungs-Muster schon als das biblische angesehen wird. Das ist so sehr der Fall, daß, wenn jemand Einspruch gegen solche unbiblischen Ausdrücke wie "Christus annehmen", Öffne dein Herz für Christus", "Laß den Heiligen Geist dich erretten" erhoben würde, das im allgemeinen nur als Wortklauberei angesehen wird.

Spurgeon sah, daß Arminianismus eine Abkehr von der neutestamentlichen Verkündigung bedeutete, und mit seiner These, daß religiöse Oberflächlichkeit eine seiner Folgeerscheinungen sei, legte er den Finger auf etwas, das für den modernen Evangelikalismus charakteristisch geworden ist. Es war nicht so sehr die Einführung von musikalischem Beiwerk oder von Beratungsräumen, die ihn in Alarm versetzte, wenn er sich auch deswegen Sorgen machte und selbst damit nichts zu schaffen haben wollte, sondern die schwindende Betonung der Rolle des Heiligen Geistes und die windschnittige Umgestaltung der Bekehrung in etwas, was ganz schnell geht: "Wißt ihr", fragte er in einer Predigt mit dem Titel 'Unter Dornen gesät', die er kurz vor seinem Tode hielt, "warum so viele bekennende Christen wie der dornige Boden sind? Das ist deshalb, weil viele Prozesse ausgelassen wurden, die andere Voraussetzungen geschaffen hätten. Es war Aufgabe des Weingärtners, die Dornen herauszujäten und umgehend zu verbrennen. Vor Jahren gab es, wenn Menschen sich bekehrten, so etwas wie Schuldbewußtsein. Der große Untergrundpflug der Seelennot wurde eingesetzt, tief in die Seele hineinzugraben. Feuer brannte auch im Geist der Menschen mit übergroßer Hitze: wenn sie die Sünde im rechten Licht sahen und ihre furchtbaren Folgen spürten, dann wurde ihnen die Liebe zu ihr herausgebrannt. Doch jetzt überhäuft man uns mit Prahlereien von raschen Errettungen. Was mich angeht, so glaube ich an plötzliche Bekehrungen und freue mich, sie zu sehen, aber ich freue mich noch mehr, wenn ich ein gründliches Werk der Gnade sehe, ein tiefes Empfinden der Sünde und ein wirksames Verwundetsein. Mit Pflügen, welche die Oberfläche kratzen, beseitigt man keine Dornen . . ."[6]

Mit einem niedrigen Bekehrungs-Standard kam eine geringere Vorstellung von der wirklichen Natur wahrer christlicher Erfahrung, und Spurgeon beobachtete mit Sorge, daß solche, die vorga-

---

[6] 34, 473-4. Viele ähnliche Zitate könnten angeführt werden. Er sagte: "Ich muß meine Vorliebe für diese altmodischen Überzeugungsweisen eingestehen: Meine Einschätzung ist, daß sie bessere und standhaftere Christen hervorbringen als die modernen, oberflächlichen Methoden." 30, 445-7.

ben, sich bekehrt zu haben, nicht einer eingehenden Prüfung aufgrund der Schrift unterzogen wurden; "Ich habe junge Menschen sagen hören, 'ich weiß, daß ich gerettet bin, weil ich so froh bin.' Seid euch da nicht so sicher. Viele Leute halten sich für sehr fröhlich und sind doch nicht gerettet."[7] Ein Empfinden von Frieden hielt er ebenfalls nicht für ein sicheres Anzeichen einer wahren Bekehrung. Von dem Vers ausgehend "Der Herr tötet und macht lebendig; er verwundet, und seine Hände machen heil", fragt er: "Doch wie kann Er die lebendig machen, die nie getötet wurden? Ihr, die ihr nie verwundet wart, ihr, die ihr heute abend hier gesessen und behaglich gelächelt habt, was kann für euch die Gnade tun? Beglückwünscht euch selbst nicht zu eurem Frieden!"[8] Es gibt einen Frieden des Teufels ebenso wie den Frieden Gottes. Durch seine ganze Amtszeit hindurch warnte Spurgeon die Menschen vor dieser Gefahr, doch in einigen seiner späteren Predigten wird dieser alarmierende Ton zunehmend dringlicher. In einer solchen Predigt, mit dem Titel "Geheilt oder verführt?" (gehalten 1882), spricht Spurgeon von der großen Zahl derer, die durch falsche Heilungen irregeleitet wurden. Das, so zeigte er auf, kann sogar bei solchen geschehen, die schon eine Zeit geistlichen Verlangens durchlebt haben: "Sie sind überzeugt, daß sie Heilung brauchen und sind in gewissem Maße begierig, sie zu finden. Die Gefahr für diese Erweckten liegt nun darin, daß sie sich mit einer offen sichtbaren Heilung zufriedengeben und dabei das wirkliche Werk der Gnade verpassen. Wir neigen gefährlich dazu, mit einer leichten Heilung zufrieden zu sein, und auf die Weise die große, vollständige Errettung, die von Gott allein kommt, zu verpassen. Ich möchte zu allen, die hier versammelt sind, mit tiefer Ernsthaftigkeit über diese Sache reden, denn ich habe ihre Kraft in meiner eigenen Seele erlebt. Um euch diese Botschaft zu bringen, habe ich eine verzweifelte Anstrengung unternommen und mein Krankenbett ohne Erlaubnis verlassen, getrieben von dem rastlosen Verlangen, euch vor der Verführung dieser Tage zu warnen."[9]

Wo immer der Arminianismus zur vorherrschenden Theologie wird, entartet zwangsläufig die wahre Religion und falsche Sicherheit wird gefördert. Wenn der Arminianismus für die Sünder

---

[7] 23, 647.
[8] 36, 691.
[9] 28, 255.

die Notwendigkeit des Glaubens von der Notwendigkeit der Wiedergeburt trennt, drängt er die Tatsache in den Hintergrund, daß "ein verwandeltes Herz das Kernstück und eigentliche Wesen der Errettung ist".[10] Daß er dieser Wahrheit nicht die gebührende Bedeutung zumißt, ist unvermeidbar, denn kein Mensch kann bewirken, daß seine Natur für alle Zeiten von der Liebe zur Sünde und von der Herrschaft der Sünde frei ist. Wiedergeburt aber bedeutet genau das. Stattdessen beschreibt der Arminianismus die Wiedergeburt als etwas im Entscheidungsbereich des Menschen Liegendes und vermittelt den Menschen somit den Eindruck, die Wiedergeburt sei weniger als sie tatsächlich ist. "Eure Wiedergeburt", sagte Spurgeon häufig, "stammt nicht aus dem Willen des Menschen, nicht aus Fleisch und Blut, nicht aus natürlicher Abstammung. Wenn es so wäre, tätet ihr besser daran, sie so schnell wie möglich aus eurem Leben zu streichen. Die einzig wahre Wiedergeburt ist aus dem Willen Gottes und durch die Wirkungskraft des Heiligen Geistes."[11]

Der Arminianismus gibt den Menschen keine solche Warnung, und sein Schweigen ist gefährlich, weil es die Wahrheit verschleiert, die die Menschen vor falscher Sicherheit schützt - nämlich die, daß Gott niemals Sünde vergibt, ohne gleichzeitig die Natur des Sünders zu verwandeln. "Ich weiß, wovon ich rede", erklärt Spurgeon, "wenn ich sage, daß die Lehre 'Glaube und du wirst leben' sehr gefährlich wäre, wenn nicht die Lehre von der Wiedergeburt dabeistünde."[12] Indem der Arminianismus betont, daß "Glaube errettet", und nicht gleichfalls darauf besteht, daß wahrer Glaube stets mit neuem Leben einhergeht, das nach dem Ebenbild des Wesens Gottes geschaffen ist und sich in Haß gegen alle Sünde offenbart, öffnet er den Weg für eine Glaubenslehre, die die Bedeutung von "Bekehrung" verfälscht und dem vollen Inhalt dieses Wortes nicht gerecht wird.

Während das neue Leben, das in der Wiedergeburt zuteil wird, zwar *niemals* die Grundlage unserer Rechtfertigung ist, weiß dennoch die Heilige Schrift nichts von einem gerechtfertigten Menschen, der nicht das "Bad der Wiedergeburt" (Tit. 3,5) erfahren hat. Der Arminianismus hat wiederholt Bekehrung und

---

[10] 24, 526.
[11] ebd.
[12] 52, 163.

Heiligung voneinander getrennt, weil er die Wahrheit aus den Augen verloren hat, daß Wiedergeburt die Grundlage der Bekehrung ist. Haben wir jedoch die biblische Lehre von der Wiedergeburt erst einmal begriffen, wissen wir, daß kein Mensch ein wahrer Gläubiger sein kann, der nicht neues Leben besitzt, "geschaffen in wahrhaftiger Gerechtigkeit und Heiligkeit" (Eph. 4,24). Nach der Schrift ist es völlig unmöglich, aus Glauben gerechtfertigt zu sein und nicht den Beginn wahrer Heiligung zu erfahren, weil das geistliche Leben, das durch den Geist und durch den Akt der Wiedergeburt mitgeteilt wird (und somit dem Sünder neue Kraft zum Glauben zuführt), moralisch mit dem Charakter Gottes verwandt ist und den Keim aller Heiligkeit in sich trägt. So kommt errettender Glaube nie isoliert vor. Wie das Westminster Bekenntnis lehrt, ist "Glaube das alleinige Werkzeug der Rechtfertigung; jedoch steht er in der Person, die gerechtfertigt wird, nie allein, sondern ist stets von allen anderen errettenden Gnadenwirkungen begleitet."

Weil sie solches lehren, sind die Lehren von der Gnade ein Bollwerk gegen Achtlosigkeit und Oberflächlichkeit. Eben dieses System, das bezichtigt wurde, die Verantwortlichkeit des Menschen geschmälert zu haben, hat überall, wo es zur Geltung kam, Generationen ernsthafter, gottesfürchtiger, frommer Leute hervorgebracht, denn der Calvinismus hat stets betont, daß wir durch Glauben und Heiligkeit das apostolische Gebot erfüllen, unsere Berufung und Erwählung festzumachen: "Wenn die göttliche Berufung in uns die Frucht des Gehorsams geschaffen hat, dann dürfen wir mit Gewißheit glauben, daß wir für Gott ausgesondert wurden, ehe die Zeit begann, und daß diese Aussonderung nach dem ewigen Plan und Willen Gottes geschah."[13] Andererseits hat der Arminianismus, der für sich in Anspruch nimmt, ein Beschützer der Lehre von der menschlichen Verantwortung zu sein, innerhalb seiner Lehre eine unausweichliche Neigung, den biblischen Standard wahrer christlicher Erfahrung zu senken. In diesem Zusammenhang ist es bezeichnend, daß der moderne Evangelikalismus die Formulierung von der "ewigen Sicherheit der Gläubigen" populär gemacht hat, während der historische Calvinismus die Beständigkeit der *Heiligen* verteidigt hat: "Wir glauben an die Be-

---

[13] 56, 290.

ständigkeit der Heiligen, aber viele sind keine Heiligen, und deshalb bestehen sie nicht".[14]

Es ist wahr, daß der Arminianismus viele "Heiligungs"- Versammlungen und -Konferenzen hervorgerufen hat, doch diese Tatsache, widerlegt den oben gemachten Vorwurf nicht, sondern bestätigt ihn vielmehr, denn es gab keine Notwendigkeit für spezielle Heiligungslehren, ehe der Arminianismus anfing, sich bei der Verkündigung durchzusetzen. Der Calvinist hielt daran fest, daß *dieselbe* Botschaft, die die Menschen rettet, sie auch heilig macht, und daß ein Glaube, der nicht mit Heiligkeit verknüpft ist, gar kein rettender Glaube ist. Weil er das wußte, nahm Spurgeon an keinen Heiligungs-Konferenzen teil. Wäre er aber aufgefordert worden, zu weltlichen "Gläubigen", die der Heiligung bedurften, zu sprechen, so gäbe es keinen Zweifel, was er zu sagen gehabt hätte: "Jene Leute, deren Glauben es ihnen erlaubt, vergangene Sünden auf die leichte Schulter zu nehmen, haben den Glauben der Teufel, und nicht den Glauben von Gottes Auserwählten . . . Solche, die Sünden für eine Lappalie halten und nie darüber traurig waren, mögen zur Kenntnis nehmen, daß ihr Glaube nicht echt ist. Solche Menschen, die einen Glauben haben, der ihnen erlaubt, achtlos in den Tag hineinzuleben, die sagen 'Nun, durch schlichten Glauben bin ich gerettet', . . . die das fleischliche Vergnügen und die Lüste des Fleisches genießen, solche Menschen sind Lügner; sie haben nicht den Glauben, der die Seele errettet . . . Oh! Wenn jemand von euch solchen Glauben hat, so bitte ich Gott, er möge ihn euch mit Sack und Pack austreiben."[15]

Wie wir in einem der folgenden Kapitel sehen werden, nahm die arminianische Art der Bekehrung in England in den 1870er Jahren konkretere Formen an, als sie folgerichtig an Moodys Methode Gefallen fand, am Ende einer evangelistischen Ansprache eine "Einladung" auszusprechen. Da nicht betont wurde, daß eine Veränderung der Natur nötig ist, um eine echte Antwort auf das Evangelium zu erlangen, griff die Vorstellung rasch um sich, daß man bekehrt sein und dann die "Heiligung" in einem späteren Stadium des christlichen Lebens dazubekommen könne. Die "Heiligungs-Lehre", wie sie dann genannt wurde, war weitgehend auf ein Konzept gegründet, das davon ausging, daß Heiligung et-

---

[14] 35, 222.
[15] 8, 403.

was von Bekehrung Getrenntes und Unterschiedliches sei, und es ist bezeichnend, daß sie Seite an Seite mit einem Verkündigungsstil in Mode kam, der eine fehlerhafte Theologie von der Wiedergeburt vertrat. Wie B. B. Warfield gezeigt hat, verdankte die Lehre ihren ungeheuren Einfluß nicht zuletzt der Tatsache, daß sie vor dem Hintergrund der beliebten Moody- und Sankey-Evangelisationen entstanden war.[16] In einem Vorwort zu dem Buch "Heiligkeit" kennzeichnete J. C. Ryle, ein kritischer viktorianischer Zeitgenosse der "Heiligungs"-Bewegung, die grundlegende Schwachstelle in der Heiligungslehre mit den Worten: "Viele sprechen heute von 'Hingabe' und scheinen nicht die Anfangsgründe der Geheimnisse Gottes zu kennen, nämlich die *'Bekehrung'*."[17]

Die Oberflächlichkeit, die dem Arminianismus anhängt, kann bis zum eigentlichen Zentrum seines Systems zurückverfolgt werden. "Wenn du glaubst, daß alles am freien Willen des Menschen hängt", sagt Spurgeon, "dann wirst du natürlich den Menschen als Hauptfigur in deiner Welt sehen."[18] Und unter den Gegebenheiten besteht die unausweichliche Neigung, göttliche Wahrheit nur als Mittel zum Zweck anzusehen, Menschen zu gewinnen, und welche Wahrheit uns zu diesem Ziel nicht zweckdienlich erscheint, oder welche Wahrheit ein Hindernis für die weitestmögliche Verkündigung zu sein scheint, die wird folglich gern zur Seite gelegt. Das Ziel muß größer sein als die Mittel. Aber was hier in Vergessenheit geraten ist, ist die Tatsache, daß das letzte *Ziel* des Evangeliums nicht die Bekehrung von Menschen ist, sondern die Ehre Gottes.

Das höchste Anliegen ist nicht die Erlösungsbedürftigkeit des Menschen, und wenn man das einmal begriffen hat, dann sieht man die Einstellung, die sagt "wir müssen Menschen bekehren", aber nicht fragt, ob die Mittel im Einklang mit der Schrift sind, im wahren Licht. "In der Kirche unserer Zeit herrscht ein Verlangen, etwas für Gott zu tun, doch wenige fragen nach, was Er denn möchte, daß sie tun. Zur Evangelisierung der Leute werden viele Dinge getan, die nie von dem großen Haupt der Kirche befohlen

---

[16] *Perfectionism*, 1931, 1, 315.
[17] *Holiness*, 5. Ausgabe 1900, 8. Dieses Vorwort wurde in der modernen Neuauflage fortgelassen.
[18] 34, 364.

wurden und die nie Seine Zustimmung erhalten werden."[19] Wir
kennen Seinen Willen nur durch Sein Wort, und wenn nicht
Wahrheit vor Erfolge gestellt wird, werden Bekehrungen bald für
wichtiger geachtet werden als die göttliche Ehre. Spurgeon verurteilte diese Art von Verkündigung, in welcher "die Wahrheit in
vielen Punkten auf's Schlimmste abgeflacht wurde, nur um den
Menschen Ermutigung zu bieten".[20] Er sah, daß solches Vorgehen
"zu einem Mißerfolg auf der ganzen Linie" werden und weder
Gott die Ehre noch der Kirche dauernden Frieden bringen würde.
Er beklagte den Umstand, daß es Menschen gestattet war, "in ihre
Religion hineinzuspringen wie in ihr morgendliches Bad, und dann
genauso schnell wieder herauszuspringen, bekehrt im Dutzend,
und dann einer nach dem anderen wieder abgefallen, bis das Dutzend sich verflüchtigt hat."[21] In Abgrenzung gegen solcherlei Praxis erklärte er zu gegebenem Anlaß feierlich: "Ich wünsche mir
keinen Erfolg in meinem Dienst, es sei denn, Gott schenke ihn
mir; und ich bete, daß ihr, die ihr Arbeiter Gottes seid, euch keinen Erfolg wünscht, außer dem, der auf Gottes Art und Weise gewonnen wird und von Gott selbst kommt, denn wenn ihr euch
durch sonderbare, unchristliche Methoden Neubekehrte wie Sand
am Meer anhäufen könntet, würden sie doch, wie der Sand am
Meer, alle wieder verschwunden sein, sobald eine neue Flut
kommt."[22]

---

[19] 30, 245.
[20] 30, 447. In seinem Buch *Truth and Error* (Wahrheit und Irrtum) faßte
Horatius Bonar die Ursache dieser wachsenden Neigung zusammen: "Unsere
ganze Sorge ist nicht: Wie können wir Jehovas Ehre bewahren? sondern: Wie
werden wir mehr Bekehrungen erlangen? Der ganze Strom unseres Denkens
und Sorgens geht in diese Richtung. Wir sehen nicht mehr auf beide Ziele
gemeinsam. Wir denken, es ist genug, eines davon allein im Auge zu haben.
Und die Folge ist, daß wir sehr bald eigene Wege gehen. Diese Haltung
bringt uns dazu, die Richtigkeit unserer Pläne daran zu messen, inwieweit sie
unserem bevorzugten Ziel dienen. Wir beurteilen die Rechtmäßigkeit unserer
Lehre nicht nach ihrer Neigung, Jehova zu erhöhen und zu ehren, sondern
gänzlich danach, ob sie uns in die Lage versetzen kann, Sünder zur Umkehr
zu bewegen. Man stellt bei einer Lehre nicht länger die Frage: Ist sie an sich
eine Gott ehrende Wahrheit? sondern: Hilft sie uns bei der Bekehrung von
Seelen?" Ausgabe 1861, 16.
[21] 38, 434.
[22] 36, 688.

Spurgeon nennt folgende Kennzeichen einer wahren Bekehrung:

"Wenn das Wort Gottes einen Menschen bekehrt, *nimmt es ihm die Verzweiflung, aber es nimmt ihm nicht die Reue.*

Wahre Bekehrung *bringt einem Menschen Vergebung, doch sie macht ihn nicht eingebildet.*

Wahre Bekehrung *bringt einem Menschen vollkommene Ruhe, doch sie lähmt nicht seine Weiterentwicklung.*

Wahre Bekehrung *gibt einem Menschen Sicherheit, doch nicht so, daß er nicht mehr wachsam zu sein brauchte.*

Wahre Bekehrung *gibt einem Menschen Stärke und Heiligkeit, aber erlaubt ihm niemals, sich dessen zu rühmen.*

Wahre Bekehrung *bringt eine harmonische Ordnung in alle Pflichten des christlichen Lebens;* . . . sie hält alle Pflichten, Empfindungen, Hoffnungen und Freuden im Gleichgewicht.

Wahre Bekehrung *läßt einen Menschen ganz für Gott leben.* Er tut alles zur Ehre Gottes, - ob er ißt oder trinkt, oder was immer er tut. Wahre Bekehrung *läßt einen Menschen vor Gott leben.* . . . Er hat das Verlangen, und empfindet es als Freude, allezeit vor Gottes Angesicht zu sein . . . Und ein solcher Mensch *lernt, mit Gott zu leben.* Er hat selige Gemeinschaft mit Ihm, wie ein Mann mit seinem Freund redet."[23]

Bevor wir das Thema der Beziehung zwischen Gnadenlehre und Verkündigung abschließen, wollen wir noch eine typische Entgegnung Spurgeons auf den Einwand hören, der calvinistische Glaube müsse sich allen Bemühungen, das Evangelium zu bezeugen, als Hindernis in den Weg stellen. Der Einwand wurde nicht selten als so triftig angesehen, daß damit alle theologische Kritik an der arminianischen Verkündigung ungeduldig von der Hand gewiesen wurde, weil man davon ausging, daß es entweder *solche* oder bald gar keine Verkündigung mehr geben würde. Spurgeon widerlegte dieses Vorurteil, indem er seine Zuhörer anwies, nicht auf Theorien über vermeindliche Wirkungen des Glaubens an Gottes erwählende Liebe zu schauen, sondern auf das geschichtliche Zeugnis evangelistischen Eifers bei jenen, deren Theologie dem Arminianismus entgegenstand. Er liebte es, sich über dieses Zeugnis auszulassen:

---

[23] 50, 79-80.

"Die größten Missionare, die je gelebt haben, haben an Gottes Erwählung geglaubt, und anstatt daß diese Lehre sie zur Untätigkeit führte, war sie stets eine unwiderstehliche Antriebsfeder; und sie wird es immer wieder sein. Sie war die verborgene Kraft der Reformation. Weil die Freie Gnade ins Abseits gedrängt ist, sehen wir vielerorts so wenig wirkliche Veränderung. Sie ist in Gottes Hand ein kraftvoller Hebel, der Seine Kirche bis in die tiefsten Tiefen aufwühlen kann. Sie schafft vielleicht keine oberflächlichen Erweckungen, doch für Tiefenwirkung ist sie von unschätzbarem Wert. An der Seite des Blutes Christi ist sie die Hoffnung der Welt. Wie kann man nur behaupten, die Lehre von der unterscheidenden Gnade mache die Menschen gleichgültig für das Seelenheil anderer? Hat man denn nie von der evangelistischen Vereinigung gehört, die man die Clapham Sekte nannte? War Whitefield ein Mann, der sich nicht um die Errettung der Menschen kümmerte? Er, der hin und her in England und Amerika unablässig die Gnade Gottes verkündete, war er selbstsüchtig? Und doch war er entschieden ein Prediger der Freien Gnade. Trug Jonathan Edwards keine Sorge um die Seelen anderer? Oh, wie er weinte und klagte und sie vor dem kommenden Zorn warnte! Mir fehlt die Zeit, von allen zu erzählen, die die Menschen liebten und die gleichzeitig diese Wahrheiten liebten."[24]

---

[24] 34, 372.

"Meine innerste Seele liegt vor dem Herrn gebeugt von der schrecklichen Furcht, daß diese Tage des Menschensohnes, die wir so lange in reichem Maße erleben durften, jetzt von uns genommen werden sollten. Ich zittere vor der Möglichkeit, daß wir in einen Schlaf verfallen und nichts mehr tun. Ich bin beunruhigt von der Aussicht, daß es bald keine Bekehrungen mehr gibt, aber niemand sich darum bekümmern wird . . . Ihr Protestanten, die ihr heute eure Freiheiten wie Billigware verschleudert, werdet einmal den Tag verfluchen, an dem ihr euch die alten Ketten wieder an die Knöchel passen ließet. Das Papsttum fesselte und tötete unsere Väter, und wir machen es zu unserer Nationalreligion!"

C. H. S. 12. Nov. 1876 (aus einer Predigt)

5: WIEDERAUFLEBENDER KIRCHENKAMPF

Eine Folge der evangelischen Erweckung im 18. Jahrhundert war, daß die Spaltung zwischen den Evangelischen in der etablierten Kirche und den evangelischen Nonkonformisten, zumindest im Bereich geistlicher Aktivitäten, teilweise geheilt war. Der Methodismus mit seinen umherreisenden Führern, Whitefield und Wesley, trug viel dazu bei, die alten Unterschiede zu verwischen. Der geistliche Einfluß von Männern wie William Grimshaw in Yorkshire und John Newton in Buckinghamshire wirkte ebenfalls auf ein neues Maß an Eintracht zwischen Kirche und Dissentern hin, während in London, als Ergebnis gemeinsamen Bemühens, solche evangelischen und interkonfessionellen Organisationen wie The London Missionary Society (1795) und The British and Foreign Bible Society (1804) die praktische Seite des neuen Geistes demonstrierten. Es stimmt zwar, daß noch unterschwellige Spannungen verblieben waren, wie sie beispielsweise im Streit Thomas M'Crie's mit Charles Simeon um dessen Predigt über "Die Erhabenheit der Liturgie" deutlich wurde. Dennoch - je weiter das 19. Jahrhundert voranschritt, desto unwahrscheinlicher wurde eine Wiederholung der Kontroversen um kirchliche Angelegenheiten, die zwei Jahrhunderte früher so tief gegangen waren. Die Evangelischen in "Kirche" und "Kapelle" waren bereit zu einem größerem Maß an gutwilliger Neutralität in Anliegen, die nicht direkt mit der Förderung des Evangeliums zu tun hatten, und es kam vor, daß ein Kongregationalist wie John Angell James 1844 im Zusammenhang mit der Bildung der Evangelischen Allianz den Rat gab, das Prälatentum nicht länger Streitpunkt sein zu lassen: "Wenn wir letzteres aufrecht erhalten, können wir die Bischofskirche nicht gewinnen."[1]

Im ländlichen Essex kam der neue Geist in dem Ort Stambourne, wo Spurgeon einen Großteil seiner Kindheit

---

[1] *Life and Letters of J. A. James*, R. W. Dale, 1861, 421.

verbrachte, unverfälscht zum Ausdruck. Seit 1662, als der Rektor des Pfarrbezirks von der Church of England ausgeschlossen wurde, trug ein nonkonformistisches Versammlungshaus das Zeugnis für das Evangelium weiter. Aber in den 1830er Jahren, als James Spurgeon, C. H. Spurgeons Großvater, Pastor der Stambourner Dissenter-Gemeinde war, gab es wieder einen evangelischen Rektor des Pfarrbezirks, und die zwei Männer arbeiteten einträchtig miteinander. Spurgeon berichtet von dem "besonderen Vergnügen", das er in Stambourne hatte, wenn er als Kind mit seinem Großvater und dem Rektor am Montagnachmittag im Haus des Bürgermeisters süßes Brot und Butter aß! So wurde Spurgeon von Jugend auf daran gewöhnt, evangelische Geistliche zu achten, und die Zeitschrift "The Evangelical Magazine", die von solchen Männern herausgegeben wurde, wurde im alten Pfarrhaus von Stambourne mit Vorliebe gelesen. Ein weiteres Zeichen der religiösen Toleranz seiner Dissenter-Herkunft war, daß er im Alter von vierzehn Jahren für ein Jahr als Internatsschüler eine Schule der Church of England in Maidstone besuchte.

Trotz alledem hatte Spurgeon in späteren Jahren Anteil an einer der heftigsten die Kirche betreffenden Kontroversen des letzten Jahrhunderts. Die Kontroverse erhob sich im Jahre 1864 und fuhr daher wie ein plötzlicher Sturm, aber wenn sie auch in ihrer tatsächlichen Dauer relativ kurz war, so kennzeichnet sie doch einen Abschnitt in einer neuen religiösen Entwicklung - einer Entwicklung, die der Eintracht entgegenlief und die kraftvoll auf ein Wiederaufleben alter Streitpunkte hinwirkte, die man lange Zeit hatte ruhen lassen.

Für diese Entwicklung war Spurgeon in keiner Weise verantwortlich. Sie hatte bereits 1833 begonnen - dem Jahr vor seiner Geburt - , als die ersten der "Traktate zur Zeit" in Oxford erschienen waren, und obwohl die erste Begeisterung und Aufregung über die Flut von Traktaten sich nach 1841 legte, und obwohl die Nonkonformität die langfristige Bedeutung dessen, was in der Staatskirche vor sich ging, nur langsam begriff, war dennoch eine Bewegung in Gang gesetzt worden, die für lange Zeit ihren Einfluß auf Kirchenfragen ausüben sollte. Das Thema der Oxford-Traktate war "die Kirche". Sie forderten Reform und die Anerkennung der Tatsache, daß die Kirche in keinem Sinne der staatlichen

Kontrolle unterworfen oder von der parlamentarischen Gesetzgebung abhängig ist, sowie ein erneuertes Bewußtsein davon, daß die Amtsträger ihre Autorität und die Kirche ihre Privilegien von Jesus Christus allein empfangen. Wäre das alles gewesen, was die "Traktarianer" sagten, hätten sie für solche Forderungen von den Evangelischen beträchtliche Unterstützung bekommen können. Stattdessen sahen aber letztere in der neuen Bewegung eine direkte Bedrohung für die Reinheit und den Erhalt des Evangeliums.

Die Position der Traktarianer, die von John Henry Newman (1801-1890), dem gelehrten Vikar von St. Mary's, Oxford in Zusammenarbeit mit anderen Oxford-Geistlichen formuliert worden war, fußte auf derselben Definition der Kirche, die auch die Verteidiger des Papsttums gegen die Reformation des 16. Jahrhunderts ins Feld geführt hatten. "Der Herr Jesus Christus", sagte Newman in Traktat 1, "gab Seinen Geist Seinen Aposteln; die ihrerseits legten ihre Hände auf jene, die ihnen im Amt folgen sollten, und diese wiederum auf andere, und so wurde die heilige Gabe weitergereicht, bis hin zu den gegenwärtigen Bischöfen, die uns zu ihren Gehilfen und, in gewissem Sinne, Vertretern eingesetzt haben." In anderen Worten, apostolische Autorität setzt sich im "Episkopat" fort, und das Episkopat ist es, von dem die Gültigkeit des Standes anderer Geistlicher sowie ihr Recht, Sakramente auszuteilen, abhängt. Wo es also keine Bischöfe gibt, gibt es auch kein von Christus eingesetztes Amt, und wenn es kein Amt gibt, kann es weder Kirche noch Errettung geben. Diese Lehre von der "Apostolischen Sukzession" war somit nicht nur eine Frage der Kirchenstruktur, sondern schloß die ganze Frage der Erlösung mit ein. Sie behauptete, daß Gnade durch eine Reihe kirchlicher Handlungen vermittelt werde - Taufe, Konfirmation und "Heilige Kommunion" - und die Gewißheit, daß diese Handlungen den Segen Christi haben, liege darin begründet, daß sie von einem rechtmäßigen Nachfolger Seiner Apostel vollzogen werden. So hießen die Traktarianer die Bischof-Priester-Struktur der Church of England nicht nur gut, sie erweckten darüberhinaus die "unterdrückte Wahrheit" zu neuem Leben, daß diese Struktur nicht nur ihres Alters wegen in Ehren zu halten sei, und weil die Erfahrung sie als die beste Kirchenordnung habe hervorgehen lassen, sondern vielmehr, weil die bloße Existenz der Kirche von ihr abhing.

Der Traktarianismus, der vom damaligen Bischof von Oxford als "die beachtlichste Bewegung seit mindestens drei Jahrhunderten" beschrieben wurde, mußte den Standpunkt der Church of England grundlegend verändern. Bisher war die Kirche, wenn sie auch die Evangelischen verfolgt hatte, in ihrer Haltung dem Papsttum gegenüber entschieden protestantisch gewesen. Doch wenn die Traktate es auch anfangs nicht ausdrückten, so wurde doch recht bald deutlich, daß, wenn diese Lehre wahr wäre, die Trennung von Rom nicht dauerhaft aufrecht erhalten werden konnte. Wie konnte der Bestand der Englischen Kirche berechtigt sein, wenn nicht durch die Herleitung ihrer Bischöfe in geschichtlicher Folge von der großen "katholischen" Kirche des Mittelalters? Und da dieselbe Folge in Rom weiterlief, waren sie nicht noch immer eigentlich ein Leib? William Ewart Gladstone hätte im Jahre 1842 nicht so überrascht sein müssen, als ihm ein Sympathisant der Oxford-Bewegung vertraulich erzählte, daß die Wiedervereinigung mit Rom die eigentliche Hoffnung sei.

Verschiedene Faktoren begünstigten die schnelle Ausbreitung des "Anglo-Katholizismus" - unter dieser Bezeichnung wurde die Bewegung letztlich bekannt. Die Evangelische Erweckung des 18. Jahrhunderts hatte nie mehr als eine Minderheit unter den Geistlichen erreicht, und der Namensprotestantismus der Mehrheit tat nicht mehr für sie als sie wie ein Haus "saubergekehrt und geschmückt" dastehenzulassen. Meistenteils waren die Pfarrkreise Englands schlecht gerüstet, es mit einem Einfluß aufzunehmen, dem nur Diener des vollen Evangeliums gewachsen waren. Dasselbe gilt für die Bischofssynode, wo Evangelikale nie hoffen konnten, mehr als zahlenmäßig schwach vertreten zu sein.

Doch noch ein anderer Grund wurde manchmal angegeben, um den Erfolg der Traktarianer zu erklären: Er wurde ihrer Bereitschaft zugeschrieben, sich in gewissem Sinne gedankliche Unehrlichkeit zu gestatten. Newman zumindest setzte sich diesem Vorwurf aus, als er im Februar 1841 versuchte, in Traktat 90 die 39 Artikel der Church of England mit den römischen Dogmen des Konzils von Tarent in Einklang zu bringen. Vier Jahre später trat er zur Römischen Kirche über, doch viele andere Geistliche, die unter den Einfluß der Oxford-Bewegung gekommen waren, blieben in der Kirche und hielten zwar dem Namen nach an Artikeln fest, die lehrten, daß das "Abhalten von Messen" "gotteslästerliche

Fabeln" waren (Art. 31), arbeiteten aber gleichzeitig an der Verbreitung einer Lehre, die unvereinbar mit ihrem eigenen Bekenntnis war.[2] Die Unterzeichnung der 39 Artikel wurde zunehmend bedeutungslos.

Und doch ist es nicht ausreichend, die Traktarianer so darzustellen, als handelten sie in völligem Widerspruch zu der Verfassung einer protestantischen Staatskirche. Es muß auch gesagt werden, daß die vielleicht wichtigste Ursache für den letztendlichen Erfolg ihres Einflusses darin bestand, daß es in der Struktur und den symbolischen Schriften der Church of England Punkte gab, die sie zur Untermauerung ihrer Lehre anführen konnten. Erklärte nicht das Gebetbuch, daß die Stände der Bischöfe und Priester seit der Apostel Zeiten bestanden? Daß bischöfliche Weihe oder Ordination für ein rechtmäßiges Amt nötig war? Daß der Bischof bei der Handauflegung während der Priesterweihe sagen sollte: "Empfange den Heiligen Geist"? Daß nur ein Bischof Konfirmation austeilen, seine Hände auf Kandidaten legen und dabei als Legitimation das "Vorbild der heiligen Apostel" in Anspruch nehmen darf? Mehr noch, lehrt nicht das Gebetbuch, daß die Person, an der die Taufe vollzogen ist, wiedergeboren ist, "zum Glied Christi, zum Kind Gottes gemacht", und folglich ist der Priester angewiesen, beim Tode der Person (ausgenommen bei Exkommunikation oder Selbstmord) zu sagen, das Begräbnis sei "in wahrer und gewisser Hoffnung auf die Auferstehung zum ewigen Leben, durch unseren Herrn Jesus Christus"? Und weiter, warum werden Worte wie "Priester" und Formulierungen wie "Ich spreche dich los von allen deinen Sünden" gutgeheißen, wenn diese Worte nicht in ihrer natürlichen Bedeutung zu verstehen sind?

Die Traktarianer verwiesen gern auf Aussagen wie diese, und die Schwierigkeiten ihrer Gegner, eine einfache Antwort darauf zu finden, machte ihren Appell nur umso wirkungsvoller. Die Evangelischen in der Kirche konnten zwar aufzeigen, daß kein anglikanischer Führer der frühen elisabethanischen Zeit diese Begriffe im römischen Sinne deutete. Doch das bewies noch nicht, daß die römische Deutung nicht die ältere war. Verteidiger des Protestan-

---

[2] Führend in dieser Gruppe war E. B. Pusey (1800-1882), dessen maßgebende Rolle in der anglo-katholischen Bewegung zur Bildung des Spitznamens "Puseyisten" führte.

tismus in der Landeskirche stellten dann die Frage, wie denn die römische Deutung zulässig sein könne angesichts der Tatsache, daß dieselben Reformatoren sowohl das Gebetbuch als auch die 39 Artikel verfaßt hatten. Würden sie Grundsatzformulierungen zusammengestellt oder akzeptiert haben, die beides, eine protestantische sowie eine römische Deutung zuließen? Mit solcherlei Gedankengängen bemühten sich evangelische Kirchenmänner zu zeigen, daß alles, was im Gebetbuch enthalten war, mit einem reinen Evangelium und einem evangelischen Glauben vereinbar war.

Markanterweise zeigte die Debatte um den Traktarianismus, daß das Rad der Geschichte seit den Zeiten der Puritaner beinahe eine volle Drehung hinter sich hatte. Im 17. Jahrhundert hatten sich die Prälaten und Autoritäten in der Kirche beschwert, daß die puritanischen Skrupel gegen eine uneingeschränkte Konformität mit dem Gebetbuch grundlos waren, unter dem Hinweis darauf, daß nichts darin enthalten war, das die Irrtümer Roms unterstützte. Darauf entgegneten die Puritaner, indem sie auf eben dieselben Dinge deuteten, die - mit gänzlich anderer Absicht - die Traktarianer Mitte des 19. Jahrhunderts aufzeigten. Die Puritaner machten geltend, daß das Gebetbuch den unzureichend reformierten Charakter der Church of England offenbarte. Es gestattete Brutstätten des Papstes zu bleiben, und zu diesen, so prophezeiten sie, würden die "Saatkrähen" eines Tages zurückkehren. Aber das Merkwürdige war, daß jetzt die Evangelischen beteuerten, es gäbe keine "Brutstätten" im Gebetbuch, wohingegen Würdenträger und Bischöfe begannen, von dem "katholischen" Charakter des Buches zu sprechen. Entweder die Puritaner oder die evangelischen Kirchenmänner des 19. Jahrhunderts hatten Unrecht.

Traktarianismus belebte somit die alte Streitfrage, wie weit die Staatskirche zur Zeit der Reformation im Einklang mit der Schrift reformiert worden war. Wenn Newman in Traktat 90 eine falsche Auslegung der Artikel lieferte, waren dann die Anglo-Katholiken später ebenfalls einem Irrtum aufgesessen, wenn sie eine "katholische" Bedeutung in den Absätzen des Gebetbuches fanden, auf die sie sich beriefen? Und wenn in der Tat Formulierungen in der Liturgie und Gottesdienstordnung falsche, von den Artikeln nicht gedeckte Lehren nahelegten oder zumindest möglich machten, wie konnte dann eine solche Diskrepanz erklärt werden? Wie-

C. H. Spurgeon, der junge Prediger der New Park Street Kapelle

Spurgeons Geburtshaus in Kelvedon, Essex

Metropolitan Tabernacle zur Zeit Spurgeons

C. H. Spurgeon in mittleren Jahren.

Pressezeichnung von der riesigen Menschenmenge, die sich anläßlich Spurgeons Begräbnis am 4. Februar 1892 am Eingangsportal des Norwood Friedhofes, London, zur Ankunft des Trauerzuges versammelt hatte.

viel Kraft lag in dem Argument, die Reformatoren hätten doch keine verbindlichen Bekenntnisschriften verfaßt, die nicht in vollem Einklang miteinander wären?

Fragen wie diese lenkten zwangsläufig die Aufmerksamkeit erneut auf den Charakter und das Wesen der Reformation in England und führte zu einer Flut von Wiederauflagen sowie zu neuen wissenschaftlichen Untersuchungen der Geschichte des 16. Jahrhunderts. Auf der evangelischen Seite veröffentlichte die Parker-Gesellschaft ihre Monumentalausgabe der Werke der englischen Reformatoren, und John Foxe's altes Buch über die *"Taten und Zeugnisse der Märtyrer"* lief durch mehrere Wiederauflagen. Doch was die Produktion neuer umfassender Geschichtsbücher über die Reformation in England angeht, gelangen der anglo-katholischen Seite entscheidende Vorstöße durch Schreiber wie R. W. Dixon in seiner *"Geschichte der Church of England seit der Abschaffung der römischen Rechtsprechung"* (6 Bände) und James Gairdner in seinem Buch *"Lollardie und die Reformation in England"* (4 Bände). Diese Männer arbeiteten mit unermüdlichem Fleiß an der Erforschung der Reformationszeit, und während ihre Abneigung gegen evangelisches Christentum ihre ganze Anschauung färbte, wurden sie durch fortgesetztes Studium wohlgerüstet, einige der protestantischen Standpunkte im Bereich der Kirchengeschichte herauszufordern. Indem sie auf die gemischten und weltlichen Einflüsse, die in der englischen Reformation am Werk waren, aufmerksam machten, gaben sie der Forderung Nachdruck, daß die Gesetzgebung jener Zeit nicht als allezeit verbindliche Norm für die Staatskirche geachtet werden sollte. Indem sie zeigten, wie die weltliche Macht auf tyrannische Weise die Verfassung der Church of England geändert hatte, wollten sie hervorheben, wie falsch es war, die kirchliche Autorität der weltlichen zu unterstellen. An Punkten wie diesen war genug faktische Richtigkeit, um dem Anglo-Katholizismus starken Einfluß zu verschaffen.

Diese erneute geschichtliche Untersuchung war ein Nebenprodukt des Traktarianismus, und es ist für unseren Zweck unwichtig, weiter darauf einzugehen, abgesehen von der Feststellung, daß auch hierin die Anglo-Katholiken auf Dinge hinwiesen, welche die Puritaner bereits zwei Jahrhunderte früher diskutiert und erörtert hatten. Der Puritanismus hatte immer eine Kluft gesehen zwischen der Reformation als geistlicher Bewegung und der offiziellen Gesetzgebung, die sich um die neue Verfassung der Englischen Kirche kümmerte. In dem neu verfaßten Gebetbuch, das allen Geistlichen aufgezwungen wurde, sahen die Puritaner vieles, das schriftgemäß war, aber auch verschiedene Dinge, die durch den Mischgeist, in dem die Regierung die offizielle Reformation durchführte, ohne den Segen der Schrift waren. Sie führten ins Feld, daß das Gebetbuch den Charakter der Zeit, in der es verfaßt war, widerspiegelte, einer Zeit, in der Lehm mit Gold gemischt war. Seine Augen vor den Fehlern der Reformationsverfassung in England zu schließen, so warnten die Puritaner des 17. Jahrhunderts, bedeutete seine Augen vor der Heiligen Schrift zu schließen, und Dixon, Gairdner und andere bestätigten, ohne es zu wissen, die puritanischen Erkenntnisse, wenn sie sagten, es bedeutete auch, seine Augen vor geschichtlichen Tatsachen zu verschließen.

Das schnelle Voranschreiten des Traktarianismus wurde natürlich von allen, die in England das Evangelium liebten, mit Traurigkeit beobachtet. Eine Reihe Geistlicher verließ die Staatskirche[3], während andere, unter der Führung von Männern wie J. C. Ryle (1816-1900) hofften, die romanisierenden Einflüsse abwehren zu können, indem sie in der Staatskirche blieben. Ryle gab zu bedenken, daß die Gegenwart des Bösen in der Kirche kein ausreichender Grund zur Abspaltung war. Daß das anglikanische System jetzt schlecht lief, war in seinen Augen kein Beweis dafür, daß das System *selbst* schlecht war oder daß "die ganze Maschinerie der Church of England morsch und verdorben war". Gleichzeitig war Ryle realistisch und fürchtete sich nicht zu erklären, daß seines Erachtens die Situation sich zu einem solchen Ausmaß verschlechtern könnte, daß ein weiteres Verbleiben in ihr Sünde sein würde. Wenn beispielsweise die Artikel geändert oder über Bord geworfen würden, wenn ein Opfergewand für den

---

[3] Nach J. C. Philpots Angaben verließen in den Jahren 1830-35 zwischen vierzig und fünfzig ordinierte Geistliche die Staatskirche. An einer Stelle scheint es, als habe Philpot eine größere Abspaltung Evangelikaler vorausgesehen, aber diese fand nicht statt, vergl. *The Seceders*, The Story of J. C. Philpot and William Tiptaft, 1964, 85.

Gebrauch am Abendmahlstisch[4] formal bestätigt würde, wenn Wiedervereinigung mit falschen Kirchen wie den östlichen Orthodoxen Kirchen zustande käme[5], vor allem, wenn anstelle des Evangeliums der Gnade die Lehrsätze des Priesterkultes angenommen würden, dann, so glaubte er, wäre die Staatskirche es nicht wert, erhalten zu bleiben. Sie würde Gott ein Ärgernis sein, und nicht ein Ruheort für einen echten Christen.

In einer Predigt über "Apostolische Ängste" schrieb Ryle:

"So wie die Dinge im Augenblick vorangehen, halte ich es für durchaus im Bereich des Möglichen, daß in ein paar Jahren die Church of England mit der Kirche Roms wiedervereint sein könnte. Die Krone Englands könnte dann wieder auf dem Haupt eines Papisten sein. Der Protestantismus könnte formell verworfen werden. Ein Römischer Erzbischof könnte einmal wieder den Vorsitz in Lambeth Palace innehaben - Messen könnten wieder in Westminster Abbey und St. Paul's gelesen werden. Und eine Folge wird sein, daß alle bibellesenden Christen entweder die Church of England verlassen oder ebenfalls Götzendienst dulden und so zu Götzendienern werden müssen! Gebe Gott, daß es nie so weit kommen möge! Aber so wie die Dinge liegen, scheint es mir recht gut möglich."[6]

---

[4] "Wenn irgendjemand beantragt, ein Opfergewand am Abendmahlstisch der Church of England formell zu genehmigen, dann laßt uns fest entschlossen sein, niemals unsere Zustimmung zu geben." Das Zitat stammt aus einem Artikel über Ryle in *The Sunday at Home* (1876), 104.

[5] Ich leite diese Aussage aus Bemerkungen wie der folgenden ab, in der Ryle von der Armenischen, der Griechischen und der Römischen Kirche spricht: "Ein weiser Mann sollte sich hüten, sich jemals versuchen zu lassen, selbst solchen Kirchen anzugehören, oder das Vorgehen jener, die sich solcher Kirchen anschließen, auf die leichte Schulter zu nehmen, als hätten sie nur eine kleine Sünde begangen." *Knots Untied*, 1896, 274.

[6] *Knots Untied*, 506. Siehe im Gegensatz hierzu die Worte von M. A. P. Wood in seiner Ansprache als Vorsitzender der Islington Pastoren-Konferenz vor der evangelischen Pastorenversammlung im Jahre 1960, als seine einzige Erwähnung des Römischen Katholizismus darin bestand, daß er "die verdrießlichen Propheten" schalt, "die befürchteten, daß die römisch-katholische Kirche einen Eroberungsfeldzug gegen die Church of England plant"!

Jedoch seit Ryle schrieb, ist zwischen der Church of England und den altkatholischen Kirchen (papsttreu in allem mit Ausnahme des Glaubens an die Unfehlbarkeit des Papstes) voller wechselseitiger Austausch aufgerichtet

Bei anderer Gelegenheit erklärte er:

"Laßt unsere gemeinsame Parole in ganz England und Wales sein: 'Eine protestantische Staatskirche oder überhaupt keine Staatskirche . . . Ich behaupte, es wäre für die Staatskirche besser, entstaatlicht, der Pfründe beraubt und in Stücke zerbrochen zu werden, als mit der Kirche Roms wiedervereint zu werden . . . Lieber, als mit der götzendienerischen Kirche Roms wiedervereint, würde ich meine geliebte Kirche untergehen und in Stücke brechen sehen. Anstatt noch einmal päpstlich zu werden, wäre es für sie besser, sie stürbe!"[7]

Vor diesem Hintergrund eines wiederauflebenden "Katholizismus" in der Staatskirche kehren wir zurück zu Spurgeon und die einst berühmte Kontroverse um die "Taufwiedergeburt" von 1864. Zu diesem Zeitpunkt hatte Spurgeon zehn Jahre in London hinter sich, und wenn er von Zeit zu Zeit auf die etablierte Kirche zu sprechen kam, dann tat er das auf sehr gemäßigte Weise. Zwar schonungslos, wenn es um Ritualismus und Sakramentalismus ging, griff er doch das anglikanische System als solches nicht an: "Halbreformiert, in einem Übergangsstadium, irgendwo zwischen Wahrheit und Irrtum . . . zu gut, um es zu verwerfen, zu schlecht, um es ganz anzunehmen"[8], war das Deutlichste, was er zu sagen bereit war. Im Jahre 1864 jedoch trat Spurgeon, was Kirchenfragen anbelangt, in

---

worden, Messen sind in der Westminster Abtei und in der Southwark Kathedrale gelesen worden, Gebete für die Toten sind in der Staatskirche als zulässig anerkannt worden, Gewänder mit traditioneller Opferbedeutung sind rechtsgültig wiedereingeführt worden, und zwar mit einstimmigem bischöflichen Votum, obwohl gleichzeitig versichert wurde, daß die Church of England dem, was ein Geistlicher trägt, keine lehrmäßige Bedeutung beimißt. Und der Bischof von Ripon (Leiter der anglikanischen Beobachter am Vatikanischen Konzil) erhielt keinen Widerspruch von irgendeinem seiner bischöflichen Kollegen, als er seinen Glauben äußerte, daß die anglikanische Gemeinschaft "als ganzes bereit war, die Tatsache des Papsttums zu akzeptieren". (vergl. *The Times*, 22. Okt. 1963). Die Ansichten des Erzbischofs von Canterbury zu letztgenanntem Thema sind wohlbekannt. So überrascht es nicht, daß der Papst die Bischöfe von Southwark und Salisbury im Vatikan im April 1964 wissen ließ: "Ihr seid immer erwartet worden."

[7] *The Sunday at Home*, Ermahnung an die Diözese von Liverpool, 1887, abgedruckt in *Charges and Addresses*, J. C. Ryle (1903) und *Knots Untied*, 505.

[8] 8, 112.

eine neue Phase, und prompt beklagten sich evangelische Geistliche, daß sie nie ihre Unterstützung zum Bau des Metropolitan Tabernacle gegeben hätten, wenn sie das geahnt hätten. Er schien eine neue Haltung eingenommen zu haben. Zu einem gewissen Grad war das wahrscheinlich der Fall, und in der Predigt, mit der die ganze Kontroverse begann, zeigte er ganz offen, in welchem Punkt sich seine Überzeugungen gewandelt hatten:

"Es ist eine erschreckende Tatsache, daß *zu keiner Zeit seit der Reformation das Papsttum in England so rasante Fortschritte gemacht hat wie in den letzten Jahren.* Ich hatte mich in dem Glauben ausgeruht, daß das Papsttum sich lediglich von Auslandsbeiträgen nährte, von einigen adligen Abtrünnigen und importierten Mönchen und Nonnen. Ich träumte, daß sein Fortschritt nicht wirklich wäre. Ja, ich habe sogar den Alarm belächelt, den viele meiner Geschwister angesichts des vorrückenden Papsttums schlugen. Aber, meine lieben Freunde, wir haben uns geirrt, wir haben uns schwer geirrt . . ."

"Das Papsttum macht solche Fortschritte, wie ihr nie glauben würdet, selbst wenn ein Augenzeuge es euch berichtete . . . Und worauf sind diese Fortschritte zurückzuführen? Ich sage, mit allen Beweisen der Wahrscheinlichkeit, daß es kein Wunder ist, daß das Papsttum zunimmt, vorausgesetzt wir haben zwei Dinge, die es wachsen lassen: Als erstes die Falschheit derer, die einen Glauben vorgeben, den sie gar nicht haben. Diese Haltung steht im Gegensatz zu der Ehrlichkeit des Romanisten, der in bösen wie in guten Tagen treu zu seinem Glauben hält; und dann haben wir zweitens diese Form des Irrtums, die man als "Wiedergeburt durch die Taufe" kennt und heute allgemein Puseyismus nennt, die aber nicht allein Puseyismus ist, sondern Church of Englandismus, weil sie im Gebetbuch steht, so deutlich, wie Worte sie ausdrücken können - ihr habt diese "Wiedergeburt durch die Taufe", die den Weg bereitet, auf dem Menschen leicht nach Rom gehen können. Ich brauche nur ein wenig meine Augen zu öffnen, um vorherzusehen, wie der Romanismus in Zukunft überall wuchern wird, zumal seine Keime sich gegenwärtig überall ausbreiten. An einem unserer gesetzgebenden Gerichtshöfe zeigte gerade letzten Dienstag der Vorsitzende Richter seinen Aberglauben, als er von dem "Risiko des Unglücks ungetauft sterbender Kinder" sprach!

Sogar unter Nonkonformisten sieht man Verehrung von Gebäuden und gemäßigten Glauben an die Heiligkeit von Orten - das ist alles Götzendienst, denn an die Heiligkeit von etwas anderem als von Gott und Seinem Wort zu glauben, bedeutet Götzendienst, sei es Glaube an die Heiligkeit der Menschen, der Priester, an die Heiligkeit der Mauersteine und des Mörtels oder der feinen Kleidung oder was man sonst im Gottesdienst verwendet. Ich sehe das überall kommen, - Glauben an die Zeremonie, ein Ruhen in der Zeremonie, Verehrung von Altären, Taufsteinen und Kirchen - eine Verehrung, die so tief sitzt, daß wir uns kein Wörtchen dagegen erlauben dürfen, ohne sofort der größte Sünder zu sein. Hier begegnen uns Wesen und Seele des Papsttums, die unter dem Deckmantel einer anständigen Achtung vor heiligen Dingen hervorlugen. Es geht nicht anders, als daß die Kirche Roms sich ausbreitet, wenn wir, die Wachhunde der Herde, stillschweigen, und andere sanft und leise die Straße mit Gras bedecken und sie so weich und sanft wie möglich machen, daß die Bekehrten darauf in die niederste Hölle des Papsttums hinabreisen können. Wir brauchen wieder einen John Knox. Erzählt mir nichts von milden, behutsamen Männern, von sanften Manieren und gewählten Worten, wir brauchen den feurigen Knox, und wenn sein Ungestüm 'unsere Kanzeln zu Schwertern schmiedete', so wäre es recht, wenn er nur unsere Herzen dadurch entflammte."[9]

Diese Worte stammen aus einer Predigt über Markus 16,15-16, die am 5. Juni 1864 vor ungefähr 5000 Hörern gehalten wurde, und der Name dieser Predigt, "Wiedergeburt durch die Taufe", wurde zum Namen der Kontroverse, die sich unmittelbar darauf erhob. Sehr bald waren 180.000 Exemplare der Predigt gedruckt (die Zahl sollte noch auf 350.000 ansteigen), bis es wahrscheinlich kaum einen Pastor im Lande gab, der nicht um die Diskussion wußte, die durch die Veröffentlichung angeregt worden war. "Niemals", schrieb Dr. John Campbell, der einflußreiche Herausgeber von 'The British Standard', "wurde der Irrtum in so lebhaften Farben vor den Augen der Öffentlichkeit bloßgestellt, und niemals wurde er mit solch packender, unwiderstehlicher und schrecklicher Gewalt dem Gewissen der Kirche vorgeführt!"

---

[9] 10, 322-3.

Eine Fülle von Artikeln, Streitschriften und Predigten als Antwort auf Spurgeon lag bald ebenfalls gedruckt vor.[10] Viele von diesen waren nicht von Verteidigern der Taufwiedergeburt geschrieben, sondern von den Evangelischen innerhalb der Staatskirche, die darüber aufgebracht waren, daß Spurgeon es ablehnte, zwischen Traktarianismus und Gebetbuch zu unterscheiden, und insbesondere wiesen sie Spurgeons Vorwurf als entehrende Beschuldigung zurück, sie seien der Doppelzüngigkeit und Unehrlichkeit schuldig, wenn sie ihre feierliche Zustimmung einem Buch gaben, das etwas lehrte, was sie nicht glaubten. Er wiederholte denselben Vorwurf drei Wochen später in einer anderen Predigt, die den Titel "Laßt uns hinausgehen" trug:

"Ich sehe vor mir eine Kirche, die evangelische Wahrheit in ihrer Gemeinschaft duldet, aber gleichzeitig liebevoll den Puseyismus umarmt und Raum für Ungläubige und solche, die die Echtheit der Heiligen Schrift leugnen, findet. Jetzt ist nicht die Zeit, von Freundschaft mit einer dermaßen korrupten Gesellschaft zu reden. Die Gottesfürchtigen in ihrer Mitte irren, wenn sie denken, sie könnten ihre Form zum Guten umgestalten . . ."[11]

Es sei Pflicht der Gläubigen, "herauszukommen und Zeugnis für die Wahrheit abzulegen." Was die Menschen in einer abtrünnigen Kirche hielt, so sagte er weiter, war die mangelnde Bereitschaft, den Preis zu zahlen, "außerhalb des Lagers" zu sein. In einigen, vielleicht vielen Fällen war der Vorwurf gerechtfertigt, aber bestürzend und anstößig war, daß Spurgeon ihn in umfassender Form erhob. Er bestand darauf, daß ein Dienst, der nach den Richtlinien des Gebetbuches alle Säuglinge tauft und alle Toten beerdigt, für jeden Evangelischen Unredlichkeit bedeutete, weil solche Praktiken nur dann mit den Grundsätzen des Evangeliums vereinbar waren, wenn man dem natürlichen Sinn der Worte auswich, und Ausweichen zeugt von fehlender Bereitschaft, die ganze Wahrheit zu bekennen.

Dieser Vorwurf wurde ihm, wie wir schon sagten, von protestantischen Kirchenmännern übelgenommen. Sie argumentierten folgendermaßen: Ungeachtet dessen, was der äußerliche oder scheinbare Sinn der Worte im Taufgottesdienst

---

[10] Spurgeon sammelte genug Schriften zu dem Thema, um fünf dicke Bände zu füllen!

[11] 10, 370.

sein mochte, waren sie überzeugt, daß die Verfasser des Buches niemals die Schlußfolgerung nahelegen wollten, daß jede Austeilung des Sakraments tatsächlich von den errettenden Einflüssen des Heiligen Geistes begleitet war (ein Dogma, das in Artikel 25 der 39 Artikel abgelehnt wird). Die Bedeutung war ihrer Meinung nach lediglich, daß die Verordnung zu einem Gnadenmittel wird (nicht unbedingt zum Zeitpunkt der Austeilung) für jene, die sie rechtmäßig empfangen. Die Berechtigung, Säuglinge zu taufen, bestand aufgrund des Bündnisses gläubiger Eltern, und solchen Kindern gilt die wohlwollende Annahme, daß sie die Gnade der Wiedergeburt empfangen würden.

Diese Deutung der Säuglingstaufe läßt sich - wenn von der Schrift gedeckt - nicht leicht von der Hand weisen, und weil einige Männer sich keiner Unaufrichtigkeit bewußt waren, wenn sie glaubten, daß *dieses* die Sichtweise des Gebetbuches war, war es von Spurgeon unweise, den Anschein zu erwecken, als unterstellte er allen unwürdige Motive, die, obwohl evangelisch, dennoch die Gottesdienstform des Gebetbuches annahmen.

Zu dem genannten Argument lassen sich aber einige Dinge anmerken: (1) Es gibt Hinweise darauf, daß eine Anzahl derer, die an der Formulierung des Gebetbuches von 1552 beteiligt waren, *tatsächlich* glaubten, daß eine Wirkungskraft die Säuglingstaufe bereits zum Zeitpunkt ihrer Erteilung begleitete[12], und es ist kaum zu leugnen, daß dieser Glaube im Katechismus gelehrt wird. (2) Die Legitimität der Erteilung der Taufe an Kindern wird im Gebetbuch nicht im Hinblick auf die Bündnisverheißungen Gottes auf *gläubige* Eltern beschränkt. Es mag entgegnet werden, daß der christliche Stand jener, die das Gebetbuch benutzten, von seinen Verfassern vorausgesetzt wurde, doch solche Voraussetzung wäre ungewöhnlich, wenn wir bedenken, daß das Gebetbuch landesweit durchgesetzt werden sollte, und das in einer Zeit, in der die Mehrzahl der Menschen in englischen Pfarrbezirken alles andere als

---

[12] Siehe hierzu einen Brief von Peter Martyr an Bullinger aus der Zeit, als das Allgemeine Gebetbuch verfaßt wurde: "Viele werden behaupten (auch jene, die ansonsten nicht ungelehrt oder böse sind), daß Gnade durch die Sakramente, wie sie sagen, erteilt wird." Letters, Treatises of John Bradford, Parker Society, 1853, 403-6.

Christen waren.[13] Darüberhinaus fordert die Ordnung der Kirche (in Antwort auf den puritanischen Versuch, Disziplin in die Erteilung der Taufe zu bringen) ausdrücklich, daß "kein Pastor es ablehnen oder aufschieben sollte, jedes Kind gemäß der im Allgemeinen Gebetbuch angeführten Form zu taufen, das ihm an Sonntagen oder kirchlichen Feiertagen in die Kirche gebracht wird" (Kanon 68). Wenn die Bedeutung dieser beiden Punkte betrachtet wird, wiegt sie schwer zu Ungunsten des Versuchs, Säuglingstaufe mit dem Hinweis darauf zu verteidigen, daß sie in Grundsatzschriften der Church of England autorisiert wird, und die Frage ist berechtigt, ob evangelische Geistliche nicht ihren Stand aufs Spiel setzen, wenn sie sich durch einen Einsetzungseid binden lassen, der die Erklärung beinhaltet, daß "die Liturgie nichts enthält, was im Widerspruch zum Wort Gottes steht".[14]

In der letzten Predigt, in der er auf diese Kontroverse Bezug nimmt, weitet Spurgeon die Diskussion aus, indem er zu bedenken gibt, daß es um mehr geht als um Formulierungen in ein oder zwei besonderen Gottesdiensten. Am 25. September 1864 griff er in einer Predigt über Hesekiel 11,5 das ganze Thema von der Autorität der Schrift auf: *"So spricht der Herr* oder *Die Liturgie in der Waagschale des Heiligtums"*. Vom Text ausgehend begründete er: "So spricht der Herr" ist (1) die "Botschaft des Predigers; (2)

---

[13] Ich gründe diese Aussage auf das Urteil vieler Reformatoren, die in ihren Briefen und anderen Schriften eine Einschätzung des geistlichen Zustandes der Menschen zur Regierungszeit König Edwards (1547-53) liefern.

[14] John Newton (1725-1807) spricht ganz offen von den genannten Schwierigkeiten, und es ist schwer zu verstehen, wie seine Eingeständnisse ihn nicht dazu brachten, die Rechtmäßigkeit der Eide, die von den Geistlichen verlangt werden, in Frage zu stellen. Er schreibt: "Einige Personen, die einen Sitz in den Kirchenräten zur Zeit Edwards des Sechsten hatten, konnten die Reformation zwar nicht gänzlich verhindern, hatten aber genügend Einfluß, sie zu erschweren und aufzuhalten. Sie wollten nicht die Schrift als einzigen, ausreichenden Maßstab für Glaube und Praxis gelten lassen, sondern bestanden darauf, die Väter der ersten sechs Jahrhunderte ebenfalls hinzuzufügen . . . ihre Autorität unterstützte eine Reihe von Ausdrücken und Gedanken, die nicht von der Schrift gewährleistet sind, besonders in bezug auf die Taufe. Die Väter, oder einige von ihnen, sprachen in der Tat von Taufe und Wiedergeburt oder der neuen Geburt als von Synonymen. Aber weil die Schrift, die Erfahrung und Beobachtung ihnen widersprachen, schenke ich ihrem Urteil wenig Beachtung." *John Newton, An Autobiography and Narrative*, Josiah Bull, 1868, 316-17.

die einzige Autorität in Gottes Kirche; (3) ein passendes Wort der Zurechtweisung für irrende Heilige; (4) der einzig feste Grund des Trostes für Gottes Volk; (5) das, was wir den Feinden des Herrn vorhalten müssen; (6) eine Autorität, die man nicht verachten kann, ohne daß es schwere Strafe für den Übertreter nach sich zieht."

Nach diesen allgemeinen Anmerkungen kommt er auf sieben Hauptgründe zu sprechen, aufgrund derer er die Liturgie oder Verfassung der etablierten Kirche für nicht biblisch autorisiert hält. An dem, was er zusammentrug, war nichts Neues. Alles war vielmals durchgesprochen worden, bevor die Gesuche der Puritaner um Reformen im Jahr 1662 endgültig abgewiesen wurden.[15] Der Faktor, der die Situation neu und von der des 17. Jahrhunderts verschieden machte, war der, daß eine ansehnliche Zahl evangelischer Christen nichts Unbiblisches im System der Kirche sehen konnten, und Spurgeon beklagte, daß sie versäumten, die Autorität der Schrift, die sie gegen Rom ins Feld führten, an sich selbst wirken zu lassen. Er nennt als Beispiel das Vorgehen bei der "Priesterordination", bei der der Bischof nach apostolischer Art die Hände auf den Kopf des Kandidaten legt und sagt: "Empfange den Heiligen Geist":

"Ist die Art und Weise, wie sie in Rom Priester ordinieren, viel schlimmer als das? Daß die Apostel den Heiligen Geist übertrugen, wollten wir nie leugnen, aber daß Oxford, Exeter oder irgendein anderer Inhaber des Bischofsstuhles den Heiligen Geist geben kann, benötigt einen besseren Beweis als den, den uns ihre seidenen Schürzen und Batistärmel liefern." Später in derselben Predigt untersucht er die Worte der Absolution, die der Priester zu gebrauchen hat (in der "Ordnung für den Krankenbesuch" aufgezeichnet), und kommt zu folgender Frage:

"Was können nach alledem die Priester der Church of England gegen die Römisch-Katholischen sagen? Es ist so leicht, gegen Puseyisten und Papisten zu wüten und zu schimpfen, doch in dem Augenblick, wenn unsere Liebe im eigenen Hause beginnt und wir unseren evangelischen Brüdern dieselbe Wohltat zukommen lassen wie den offenen Romanisten, geraten sie über die Maßen in Zorn.

---

[15] Spurgeon wußte das natürlich: "Die Kämpfe der Covenenter müssen in dieser Zeit wieder aufleben. Der Streit der puritanischen Zeit muß noch einmal in die Kirche zurückkehren." 10, 372.

Aber wir sagen ihnen ins Gesicht, daß sie trotz ihrer schönen Reden ebenso schuldig sind wie jene, die sie tadeln, denn es steckt genauso viel Papsttum in ihrer Priestermacherei wie in jeder beliebigen Seite des Meßbuches. . . Darüber habe ich Gewißheit vor dem Allerhöchsten oder hoffe sie zu haben, bevor ich sterbe. Jetzt habe ich die Posaune geblasen, und sie soll weiterschallen, bis meine Lippen stumm sind."[16]

In den verbliebenen achtundzwanzig Jahren seines Lebens wich Spurgeon nicht von dem ab, was er 1864 über die Staatskirche gelehrt hatte. Eine Union von Staat und Kirche, die die Geistlichkeit des Reiches Christi leugnet[17], eine Liturgie, "die den Unterschied zwischen Wiedergeborenen und Nicht-Wiedergeborenen ignoriert"[18], klerikale Einsetzungsformeln, die die Menschen zwingen, auf Irrlehren zu schwören, die Bezahlung von Menschen "mit dem Zeichen des Tieres auf den Stirnen", dafür, daß sie die Menschen lehren, die weitverbreitete Praxis der Götzendienerei mit stillschweigender bischöflicher Einwilligung,[19] das alles waren Dinge, die er immer wieder als Anzeichen des antichristlichen Geistes anprangerte. Den römischen und den anglikanischen Antichristen sah er zusammen: Letzteren sah er als "ein Sprungbrett zum Papsttum"[20] und als ein System, das eines Tages gerichtet werden wird: "Laßt alle, die den Herrn lieben und das Böse hassen, herausgehen aus dieser zunehmend abtrünnigen Kirche, damit sie nicht teilhaben werden an ihrer Plage, die am Tage ihrer Heimsuchung über sie kommen wird."[21]

---

[16] 10, 544. Zu dem Anspruch, daß apostolische Charismata noch immer durch bischöfliche Hände vermittelt werden, siehe den guten Artikel von R. L. Dabney "Der Unfug des Prälatentums" ("Prelacy A Blunder") in seinem Buch *Discussions: Evangelical and Theological*, Bd. 2, Neuauflage 1967.

[17] 24, 368; 19, 50; 17, 354.

[18] 29, 362.

[19] "Der Götzendienst, der das Bild des Teufels anbetet, ist weniger gotteslästerlich als der, der das Bild Christi verehrt. Es ist ein furchtbarer Frevel, den heiligen Jesus als Komplizen bei der Verletzung des göttlichen Gebotes erscheinen zu lassen: ja, und dieses selige Mahnmal des Todes in einen götzendienerischen Akt zu verwandeln, in dem einem Stück Brot göttliche Ehren gegeben werden." 23, 378.

[20] 11, 392; 11, 605; 14, 333 usw.

[21] 15, 294.

Doch ihm war bewußt, daß dieser Tag noch nicht gekommen sein mochte. Über Joh. 10,16 predigend sagte er am 25. März 1883:

"Wir hören sehr viel über die Einheit der Kirche, und die Vorstellungen davon sind recht verwegen. Die römische, die griechische und die anglikanische Kirche sollen alle zu einer Kirche vereint werden: Wäre das der Fall, würde viel Übel daraus hervorgehen. Ich zweifle nicht daran, daß Gott ein erwähltes Volk in jeder dieser Körperschaften hat, aber die Vereinigung solcher fragwürdiger Organisationen wäre für die Welt ein schreckliches Vorzeichen von Unheil: Finsterstes Mittelalter und ein schlimmeres Papsttum als jemals würde bald über uns hereinbrechen."[22]

Das Bezeichnendste an der großen Kontroverse von 1864 war vielleicht ihre Dreiecksnatur. Sie zeigte, daß die von den Traktarianern ins Leben gerufene anglo-katholische Bewegung nicht mit einer einheitlichen protestantischen Front rechnen mußte; denn die wachsende Eintracht unter den Evangelikalen, die, wie wir gesehen haben, den Anfang des Jahrhunderts kennzeichnete, hatte bestimmte denominationelle Unterschiede ungelöst gelassen. Die Thesen der Traktarianer zwangen diese unterschwelligen Unterschiede in den Vordergrund und schieden so aufs neue evangelische Landeskirchler von evangelischen Nonkonformisten. In den Augen der Evangelischen in der etablierten Kirche dienten Spurgeons Vorwürfe von 1864 der Sache des Papsttums, weil sie den Glauben an die Bekenntnisschriften der nationalen Kirche in einer Zeit schwächten, in der eben diese Bekenntnisschriften - insbesondere die Lehre der 39 Artikel - ohnehin schon unter Beschuß von seiten der Ritualisten standen. Spurgeon seinerseits argumentierte, daß nur von außerhalb der etablierten Kirche wirksam Stellung gegen Rom bezogen werden könnte, denn evangelische Kirchenmänner gingen von vornherein geschwächt in den Kampf, weil sie durch die Ordinationseide zur stillschweigenden Einwilligung in unbiblische Praktiken gezwungen waren.

Wie bereits erwähnt, hatte John Angell James 1844 die Meinung vertreten, daß das Stillschweigen über Kirchenfragen in den Grundlagen der Evangelischen Allianz die evangelische Einheit bewahre; und das hätte vielleicht der Fall sein können, wenn nicht Umstände eingetreten wären, welche Männer, die zur

---

[22] 29, 191.

Allianz gehörten, zwangen, sich klar zu Grundsätzen zu äußern, die bewußt bei der Bildung der Allianz unerwähnt geblieben waren. Spurgeons Stellungnahme im Jahre 1864 erschütterte die Allianz, und der Friede wurde erst durch seinen Austritt wiederhergestellt. Das war der Anlaß zu seinem offenen "Brief an die Evangelische Allianz".[23]

Die Kontroverse, wenn auch heute längst vergessen, war doch ein Hinweis auf eine wichtige Lektion. Die Spaltung zwischen den Evangelischen im Jahre 1864 deutete an, wo für den Protestantismus in Zukunft eine wirkliche Gefahr lag - die Gefahr einer größeren Krise, die sich aus Fragen entwickeln konnte, in denen sich die Evangelischen uneins waren. Die Kontroverse über die Taufwiedergeburt war ein Vorgeschmack der Krisen, die entstehen konnten und denen zu widerstehen die evangelische interdenominationelle Einheit schlecht gerüstet war. Was immer Spurgeon in dieser Kontroverse für persönliche Schwächen gezeigt haben mag, den Vorwurf "wunderlicher Bigotterie", der seinerzeit erhoben wurde, kann man ihm fairerweise nicht machen. Seine übergeordnete Sorge galt der Zukunft des Protestantismus. Er hatte weder

---

[23] Die Peinlichkeit einer Spaltung unter den Evangelikalen in der Allianz spiegelt sich in den widersprüchlichen Aussagen, die über die Ursachen für Spurgeons Austritt gemacht wurden. Ein Sprecher der Allianz bestand darauf, daß es nicht auf eine Forderung ihrerseits hin geschah, aber Spurgeon behauptete, daß er von dem Sekretär gebeten worden war, seine harten Worte zurückzunehmen oder zurückzutreten, und im Jahre 1870 empfand er sich noch immer "unter dem Bann der Evangelischen Allianz". Die Gemüter waren im Jahre 1864 offensichtlich äußerst erregt, was an den Worten eines bekannten Laien-Mitglieds der Allianz, Lord Shaftesbury, deutlich wird, der Spurgeon vorwarf: "Sie sind sehr arrogant. Um ehrlich zu sein, Sie sind ein ganz unverschämter Kerl." Dennoch kam von der Allianz die Mitteilung, daß der Brief des Sekretärs niemals offiziell verabschiedet worden war. Daraufhin trat Spurgeon der Allianz erneut bei, blieb aber offensichtlich seiner Ansicht treu, daß die Allianz nicht in der Lage war, wirksam in Kirchenstreitigkeiten einzugreifen. Als er in den Antrag einwilligte, am Tabernacle eine Gebetswoche anzukündigen, die im Jahre 1874 in London von der Allianz organisiert wurde, bemerkte er, daß das Gebetsthema eines Abends 'Bekenntnis der Sünden der Kirche' sein würde, worauf sein Kommentar war: "Wenn irgendjemand es wagen sollte, auch nur die Hälfte der Lieblingssünden der Bischofskirche zu bekennen, würde er für seine Mühe einen Fußtritt aus der Versammlung ernten"! (Vergl. *Autobiography*, 3, 86. Pike, 4, 338 und 5, 126.)

etwas gegen evangelische Staatskirchler als solche, noch duldete er den Dissenter um der Abspaltung willen. Und selbst auf dem Höhepunkt der Kontroverse ließ er nie seine Grundüberzeugung fallen, daß England vor allen Dingen benötigte, daß "der ganze Ratschluß Gottes" gepredigt würde. Intrigen spinnen und in konfessionellen Zeitschriften die Gemüter aufwühlen war nie seine Methode, die Menschen zu Reformen zu ermutigen. Vielmehr hielt er fest an der Proklamation des Wortes als dem von Gott dazu bestimmten Weg. Mit Bezug auf den Vers "Gott ist Geist, und die Ihn anbeten, müssen Ihn im Geist und in der Wahrheit anbeten" sagt er: "Diese eine Wahrheit, wenn sie nur kraftvoll vom Himmel ins Bewußtsein der Menschen käme, würde St. Peter und St. Paul* vom höchsten Kreuz bis in die tiefste Gruft erschüttern."[24] Wenn er sich berufen fühlte, evangelische Geistliche, die in der Staatskirche waren, zu warnen, so gewiß nicht aus dem Wunsch heraus, in der öffentlichen Debatte den Sieg davonzutragen, und er hatte nach wie vor ein Verlangen nach Zusammenarbeit und Einheit mit solchen Männern: "Ich kann niemals die vielen guten und treuen Männer vergessen, die in dieser Kirche bleiben, und ich kann auch nicht aufhören, für sie zu beten. Zu diesen Brüdern, als ernsthaften Anhängern und Verkündigern evangelischer Wahrheit, hege ich von Herzen die innigste Liebe . . . Möge die Vorsehung Gottes und die Kraft Seines Geistes den Weg dahin ebnen, daß die Gemeinschaft unter Gläubigen sichtbarer wird."[25]

---

* zwei bedeutende Londoner Kirchen.

[24] 18, 428.

[25] Pike, 4, 372. Für einige allgemeine Gedanken zu dem Thema siehe seinen scharfsinnigen Artikel "Einheit - wie man sie *nicht* fördert" in *The Sword and the Trowel* im Jahre 1886, 513-18. Der Artikel endet mit den Worten: "Vor allem dürfen wir die Einheit nicht dadurch zu fördern suchen, daß wir uns als *die* Kirche hinstellen und alle anderen zu 'Sektierern' machen. Das hieße unsere Mauern mit Dynamit zu verfugen und die Fundamente des Friedens auf Fässer mit Schießpulver zu legen."

BUCHBESPRECHUNG VON C. H. S.
AUS SCHWERT UND KELLE, 1879

"Grundsätze der Kirche und die Weite der Kirche. Zwei Vorträge, der eine gehalten auf der Kirchen-Vereinigungskonferenz in Derby, und der andere auf dem Sheffield-Kongress. Mit einer Einleitung von Rev. J. C. Ryle. London: W. Hunt & Co.

Es gibt keine Gruppe innerhalb der Church of England, mit der wir näher übereinstimmen als mit den Evangelikalen, und doch erregen sie weit mehr unsere Verwunderung und unser Bedauern, als unsere Sympathie. Wir sind verwundert, daß sie sich nicht schämen, mit Männern verbunden zu sein, die offen dem Gesetz Hohn sprechen und die schlimmste Form von Papsttum predigen. Wir bedauern sie, weil, solange sie in der Staatskirche bleiben, ihr Protest gegen deren Irrtümer nur wenig Kraft hat. Der Autor der vorliegenden Vorträge ist ein evangelikaler Champion, vor dem wir eine aufrichtige Hochachtung haben. Der erste Vortrag ist ein starker Protest gegen die abergläubischen Praktiken der Anglikaner; aber im zweiten Vortrag setzt er sich trotzdem für eine Weite ein, die auch Menschen einbezieht, die an einander diametral entgegengesetzte Lehren glauben. So weit geht der traurige Einfluß einer falschen Einstellung. Man muß mitansehen, wie einer der tapfersten und besten Männer sich dem Zeitgeist in einer Weise anpaßt, daß Tausende selbst in seiner eigenen Denomination darüber betrübt sind. Kongresse, in denen Christus und Antichrist zusammengebracht werden, müssen zwangsläufig einen höchst ungesunden Einfluß selbst auf die entschiedensten Nachfolger der Wahrheit ausüben. Wir wünschen uns, Mr. Ryle könnte seine eigene Haltung überdenken, und zwar im Licht der Schrift und nicht in der Finsternis des Kirchentums; dann würde er 'aus ihr herausgehen und nicht länger das Unreine anrühren'."

Kirchen haben Sommerzeiten wie unsere Gärten, und dann steht alles in voller Blüte; aber darauf folgen ihre Winter, und seht nur, wie leer alles wird. Haben wir nicht alle schon einmal die Flut gesehen, wenn das Wasser weit über den Strand kommt, und die Ebbe, wenn jede Welle kürzer als die vorherige zu sein scheint? Solche Ebbe- und Flutzeiten gibt es auch in der Geschichte des Königreichs Christi. Einen Tag "leidet das Reich Gottes Gewalt", und jeder drängt hinein; ein andermal scheinen die Menschen sich des christlichen Glaubens zu schämen und schweifen ab in tausend Irrtümer, und die Kirche ist geschwächt und niedergedrückt durch Irrlehren, durch Weltlichkeit, durch Lauheit und durch alle möglichen Übel.

C. H. S. 19. Febr. 1882 (Predigt)

Schon lange habe ich aufgehört, Köpfe zu zählen. Wahrheit ist gewöhnlich in der Minderzahl in dieser bösen Welt. Mein eigener Glaube steht fest in dem Herrn Jesus, ein Glaube, der mir wie mit einem heißen Eisen eingebrannt ist. Ich danke Gott, denn was ich glaube, das werde ich glauben, selbst wenn ich es allein glaube."

C. H. S. 16. Okt. 1887 (Predigt)

6 : DIE DOWN-GRADE-KONTROVERSE

Angesichts seiner tiefen Besorgnis um die Zukunft des Protestantismus könnte man erwarten, Spurgeon in führender Stellung in einer Bewegung zu sehen, die das Ziel hatte, die freikirchlichen Richtungen enger zusammenzubringen - in der Bewegung, aus der heraus der Manchester Kongress von 1892 entstand und deren Ziel neben anderen der Widerstand gegen den Anglo-Katholizismus war. Es war jedoch nicht so. Spurgeon nahm nicht nur nicht an diesen Entwicklungen teil, sondern trat fünf Jahre vor diesem Datum aus seiner eigenen denominationellen Vereinigung aus. Er glaubte nicht länger, daß die Nonkonformisten ein Bollwerk gegen dieses Übel darstellten. Wenige teilten seine Meinung. Im ganzen Lande wurde das Zusammenwachsen der Freikirchen enthusiastisch begrüßt, und viele tausend Pfund flossen aus den Denominationen in die Zentralkasse: "Der Widerhall zeugte allerorts davon, daß man entschlossen war, das Christentum des zwanzigsten Jahrhunderts schlichter und reiner, kämpferisch, unpriesterlich, frei zu machen", schrieb Silvester Horne im Jahre 1903.[1] Für Spurgeon war diese Erwartung eine Illusion, und die Predigt, die am 17. Januar 1892 im *Metropolitan Pulpit* veröffentlicht wurde, vermittelt seine Sicht unter dem Titel, "Ist Gott in dem Lager?"

Die Erklärung für Spurgeons Haltung findet man in seiner Einschätzung der einsetzenden Bibelkritik innerhalb der Protestantischen Kirchen. In allen Bereichen des Wissens wurde das 19. Jahrhundert Zeuge spektakulärer Fortschritte: In Wissenschaft, Philosophie, Sprachen und Geschichte schien eine Renaissance des Lernens und ein neues Bemühen um Genauigkeit und Fortschritt eingesetzt zu haben. In diesem Streben nach vorn wurden traditionelle Begriffe hinterfragt, alte Quellen kritisch überprüft und so echte Fortschritte gemacht. Aber wenn in allen diesen Bereichen

---

[1] *A Popular History of the Free Churches*, C. Silvester Horne, 1903, 425.

ein Vorwärtskommen möglich war, warum sollte dann die geistliche Erkenntnis des Menschen statisch sein? Was könnte das Christentum gewinnen, wenn die Kirche bereit wäre, eine weniger starre, weniger unkritische Haltung gegenüber den Inhalten der Schrift einzunehmen? Ja, war nicht eine neue Methode der Schriftauslegung, eine neue Begriffsbestimmung ihrer Inspiration unentbehrlich, wenn das Christentum nicht den Anschluß an den Vormarsch der Wissenschaft verlieren wollte? Und könnte es nicht sein, daß einige der "schwereren" Aspekte der Schrift - Aspekte, die beim Predigen ohnehin schon weniger Betonung fanden - mit größerer Leichtigkeit erklärt werden könnten, wenn die alte Sicht, die solche Probleme mit dem Hinweis auf Gottes Charakter löste, preisgegeben wäre?

Solcherlei Fragen wurden bereits in den 1850er Jahren gestellt. Nonkonformisten traten ihnen in der berühmten Rivulet-Kontroverse des Jahres 1856 entgegen, in welcher es um den fragwürdigen Charakter eines neuen Gesangbuches von Thomas Lynch ging. Im Jahre 1860 wurde die Thematik dann innerhalb der etablierten Kirche ins öffentliche Bewußtsein gerückt, und zwar durch die Herausgabe von "Essays and Reviews", einem Band, in dem verschiedene Schreiber versuchten, Wahrheiten, die durch "herkömmliche Sprache und traditionelle Behandlungs-methoden" Schaden zu nehmen schienen, neu auszudrücken.

Die generelle Einstellung diesem neuen Geist in der Kirche gegenüber war die Zuversicht, daß er keine revolutionäre Änderung bewirken würde und daß die guten Seiten, die ein neuer intellektueller Schwerpunkt mit sich brächte, allmählich von einem unveränderten, aber voranschreitenden Glauben assimiliert werden würde. Folglich herrschte allgemein die fehlende Bereitschaft, sich der neuen Lehre zu widersetzen, und jene, die das Umlaufen neuer Ideen als eine aufkommende Gefahr sahen, fanden wenig Unterstützung. Als im Lancashire Congregational College ein ernsthafter Streit zwischen zwei Professoren um die Inspiration ausbrach, wurde er durch einen Kompromiß mit dem Rücktritt beider Männer beigelegt. Ein ähnliches Versäumnis, sich mit der Sache selbst zu befassen, zeigte sich in dem bekannten Fall von Colenso, dem Bischof von Natal. Für ein 1862 veröffentlichtes Buch, das die Authentizität der Fünf Bücher Mose bestreitet, wurde Colenso in Afrika seines

Amtes enthoben, doch als er nach England zurückkehrte, wurde die Gültigkeit seiner Absetzung nicht aufrechterhalten. Solche Dinge waren es, auf die Spurgeon 1864 Bezug nahm, als er sagte: "Gottes Wort ist in dieser Zeit eine geringe Sache. Einige glauben nicht einmal, daß es inspiriert sei, und jene, die vorgeben, es zu ehren, setzen andere Bücher gleichsam in Konkurrenz daneben. Ja, es gibt große kirchliche Würdenträger, die gegen die Bibel zu Felde ziehen und noch Bischöfe finden, die sie verteidigen. 'Keinen Augenblick lang dürft ihr ihre Bücher oder sie verurteilen. Sie sind unsere Geschwister, und wir dürfen ihren Gedanken keine Fesseln anlegen.' Wieviele Tage ist es her, daß ein Bischof auf solche Weise in der Synode gesprochen hat?"[2]

Ein herausragender Versuch, die Orthodoxie durch Disziplin zu retten, wurde in der Free Church of Scotland unternommen, als W. Robertson Smith, Professor für Altes Testament am Aberdeen College, 1881 entlassen wurde. Doch zu dem Zeitpunkt war die neue, kritische "Würdigung" der Schrift selbst in Schottland fest etabliert, und als Robertson Smith weiter südlich in Cambridge eine Professur annahm, wurden seine Ansichten von einem einflußreichen Teil der presbyterianischen Kirche Englands nicht als Irrlehre angesehen. W. G. Elmslie, der die historisch-kritische Arbeit von A. B. Davidson in Edinburgh gelernt hatte, impfte denselben Umgang mit der Schrift dem English Presbyterian College ein, und weit entfernt davon, den Einfluß dieser Lehre als glaubenszerstörend zu erkennen, hieß er ihn als "neues Licht spendend" willkommen. Das war auch der Standpunkt des einflußreichen nonkonformistischen Blattes "The Britisch Weekly", das 1886 begründet und, wie wir schon gesehen haben, von William Robertson Nicoll herausgegeben wurde.[3]

---

[2] 10, 372.

[3] Die Rolle Robertson Nicolls (1851-1923) in den Kontroversen seiner Zeit läßt sich nur im Zusammenhang mit seiner irrtümlichen Auffassung erklären, daß die historisch-kritische Sicht der Schrift der Predigt des Evangeliums nicht feindlich gegenübersteht: Er war ein großer Bewunderer von Spurgeons Predigten. In der Down-Grade-Kontroverse stellte er sich gegen Spurgeon, doch bei etlichen Gelegenheiten mußte er in späteren Jahren Anzeichen eines wachsenden Skeptizismus beobachten. An Prof. A. S. Peake schrieb er im Jahre 1898: "Ich bin auch äußerst beeindruckt von der heidnischen Art, mit der einige 'Niederlassungen' des Nonkonformismus betrieben werden. Es stimmt schon, daß ein gewisser Anschein christlicher Lehre vorhanden ist,

In den 1880er Jahren war die 'neue Schule' im Kongregationalismus vorherrschend. R. W. Dale hatte sich im Jahre 1874 gegen die ewige Bestrafung der Sünden ausgesprochen und der Theorie der Auflösung ins Nichts den Vorzug gegeben. Weiter erklärte er, daß eine lehrmäßige Annahme der Gottheit Christi für die Erfahrung des errettenden Glaubens an Seine Person nicht unbedingt notwendig sei, und in seinem Buch "Der Lebendige Christus und die Vier Evangelien" (1890) behauptete er, daß wir Christus nicht verlören, nur weil wir den alten Glauben an die Unfehlbarkeit der Heiligen Schrift aufgeben. Ja, es würde dem Retter jetzt sogar mehr Ehre zuteil, sagte er. In einer Ansprache vor Pastoren erklärte Dale: "Jetzt soll keine Autorität mehr zwischen *uns* kommen - zwischen die *Gemeinde,* der ihr und ich dienen sollen, und *Ihm,* welcher die wahrhaftige Wahrheit Gottes ist". Alexander McKennal, der Vorsitzende der Herbstsitzung der Congregational Union 1887 faßte die neue Stimmung zusammen, als er zwischen Dogma als einer endgültigen Aussage, und Lehre als etwas sich ständig in der Entwicklung Befindlichem unterschied. Kongregationalisten verwarfen das Dogma, aber die Lehre behielten sie. Eines der "Dogmen", die sie verwarfen, wurde im folgenden Jahr deutlich, als R. F. Horton, ein Geistlicher mit "fortschrittlichen" Ansichten, seine Abhandlung *"Inspiration und die Bibel"* veröffentlichte.

Das war die Situation, zu der der Spurgeon sich 1887 in seinem Magazin "The Sword and the Trowel" öffentlich äußerte. In seinem ersten Artikel im August lenkte er die Aufmerksamkeit auf die sich bereits abzeichnenden Folgen der neuen Lehre:

"Teilnehmerzahlen an Gottesdiensten sinken, und die Ehrfurcht vor heiligen Dingen schwindet, und wir sind fest davon überzeugt, daß die Ursache hierfür großenteils in dem Skeptizismus liegt, der sich, von der Kanzel ausgehend, unter den

---

aber was gelehrt wird, ist nicht Christentum." 1908 schrieb er an Professor H. R. Meckintosh von seiner Besorgnis über James Denney, dessen theologische Lehren in Schottland beliebt waren. Denney, so schrieb er, "widerspricht der Aussage, daß Jesus für sich in Anspruch nahm, Gott zu sein. . . Er hat trotz seiner scheinbaren Orthodoxie eine eigentümliche Neigung zum Skeptizismus. Zum Beispiel glaubt er nicht an die Existenz des Teufels und böser Geister. Und er glaubt nicht an die Wiederkunft Christi." *William Robertson Nicoll*, 345, 364.

Leuten verbreitet hat . . . Haben diese fortschrittlichen Denker ihre Kirchen gefüllt? Ist es ihnen denn nun zum Segen geworden, daß sie die alten Methoden abgelegt haben? . . . Versammlungshäuser, die tausend, oder zwölfhundert, oder fünfzehnhundert Menschen Platz bieten, Häuser, die einst bis unter die Decke mit begeisterten Hörern gefüllt waren - wie spärlich sind jetzt die Besucherzahlen!" Im Schlußwort schnitt er eine Frage an, der andere bisher ausgewichen waren: "Jetzt ergibt sich für uns ernsthaft die Frage, inwieweit jene, die in dem Glauben verharren, 'der einmal den Heiligen übergeben ist', sich mit denen verbrüdern sollten, die zu einem anderen Evangelium abgewichen sind. Christliche Liebe hat ihre Ansprüche, und Spaltungen sollten als schwere Übel gemieden werden; aber wie weit läßt es sich rechtfertigen, wenn wir mit jenen im Bunde sind, die von der Wahrheit abweichen?"

In der Septemberausgabe der Zeitschrift setzte Spurgeon die Behandlung des Themas fort, indem er Kritikern antwortete und weitere Zeugnisse anführte, um zu belegen, daß "sich ein Spalt zwischen denen, die ihren Bibeln glauben und denen, die zum Vormarsch gegen die Schrift gerüstet sind, auftut." Es sei an der Zeit, daß die Christen wach werden: "Das Haus wird beraubt, ja, seine Grundmauern werden untergraben, aber die guten Leute in ihren Betten lieben die Wärme so sehr und haben solche Angst vor einem Schädelbruch, daß sie nicht hinabgehen und die Diebe verjagen . . . Inspiration und Spekulation können nicht lange in Frieden nebeneinander wohnen. Kompromisse kann es hier nicht geben. Wir können nicht an der Inspiration des Wortes festhalten und sie gleichzeitig ablehnen. Wir können nicht an das Sühnopfer glauben und es leugnen. Wir können nicht die Lehre vom Sündenfall aufrecht erhalten und dennoch von der Evolution geistlichen Lebens aus der menschlichen Natur reden. Wir können nicht die Bestrafung der Unbußfertigen anerkennen und gleichzeitig in der 'größeren Hoffnung' schwelgen. Für einen Weg müssen wir uns entscheiden. Das zu erkennen ist die Tugend der Stunde."

Diese Worte wurden kurz vor der Herbstsitzung der Baptisten Union in Sheffield geschrieben, und Spurgeon hoffte offensichtlich auf ein entschiedenes Handeln. S. H. Booth, der Sekretär der Union, hatte sich bereits zu verschiedenen Gelegenheiten mit Spurgeon beraten und seine Sorge um den Zerfall der Orthodoxie zum Ausdruck gebracht und Spurgeon mit Fakten versorgt. Vor der Sitzung hatte Spurgeon geschrieben: "Wir sind guter Zuversicht, daß die Baptisten bei weitem nicht so sehr abgedriftet sind wie die Independenten: ja, wir sind uns sicher, daß sie es nicht sind." Später mußte er zugeben: "Der Irrtum ist im baptistischen Lager zehnmal weiter verbreitet als uns bisher bewußt war . . . Zunächst war die baptistische Kirche in ihrer Gesamtheit gar nicht das Ziel unserer Kritik, denn wir waren voll Hoffnung für sie, doch die Kontroverse hat offenbart, wovon wir nicht geträumt hatten."[4] Die Wahrheit war, daß in Sheffield die "Down Grade"-Frage gänzlich gemieden wurde. Am 28. Oktober verließ Spurgeon die Union, und in der Ausgabe vom November 1887 von *The Sword and the Trowel* gab er seinen Grund an. Die Union gab dem denominationellem Frieden den Vorrang gegenüber der Pflicht, mit Irrtum aufzuräumen, und machte, indem sie Sünde duldete, den Austritt für Christen somit unumgänglich:

"Solche, die an das Sühnopfer Christi glauben, haben sich jetzt mit jenen zusammengetan, die es auf die leichte Schulter nehmen, Bibelgläubige sind mit jenen im Bunde, die die volle Inspiration leugnen. Jene, die an der evangelischen Lehre festhalten, haben sich öffentlich mit denen verbündet, die den Sündenfall eine Fabel nennen, die die Persönlichkeit des Heiligen Geistes leugnen, die Rechtfertigung aus Glauben unmoralisch nennen und darauf bestehen, es gebe nach dem Tode noch weitere Bewährungsmöglichkeiten . . . Ja, wir haben das verwerfliche Schauspiel vor uns, daß erklärtermaßen orthodoxe Christen öffentlich ihre Einheit mit jenen beteuern, die den Glauben verleugnen, und kaum einen Hehl aus ihrer Verachtung für jemanden machen, der es nicht fertigbringt, sich so grober Untreue gegen Christus schuldig zu machen. Um ganz deutlich zu werden, wir sehen uns außerstande, diese Gebilde christliche Vereinigungen zu nennen, sie sehen zunehmend nach Bündnissen des Bösen aus . . ."

"Unsere feste Überzeugung ist, daß da, wo keine feste geistliche Einheit sein kann, es auch keinen Anschein von Gemeinschaft geben darf. *Gemeinschaft mit erkanntem, schweren Irrtum ist Teilhaben an der Sünde.*"

---

[4] *Sword and Trowel*, 1888, 249.

Nach Spurgeons Rücktritt nahm die Kontroverse, die ja eng mit seinem Verhältnis zur Union verknüpft war, folgenden Verlauf. Im November 1887, als er in Mentone war, erklärte er in einem Schreiben an die Teilnehmer der Pastor's College Konferenz, daß seine Entscheidung zum Austritt nicht plötzlich gekommen war. Sie kam vielmehr, so schrieb er, nachdem "meine persönlichen Proteste bei den Offiziellen und meine wiederholten gezielten Appelle an die gesamte Kirche wirkungslos geblieben waren."[5] Als dessen ungeachtet der Rat der Baptisten Union am 13. Dezember zusammenkam, leugneten die Amtsträger, namentlich S. H. Booth, der Sekretär, je von Spurgeon irgendeinen Vorwurf der Laxheit in Glaubensdingen erhalten zu haben, der sie berechtigt hätte, ihn dem Rat zu unterbreiten.[6] Der Rat empfand es als bibelgemäße Vorgehensweise, ein persönliches Gespräch mit Spurgeon zu suchen. Spurgeon war über Booths Leugnung verwundert: dessen Protest, daß er, als Sekretär, keinen *formellen* Vorwurf von Spurgeon erhalten hatte, war eine Ausflucht, denn sowohl er als auch andere hatten lange vor seinem Austritt genügend Kenntnis von Spurgeons Ansicht. Mißtrauen wuchs auf Spurgeons Seite, und er hatte keinen Respekt vor der angekündigten sogenannten "schriftgemäßen" Vorgehensweise: "Welche Farce, mich mit diesen Brüdern gesondert gemäß Matth. 18,15 zu treffen! Wieder und wieder habe ich den Sekretär und den Präsidenten aufgesucht. Dann habe ich meine Beschwerde in gedruckter Form vorgebracht, und ich habe die Union erst verlassen, als nichts mehr getan werden konnte. Jetzt plötzlich soll etwas geschehen! Erst als ich den letzten Schritt vollzogen hatte, konnte ich etwas bewirken." [7]Zu diesem Zeitpunkt hätte Spurgeon stichhaltig das Ausmaß seiner früheren Rücksprachen mit Verantwortlichen der Union beweisen können, indem er die von Booth empfangene Korrespondenz vorgelegt hätte, aber Booth beharrte in einer persönlichen Mitteilung darauf, daß diese vertraulich war und nicht veröffentlicht werden sollte. Spurgeons Eingehen auf Booth's Wunsch war großmütig, besonders da die Versammlung am 13. Dezember Zweifel an Spurgeons Ehrlichkeit nahegelegt hatte, indem offensichtlich bestritten wurde, daß solche Verständigung je

---

[5] Pike, 6, 290.
[6] ebd., 292.
[7] *Autobiography*, 4, 256.

stattgefunden hatte. Ohne Details ins Feld zu führen, verwahrte Spurgeon sich gegen diese Verleumdung in einem Brief an *The Baptist* am 19. Dezember 1887. [8]

Als Spurgeon aus Mentone zurückkam, besuchten ihn am 13. Januar 1888 vier vom Rat abgesandte Theologen im Tabernacle. Zweck dieser Zusammenkunft war, so stand es in einem Telegramm vom Rat an Spurgeon, "mit Ihnen zu beraten, wie die Einheit unserer Denomination in Wahrheit und Liebe und guten Werken bewahrt werden könnte." Zu diesem Punkt gab Spurgeon seinen Besuchern eine klare Antwort, nämlich, daß dieses Ziel durch Annahme einer verbindlichen evangelischen Glaubensgrundlage erreicht werden könnte (so wie es bei der Evangelischen Allianz der Fall war), daß aber die bestehende Grundlage nicht mehr war als der Glaube, daß "die Taufe durch Untertauchen die einzig richtige christliche Taufe sei". Aber Spurgeon fühlte, daß der Besuch der Ratsvertreter einen heimlichen Nebenzweck hatte. Er befürchtete, daß man vorhatte, ihm den "Geruch der Unversöhnlichkeit" anzuhängen[9], und diesen Verdacht sah er bestätigt, als eine Woche später, am 18. Januar, der Rat, nachdem er von der Gesandtschaft gehört hatte, daß Spurgeon seinen Austritt nicht rückgängig machen wollte, ihm ein "Tadelsvotum" erteilte. Seine Vorwürfe der lehrmäßigen Laxheit seien nicht namentlich belegt worden und hätten in dieser Form "nicht gemacht werden dürfen".[10]

Daß die Ratsversammlung zu einer solchen Maßnahme griff, bevor sie sich mit Spurgeons Antrag auf Formulierung einer evangelischen Glaubensgrundlage befaßt hatte, bestätigte ihn in seiner Annahme, daß mit entschlossenem Handeln nicht zu rechnen war: "Ich möchte, daß die Christenheit weiß", schrieb er in der Februar-Ausgabe von *The Sword and the Trowel*, "daß ich von der Union lediglich verlangt habe, daß sie auf dem Boden der

---

[8] Pike, 6, 292-293. Dem Co-Pastor und den Diakonen schrieb er aus Mentone: "Es ist mir nicht möglich , mit irgendjemandem über alles zu reden, das mir zur Kenntnis gekommen ist. Aber ich habe reichlich Grund für jeden Schritt gehabt, den ich getan habe, wie der Tag aller Tage einmal ans Licht bringen wird." *Autobiography*, 4, 261. Zu seiner Korrespondenz mit Booth vergl. Carlile 247-51.
[9] *Autobiography*, 4, 258.
[10] Carlile, 251.

Schrift gegründet werde."[11] Nun galt es abzuwarten, wie sich die Union selbst in ihrer Vollversammlung im April zu diesen Anliegen stellen würde, die in der beschränkten Mitgliederversammlung des Rates so weit vordiskutiert waren. Der Rat einigte sich in einer Sitzung am 21. Febr. auf eine Erklärung, die der Vollversammlung vorzulegen war, und viele sahen dadurch den Boden für eine Wiedervereinigung geebnet. Oberflächlich betrachtet war das Dokument evangelisch, ja, es wich nicht sehr von der Grundlage der Evangelischen Allianz ab. Doch Spurgeon, dem offenbar vor dem April, vertraulicher Einblick gewährt wurde, mißtraute ihm ganz und gar.[12] Seine Haltung zu diesem Punkt bedarf einer Erläuterung, denn auf den ersten Blick scheint es, als wäre er, der doch eine evangelische Glaubensgrundlage verlangt hatte, nun, da man ihm eine vorlegte, nicht zufrieden. Wie Carlile sagt: "Während Spurgeon anfangs lediglich um eine Erklärung dessen bat, was die Baptisten Union lehrte, vermittelten manche seiner späteren Äußerungen den Eindruck, daß er eine verbindliche theologische Bekenntnisschrift wollte." Der Grund für Spurgeons Reaktion war, daß er sehr unzufrieden mit dem ganzen Geist war, in dem man die Erklärung abgefaßt hatte. Er schrieb an *The Baptist:*

"Was immer der Rat machen wird, möge er vor allem den Gebrauch von Formulierungen vermeiden, die zu Recht in zwei gegensätzliche Richtungen auslegbar wären. Möge er klar und offen sein und die *gravierenden Unterschiede,* die es ja gibt, nicht unter den Tisch kehren. Das braucht niemandem peinlich zu sein. Diplomatie darf nicht unsere Richtschnur sein, noch der Wunsch, diese oder jene Partei nicht zu verlieren. Aufrichtigkeit ist sicher, und Kompromisse in Form von Doppeldeutigkeit können auf lange Sicht niemals weise sein."[13]

Doch der Rat tat alles andere als sich an die von Spurgeon gewünschten Regeln zu halten. Spurgeon hatte u. a. eine Resolution gefordert, die deutlich machte, "daß eine Bewährung und Wiederherstellung nach dem Tode als unbiblisch zurückzuweisen sei"[14]; stattdessen ließ die Stellungnahme zum künftigen Gericht aus-

---

[11] 1888, 82.
[12] Pike, 6, 296.
[13] *Sword and Trowel*, 1888, 148.
[14] ebd. 1888, 91.

drücklich Raum für, im Wortlaut, "Brüder in der Union", die nicht an der "gängigen Auslegung" festhielten. Spurgeon wollte eine Erklärung, die wirklich dazu geeignet wäre, herauszufinden, wie viele für den alten Glauben standen und wie viele den neuen befürworteten:[15] Solch einen Test und die sich daraus ergebende Spaltung wollte die starke Mittelpartei unter allen Umständen vermeiden. Spurgeon suchte eine Grundlage, die, soweit das überhaupt möglich war, nicht zulassen würde, daß man "eines sagt und etwas anderes meint", eine Grundlage, die entschieden die Frage beantwortete: "Ist die Union eine Vereinigung evangelischer Kirchen oder eine wahllose Ansammlung von Gemeinschaften, die Taufe durch Untertauchen praktizieren?"[16] In einem Beitrag in *The Sword and the Trowel* vor der April-Versammlung bringt Spurgeon seinen Pessimismus, was das Ergebnis anbelangt, zum Ausdruck: Zwar will die Kirche sich der Forderung nach einer Erklärung des Glaubens nicht verschließen, doch "jongliert sie mit Sätzen, diskutiert alles, nur nicht die Hauptsache, und bietet als Ersatz für das von ihr Verlangte eine schlechte Imitation einer Glaubenserklärung. Was die bevorstehende Jahresversammlung betrifft", fährt er fort, "bin ich ohne Hoffnung . . . Was über uns gesagt wird, ist gleichgültig. Aber soll die Wahrheit für eine größere Gemeinschaft verkauft werden?"[17]

Diese Worte wurden erst gedruckt, als die Versammlung bereits vorbei war. Wären sie früher erschienen, hätten sie das Abstimmungsergebnis vielleicht geringfügig verändert, aber so wie die Dinge liegen, mußte die erstaunliche Tatsache in die Geschichte eingehen, daß, als es zur Abstimmung über die "evangelische" Erklärung des Rates kam, sie mit 2000 zu 7 Stimmen angenommen wurde! Ohne Frage konnten manche der evangelischen Wähler nicht verstanden haben, worum es in der Abstimmung eigentlich ging: Sowohl sie als auch die Liberalen meinten, der Antrag wäre zu ihrem Vorteil, und Spurgeons eigener Bruder James, der den Antrag unterstützte, hielt das Wahlergebnis für einen "großen Sieg"[18]. Wenige sahen es im selben Licht

---

[15] *Sword and Trowel*, 1888, 198.
[16] Pike, 6, 294.
[17] *Sword and Trowel*, 1888, 249.
[18] "Mein Bruder denkt, er hat einen großen Sieg errungen, aber ich glaube, wir sind hoffnungslos verkauft. Ich fühle mich der Verzweiflung nahe.

wie Spurgeon, sie dachten naiverweise, daß durch ein so massives Stimmergebnis "für das Evangelium" die Kontroverse um den evangelischen Stand der Union "ein für allemal beigelegt" wäre[19]. Für Spurgeon war es alles andere als eine Grundlage zur Wiedervereinigung und bestätigte ihn nur in seiner Überzeugung, daß sein Austritt unwiderruflich sein mußte. Seine Anmerkungen in der Juni-Ausgabe von *The Sword and the Trowel* zur Annahme der Erklärung durch die Versammlung geben uns Einblick in seine Gefühle: "Die Resolution, mit ihren Fußnoten, mit ihrer Auslegung durch den Antragsteller, mit der Wiederwahl des alten Rates, war wohl das, was man bestenfalls hätte erwarten können. Aber ist sie befriedigend? Versteht jeder sie in demselben Sinne wie jeder andere? Liegt nicht die ganze Tugend dieser Sache darin, daß sie beide Seiten halb zufriedenstellt? Und ist nicht genau das ihr Mangel und ihr Fluch?

Es ist jedoch nicht mein Anliegen, den Schritt einer Kirche zu kritisieren, von der ich jetzt endgültig getrennt bin. Mein Kurs ist durch das, was geschehen ist, klar geworden. Ich hatte von Anfang an befürchtet, daß die Reform der Baptisten Union keine Chance hatte, und deshalb bin ich ausgetreten. Jetzt bin ich um so sicherer und werde wohl unter keinen erdenklichen Umständen im Traum daran denken, wieder einzutreten."[20]

Wir schließen diese kurze Darstellung der Down-Grade-Kontroverse mit den Worten eines Augenzeugen, der in der Versammlung an jenem denkwürdigen 23. April 1888 zugegen war. Henry Oakley schrieb die folgenden Worte im Jahr 1934, und mit dem entsprechenden geschichtlichen Abstand sah er das überwältigende Stimmergebnis der Union als das, was es war - eine implizierte Rüge für die Position, die Spurgeon eingenommen hatte, aber man muß gestehen, daß viele seinerzeit nicht im entferntesten in der Lage waren, es in dem Licht zu sehen:

Sicherlich hat er das genaue Gegenteil von dem getan, was ich ich getan hätte. Doch kann man es ihm nicht anlasten, denn er folgte seinem besten Wissen und Gewissen. Bete für mich, daß mein Glaube nicht schwindet." C. H. S. in einem Brief an einen persönlichen Freund am 26. April, zitiert in Fullerton, 313.

[19] Pike, 6, 301.

[20] *Sword and Trowel*, 1888, 299.

"Ich war im City Tempel anwesend, als der Antrag gestellt, unterstützt und durchgesetzt wurde. Wahrscheinlich war der City Tempel bis an den Rand seiner Kapazität gefüllt. Ich war sehr früh da, aber ich fand nur einen Stehplatz im Gang des hinteren Balkons. Ich hörte mir die Ansprachen an. Die einzige, an die ich mich noch genauer erinnere, ist die von Mr. Charles Williams. Er zitierte Tennison zugunsten einer liberalen Theologie und Rechtfertigung von Zweifeln. Der Augenblick der Stimmabgabe kam. Nur die unten Sitzenden waren als Mitglieder der Versammlung zur Stimmabgabe berechtigt. Als das Tadelsvotum beantragt wurde, ging ein Wald von Händen hoch. 'Dagegen' rief dann der Vorsitzende, Dr Clifford. Ich sah keine einzige Hand, aber die Geschichte berichtet, es waren *sieben*. Ohne Bekanntgabe von Zahlen brach die riesige Versammlung in tumultartigen Jubel aus, Jubel, Jubel und nochmals Jubel. Bei manchen der älteren Männer fand die aufgestaute Feindschaft endlich ein Ventil; bei vielen jüngeren Männern entlud sich wilder Widerstand gegen die, wie sie sagten, 'Zwänge irgendwelcher Miesmacher'. Es war eine befremdende Szene. Ich betrachtete sie den Tränen nahe. Ich stand nahe einem 'Spurgeon-Mann', den ich sehr gut kannte. Mr. Spurgeon hatte ihn aus einer sehr geringen Position heraus aufgenommen. Nun drehte er beinahe durch vor Freude angesichts dieses Verweises an seinen großen und selbstlosen Meister. Ja, ich sage, es war eine befremdende Szene, daß diese riesige Versammlung so zügellos froh über die Verurteilung des größten, edelsten und erhabensten Führer ihres Glaubens sein sollte."[21]

---

[21] *The Witness*, 1934. Ebenfalls abgedruckt in der Juli-September-Ausgabe von *Our Outlook*, der Quelle, aus der ich zitiere. E. J. Poole Connor, der 1962 starb und von dem einer der wenigen zuverlässigen Berichte, die im 20. Jahrhundert geschrieben wurden, stammt, irrt, wenn er sagt, daß der Beschluß, der Versammlung die Glaubensgrundlage vorzulegen, als Kritik an Spurgeon verstanden wurde und "daß sie in diesem Verständnis dafür stimmten". *Evangelism in England* 1951, 248. Manche konnten nicht gesehen haben, daß in der Annahme dieser unzulänglichen Grundlage und Erklärung des 'evangelischen Charakters der Kirchen in der Union' eine Kritik an Spurgeons Schritt enthalten war. Vergl. *Autobiography*, 4, 255. Die Down-Grade-Kontroverse hat spätere Schreiber über Spurgeon auf eine Probe gestellt, die nur wenige überzeugend bestanden haben: Pike versucht, einen objektiven Bericht zu geben, stand jedoch der Zeit noch sehr nahe und läßt vieles ungesagt. Fullerton und Carlile zeigen wenig theologischen Einblick

und sind beide ungenau. Fullerton datiert Spurgeons Brief, in dem er seinen Austritt aus der Union mitteilt, auf den 8. Oktober anstatt auf den 28. Oktober 1887, und Carlile irrt sich um ein Jahr in seiner Datierung von Spurgeons Zusammentreffen mit den vier Theologen am 13. Januar 1888.

Es ist ein großer Schmerz für mich, daß von jetzt an viele unserer teuersten Freunde in der Baptisten Union ihre Augen gegenüber ernsten Abweichungen von der Wahrheit verschließen. Ich bezweifle nicht, daß ihr Motiv zu einem gewissen Maß lobenswert gewesen ist, denn sie wollten den Frieden erhalten und hofften, daß Irrtümer, die sie zwangsläufig sehen mußten, ausgeräumt würden, wenn ihre Freunde an Lebensalter und Erkenntnis zunehmen würden.

Aber schließlich, da bin ich mir sicher, werden selbst diese erkennen, daß die neuen Ansichten nicht die alten Wahrheiten im besseren Kleid sind, sondern tödliche Irrlehren, mit denen wir keine Gemeinschaft haben können. Ich halte die ausgereifte "moderne Theologie" für einen völlig neuen Kult, der mit dem Christentum nicht mehr zu tun hat als der Abendnebel mit den ewigen Bergen.

C. H. S. 23. Nov. 1887

Laßt uns zusehen, daß wir den Herrn Jesus Christus verkünden als den unfehlbaren Lehrer durch Sein inspiriertes Wort. Mir ist eine Loyalität zu Christus unverständlich, die gleichzeitig Seinen Worten gegenüber gleichgültig ist. Wie können wir Seine Person achten, wenn wir Seine Worte und die Worte Seiner Apostel mit Achtlosigkeit behandeln? Wenn wir nicht Christi Worte empfangen, können wir Christus nicht empfangen. Wenn wir die Worte Seiner Apostel nicht empfangen, können wir Christus nicht empfangen, denn Johannes sagt: "Wer Gott kennt, hört uns; wer nicht aus Gott ist, hört uns nicht. Daran erkennen wir den Geist der Wahrheit und den Geist des Irrtums."

C. H. S. (An All-Round Ministry)

7: DIE DOWN-GRADE-KONTROVERSE UND IHRE LEKTIONEN

Es gibt viele Aspekte, von denen her die Down-Grade-Kontroverse untersucht werden kann. Uns soll es hier um die Frage der denominationellen Loyalität gehen, und das war die zentrale Frage der ganzen Auseinandersetzung. Ohne Zweifel gab es echte evangelische Baptisten, die froh gewesen wären, hätten sie den um sich greifenden Irrtum eingedämmt gesehen, doch dieses Ziel durch ein Auseinanderreißen der Union zu erreichen, war eine Möglichkeit, der ins Auge zu sehen sie sich nicht überwinden konnten. Booth, der Sekretär, war typisch für jene, die im entscheidenden Augenblick einen Rückzieher machten, und, wie es hieß, "Booth glaubte unbestritten bis zum Schluß, daß Spurgeon nicht aus der Union austreten würde". Als Spurgeon jetzt klare Worte zur Lage der Nonkonformisten aussprach, wurde er dafür getadelt, den Anglikanern Argumente zu liefern, die ihre Position stärkten. In Spurgeons Aussage, so beobachtete ein kritischer Nonkonformist, fanden Anglikaner gewöhnlich genügend Beweise für den Zerfall evangelischer Wahrheit in freikirchlichen Gemeinschaften. Aber Spurgeon stand zu dem, was er vor mehr als zwanzig Jahren in der großen Kontroverse von 1864 erklärt hatte:

"Ob nun die Baptisten-Kirche, oder die Episkopal- oder die Presbyterianer-Kirche von Christi Weg abirrt, macht für uns keinen Unterschied. Christi Weg ist es und Christi Wahrheit, denen unsere Sorge gelten muß und denen wir über alle Hecken und Gräben menschlichen Denkens folgen müssen."[1]

Gleich zu Beginn der Down-Grade-Kontroverse erklärte Spurgeon, daß die Evangelischen mit "einer Grundsatzregelung zu kämpfen" hätten, die "uns drängen möchte, die Erhaltung der Wahrheit dem Wohlergehen und der Einheit der Denomination

---

[1] 10, 372.

unterzuordnen".[2] Und es kann wenig Zweifel geben, daß diese Grundsatzregelung letzten Endes, menschlich gesehen, der Grund dafür war, daß es Spurgeon nicht gelang, Disziplinarmaßnahmen durchzusetzen. Wie Dr. Payne schreibt, war der Faktor, der die meisten in der Union bleiben ließ, der Umstand, daß "die große Mehrheit der Baptisten dahin gekommen war, eine nationale Organisation ihrer Kirchen als wesentlich für ihr Wohlergehen anzusehen". "In den frühen Stadien der Auseinandersetzung hatte Spurgeon vielleicht versäumt zu sehen, wie tief sich die Union im Leben der Kirchen eingewurzelt hatte."[3] Der Pastor des Metropolitan Tabernacle mag auf der Pflicht zum Austritt bestehen, doch, so fährt der Schreiber fort, "für den Pastor der durchschnittlichen Baptistengemeinde ergab sich eine andere Situation. Die Zuwachs- und Renten-Fonds, Heimatmissionen und der Empfehlungsausschuß sammelten und ergänzten die Einkünfte der einzelnen Gemeinden, die so Aufgaben durchführten, die sie anders nicht hätten erfüllen können."

In anderen Worten, eine Union, die ursprünglich als Gemeinschaft zur Förderung der Wahrheit gedacht war, war jetzt nicht bereit, Irrtum einzudämmen, der die Lebenssäfte des Evangeliums aussaugte, und doch war sie eine Kraft (von der sich nicht viele freimachen konnten), die Gemeinden zusammenhielt, deren einzige verbindliche Übereinstimmung in ihrem gemeinsamen Taufverständnis lag.

Vor dem Ende des Jahres 1887 begann Spurgeon, den ganzen Charakter der Union in Frage zu stellen, da er glaubte, daß die ganze oberflächliche Natur ihrer ursprünglichen Grundlagen bloßgelegt worden war:

"Die Union, so wie sie momentan konstituiert ist, hat keine disziplinarische Kraft, denn sie hat überhaupt keine lehrmäßige Basis, und wir sehen keinen Grund, warum nicht jede Form von Glauben und Irrglauben in ihr eingeschlossen sein könnte, solange Untertauchen als einzige Taufform anerkannt wird. Es hat keinen Sinn, der Union vorzuwerfen, sie beherberge Irrtümer von der extremsten Sorte, denn, soweit wir sehen, ist sie unfähig, sich dagegen zu wehren, selbst wenn sie wollte. Ihre ursprünglichen Gründer schufen sie 'wüst und leer', und so wird sie es auch bleiben.

---

[2] *Sword and Trowel*, 1887, 400.

[3] E. A. Payne, *The Baptist Union: A Short History*, 1958, 127-143.

Wir zumindest sehen keine Anzeichen für eine Veränderung. Eine große Anzahl sieht mit Bewunderung, wie die Dinge laufen, und wird dabeibleiben. Wir haben keine solche Bewunderung, und deshalb haben wir Abstand genommen . . ."[4]

"Jede Union, die mehr sein will als ein Hirngespinst, muß auf bestimmten Grundsätzen aufbauen. Wie können wir uns vereinigen, wenn nicht auf einer großen gemeinsamen Wahrheit? Und die Lehre von der Taufe durch Untertauchen ist als Fundament nicht ausreichend. Gewiß ist es nicht das einzig Wichtige, Baptist zu sein. Wenn ich mit jemandem in neunundneunzig Punkten unterschiedlicher Meinung bin, aber einer Meinung in der Tauffrage, kann das niemals solche Grundlage für Einheit bieten, wie wenn ich mit einem anderen in neunundneunzig Punkten dasselbe glaube und lediglich in einer einzigen Verordnung von ihm abweiche . . . Das Fundament eines Gebäudes zu ändern ist ein schwieriges Unternehmen. Es zu unterfangen ist teure und gefährliche Arbeit. Es mag zweckmäßiger sein, das ganze Haus abzureißen und neu aufzubauen. Selbst wenn ich geglaubt hätte, daß aus der Baptisten-Union ein zufriedenstellendes Gebäude werden könnte, hätte ich nicht in ihr bleiben können, weil das mein Gewissen verletzt hätte. Doch *mein* Gewissen ist nicht die Richtschnur für andere. Jene, die an das Gebäude glauben und denken, sie könnten sein Fundament instandsetzen, haben meine herzliche Sympathie bei dem Versuch."[5]

Später, im Juli 1889 äußerte er sich sogar noch überzeugter: "Der Tag wird kommen, wenn jene, die meinen, sie könnten ein Haus instandsetzen, das kein Fundament hat, die Weisheit sehen werden, die darin liegt, es gänzlich zu verlassen. Immer wieder haben wir gesehen, daß, ein Bündnis mit fragwürdigen Lehren zu verlassen, die einzig mögliche Lösung für ein Problem ist, das, wie sehr es auch geleugnet wird, von denen, die sich seiner

---

[4] *Sword and Trowel*, 1887, 560. In einem Brief an Dr. Culross vom 26. November 1887 schreibt er: "Die guten Männer, die die Union gründeten, hatten, glaube ich, keine Ahnung, daß sie zu dem werden würde, was sie heute ist, sonst hätten sie sie wohl anders gestaltet. Sie ist durch ihre Zentralisierung und Absorbtion unterschiedlicher Gesellschaften ganz anders geworden als sie am Anfang war. Das ist eigentlich etwas Gutes, aber es bedeutet für das schwache Gewebe eine Belastung, der es nicht gewachsen ist." *Autobiography*, 4, 263.

[5] *Sword and Trowel*, 1888, 82-3.

schrecklichen Wirklichkeit bewußt sind, nicht auf die leichte Schulter genommen werden darf."[6]

Die Down-Grade-Kontroverse konnte den Abfall in der Nonkonformität nicht verhindern; sie lieferte vielmehr den Beweis dafür, daß neue Einstellungen da waren - Einstellungen, die in den Freikirchen mehrere künftige Generationen lang vorherrschen sollten. Einige davon lassen sich folgendermaßen beschreiben:

(1) Eine Unwilligkeit, Lehrangelegenheiten präzise zu definieren, eine Bereitschaft, das, was den Inhalt orthodoxen Christentums ausmacht, auf ein Minimum zu reduzieren, und eine "Liebe", die nicht fragt, wie eine Denomination aus Gottes Sicht aussieht, solange sie den "evangelischen Glauben" *bekennt.* Die Union der Kongregationalisten hatte, während sich unter ihren Pastoren Irrlehren breitmachten, ein solches Bekenntnis auf ihrer Jahresversammlung 1877 abgegeben und darin die Loyalität der Kongregationalisten "zum evangelischen Glauben, wie ihn die Schrift offenbart," beteuert. Als nun die Baptisten-Union auf ihrer April-Versammlung des Jahres 1884 eine ähnliche Erklärung, gekoppelt mit einer kurzen Liste von sechs Lehrsätzen, abgab, stellten sich wenige auf Spurgeons Seite, als er dieses Bekenntnis der Union für nutzlos ansah.

Wenn wir nun auf die letzten Jahrzehnte des 19. Jahrhunderts Rückschau halten, können wir orthodoxe Geistliche nicht entschuldigen, die zusahen, wie der Ausdruck "evangelisch" verfälscht wurde: sie hatten nicht die Stärke zu erklären, daß Männer keine Diener Christi waren, die zwar den "Evangelischen Glauben" bekannten, aber diesen Glauben entweder niemals predigten oder ihn in den Details ihrer Lehre praktisch leugneten. Dieser Kompromiß war der Beginn eines Prozesses, der seitdem oft das Wort "evangelisch" zu einem Deckmantel für lehrmäßige Lauheit gemacht hat. Das gegenwärtige Jahrhundert ist voller Beispiele für den Schaden, der aus dieser Verfälschung der Sprache entstanden ist. So lesen wir beispielsweise: Als der fortgeschrittene Liberale Arthur S. Peake an das Methodistische College in Manchester berufen wurde - ein College, das "für strenge Orthodoxie bekannt war" - entdeckten die Studenten in ihrem neuen Lehrer "eine einzigartige Kombination aus historisch-kritischem Forscher und

---

[6] ebd., 1889, 389-90.

Evangelisten; während er sie auf unentdecktes Erkenntnisgebiet führte, waren sie nicht weniger verwundert über seinen evangelischen Eifer". Diese Art von Gebrauch des Wortes "evangelisch", die hier im Jahre 1932 von den Autoren eines Buches über *Die Methodisten-Kirche* angewandt wurde, ist beiweitem nicht einzigartig. Was die Baptistische Kirche anbelangt, erfahren wir über T. R. Glover (1869-1943), daß "alle, die ihn kannten, die Tiefe seiner evangelischen Erfahrung zu schätzen wußten"[7]; aber es war Glover, der einen beachtlichen Teil seines Lebens mit dem Versuch zubrachte, das historische Christentum intellektuell zugrunde zu richten, und der sich 1932 der Tatsache rühmte, daß kein einziges College mehr an der Position der alten evangelischen Bekenntnisse festhielt. Es mag überraschen, daß zu einem Zeitpunkt, als Männern wie Glover in der Baptisten-Union solche Ehre zuteil wurde, ein anderer Baptist, J. C. Carlile, schreiben konnte: "Die Denomination ist heute evangelischer in ihrem Geist als zu irgendeinem Zeitpunkt ihrer Geschichte",[8] doch das ist nur symptomatisch für das Ausmaß, in dem geistliche Verwirrung und Finsternis sich in England vor dem Zweiten Weltkrieg breitmachen konnten. Henry Oakley, ein Zeitgenosse Carliles, war eine einsame Stimme, als er sagte: "Die Baptisten Union hat aufgehört, eine Union gleichgesinnter Männer und Kirchen zu sein, und wurde zu einem Zusammenschluß von Männern und Kirchen, die sich in Glauben und Praxis meilenweit voneinander unterschieden, eine Art theologisches Woolworth, wo Vielfalt die Hauptsache ist. Alles, was Spurgeon prophezeit hat und viel, viel mehr, ist eingetreten."[9]

(2) Die Down-Grade-Bewegung offenbarte, daß die Schrift nicht länger das Maß für Glaube und Praxis innerhalb der Nonkonformität war.

Spurgeon handelte entschieden, weil er glaubte, daß es der einzige Kurs war, der mit dem Wort Gottes zu vereinbaren war.

---

[7] A. C. Underwood, *A History of the English Baptists*, 1947, 258.

[8] *C. H. Spurgeon: An Interpretative Biography*, 257.

[9] Zitiert in *Our Outlook*, 1934, 51. Oakley schrieb recht ausführlich über den geistlichen Zustand der Baptisten-Union. Seine Vorwürfe waren zu wahr, um entkräftet werden zu können, aber der Strom stand so kräftig gegen die Position, die er verfocht, daß seine Worte wahrscheinlich nur von wenigen gelesen wurden.

Aber viele erkannten das nicht. Sie konnten nicht sehen, daß "der Fürst der Mächte, die in der Luft herrschen, eine Zeitlang in besonderem Maße losgelassen ist, um selbst die Frommen zu verführen und in denen, die sich mit eilfertigen Sinnen seinen betrügerischen Lehren hingaben, große Triumphe zu feiern".[10] Folglich waren sie nicht gerüstet, neutestamentliche Anweisungen zum Widerstand gegen dämonische Einflüsse auszuführen. Sie nahmen zwar wahr, daß die Bibelkritik den Lehrinhalt der alten Bekenntnisse veränderte, aber zu sagen, daß die Liberalen "ein anderes Evangelium" einführten und daß "ein wesensmäßiger Unterschied im Geist zwischen dem alten Gläubigen und dem Anhänger neuer fortschrittlicher Sichtweisen besteht"[11], war mehr als sie sich zu tun überwinden konnten. Das denominationelle Verbundensein mit jenen, die entweder Sympathisanten oder Verfechter der neuen Lehre waren, Männern, deren Glaube als in hohem Maße "christozentrisch" gerühmt wurde, war ein weiterer Faktor, der die Grenzen verschwimmen ließ. Würde es nicht eine Bresche in der Einheit bedeuten, sich von jenen zu trennen, die getauft waren und an demselben denominationellen Leben teilhatten? Einige mit mehr Unterscheidungsvermögen konnten sehen, daß Gemeinschaft mit der neuen Schule der Liberalen falsch war, doch wenn die Liberalen nur eine Minderheit waren, warum sollten die Orthodoxen sich zurückziehen und die Union in ihren Händen lassen? Und angesichts der Tatsache, daß jede Gemeinde, die der Union angehörte, ihren eigenen Glauben und ihre Selbstverwaltung bewahren konnte, konnte es denn da gefährlich sein, Mitglied zu bleiben?

Die Tragik der Down-Grade-Kontroverse war, daß es viele gab, die nicht sehen konnten, daß Spurgeons Protest das aktuelle Wort zur gegebenen Situation war. Spurgeons Position war einsam, weil er, ungleich den meisten seiner Amtskollegen, die Hauptsache deutlich sah:

Wenn Christen in einem Bündnis mit Pastoren zusammengeschlossen sind, die nicht das Evangelium Christi predigen, laden sie moralische Schuld auf sich.

---

[10] *Sword and Trowel*, 1888, 160.
[11] ebd., 1888, 510.

Eine Union, die ungeachtet dessen fortbestehen kann, ob ihre Mitglieder einem gemeinsamen Glauben anhängen oder nicht, erfüllt keine biblische Funktion.

Der Erhalt einer denominationellen Vereinigung, die ohne Vollmacht ist, auf Irrlehren mit Kirchenzucht zu reagieren, kann aus Gründen der Wahrung der "christlichen Einheit" nicht gerechtfertigt werden.

Irrtum ist es, der die Einheit der Kirchen zerstört, und in einer denominationellen Vereinigung zu bleiben, die Irrtum gutheißt, bedeutet, Spaltung zu fördern.

"Was die Verletzung der Einheit betrifft", sagt Spurgeon als Antwort auf den oft gegen ihn erhobenen Vorwurf, "bin ich der Ansicht, daß nichts der Union der Wahrhaftigen dienlicher ist als der Bruch mit den Falschen."[12] Ein Artikel in *The Sword and the Trowel* mit dem Titel "Absonderung, nicht Spaltung" greift denselben Punkt auf: "Absonderung von solchen, die grundlegenden Irrtum dulden, oder untergehenden Seelen das 'Brot des Lebens' vorenthalten, ist nicht Spaltung, sondern das, was die Wahrhaftigkeit und das Gewissen und Gott von allen verlangt, die treu erfunden werden wollen."[13]

Die Krise am Ende des letzten Jahrhunderts legte die Schwächen der Fundamente der Vereinigungen bloß, die in einem früheren Abschnitt des Jahrhunderts gegründet worden waren. Ihren Gründern war es um die unmittelbaren, praktischen Vorteile gegangen, die sich aus einer engeren Verbindung der Gemeinden mit der gleichen Kirchenordnung ergaben. Mit den langfristigen Folgen hatten sie sich nicht so sehr befaßt. Sie hatten im großen und ganzen das Bestreben der Puritaner aufgegeben, die Einheit des Leibes Christi, also der Kirche, sichtbar im Lande offenbart zu sehen, und begnügten sich, vorerst zumindest, mit der Bewahrung ihrer eigenen besonderen Grundsätze innerhalb der Denominationen. So notwendig das gewesen sein mag, es war mehr ein zweckdienlicher als ein in vollem Sinne schriftgemäßer Kurs, denn die dauerhafte Trennung von Christen, das heißt jenen, die dem einen apostolischen Evangelium treu sind, läßt sich wohl kaum durch Meinungsverschiedenheiten über die äußerlichen Dinge der Kirchenordnung rechtfertigen. Das Neue Testament

---

[12] *Sword and Trowel*, 1888, 249.
[13] ebd. 1888, 127.

setzt die Bedeutung einer soliden Kirchenordnung und -verfassung nicht herab, doch was immer es hier für Schwierigkeiten geben mag, es kann niemals zugebilligt werden, daß die Schrift dauerhafte Aufspaltung *wahrer* Kirchen in derselben geographischen Örtlichkeit in verschiedene Gruppen zuläßt. Als sich jedoch Ansehen und Stärke der nonkonformistischen Denominationen während des letzten Jahrhunderts entwickelten, geriet der Gedanke ins Abseits, daß niemand seine Denomination der einen Kirche des Neuen Testaments gleichsetzen kann, und die Verwirrung steigerte sich bis zu dem Punkt, wo das Verlassen einer Denomination so angesehen wurde, als wäre es gleichbedeutend mit dem Verlassen "der Kirche". So geißelten die Liberalen Spurgeons Austritt aus der Union - so wie die Bischöfe des 17. Jahrhunderts die Puritaner gebrandmarkt hatten -, als hätte er ein Verbrechen begangen. "Jene, die so übermäßig liberal, großherzig und weit sind", bemerkte Spurgeon, "mögen doch so gut sein und uns gestatten, uns den Reizen ihrer Gesellschaft zu entziehen, ohne die volle Wucht ihres Zornes spüren zu müssen."[14] Andere, die mehr orthodox gesinnt waren, waren viel zu durcheinander in ihren Gedanken über die Beziehung zwischen Treue zur Denomination und Treue zur Schrift, um Spurgeon zu verurteilen oder ihm beizupflichten. Sie verfielen in eine Lähmung der Unentschiedenheit und wurden leichte Opfer einer Politik des Zweckdienlichen.

(3) Die Down-Grade-Kontroverse zeigte eine Bereitschaft aufseiten vieler Pastoren, ihren Mangel an entschlossenem Handeln dadurch zu rechtfertigen, daß sie auf den größeren Nutzen hinwiesen, den sie sich von der Anpassungspolitik versprachen. Das war die Haltung jener, die Spurgeons Anliegen teilten, jedoch seinen Austritt bedauerten, da sie ihn gegen den Einfluß abwägten, den er hätte ausüben können, wäre er in der Union geblieben. Auch diese Sicht wurde in den Zeitungen vertreten. *The Scotsman* fragte: "Sollte er nicht vielmehr (in der Union) bleiben, und all seinen großen Einfluß dazu nutzen, sie auf ihrem Weg bergab zu bremsen?" Ebenso *The Standard* in Chicago: "Besser, diesen Zeitströmungen, soweit sie existieren, dort zu widerstehen, wo wir Auge

---

[14] *Sword and Trowel*, 1888, 620.

in Auge mit ihnen zusammentreffen, als von einer Position außerhalb."[15]

Dieses Argument war Spurgeon nicht neu. In einer Predigt über Daniel 6 im Jahre 1868 sprach er darüber, daß Daniel vermutlich durch den Gedanken versucht wurde, der wahren Religion könnten große Dienste erwiesen werden, wenn er vorsichtiger vorgehe und am Hofe des Darius am Leben bliebe; und in dem Zusammenhang erklärte er: "Dieses Argument habe ich hundertmal gehört, wenn Menschen gedrängt wurden, eine falsche Position zu verlassen und das Richtige zu tun. Doch was gibt euch und mir das Recht, unseren Einfluß und unsere Position auf Kosten der Wahrheit zu bewahren? Es ist niemals richtig, ein wenig Unrecht zu tun, um größtmöglichen Nutzen zu bewirken . . . Eure Pflicht ist es, das Rechte zu tun und Gott die Folgen zu überlassen."[16] Es kann keinen Zweifel geben, daß Spurgeon sich in der Down-Grade-Kontroverse (auch ohne den Rat "verständiger" Freunde und Zeitungen) sehr wohl bewußt war, daß seine Entscheidung, gegen den vorherrschenden Strom der öffentlichen Meinung zu stehen, seine Stellung als Kirchenführer sehr schwächen konnte. In den Monaten ziemlicher Isolation, die seinem Austritt aus der Union im Oktober 1887 folgten, hatte er genügend Zeit zu beobachten, daß er nicht wie in früheren Tagen Männer mit sich zog, doch er war überzeugt, daß es hier um ein biblisches Prinzip ging, das alle persönlichen Erwägungen bedeutungslos machte. "Ich achte auf keinen Menschen, auch auf keine Zeitung, sondern nur auf Gott", erzählte er einer Versammlung von Pastoren im April 1888. Später im selben Jahr handelt ein kurzer Beitrag aus seiner Feder in *The Sword and the Trowel* von einer Versuchung, die er wohl selbst zur Zeit der Krise gefühlt haben mag:

"Versagen in einem entscheidenden Augenblick kann ein ganzes Lebenswerk verderben. Ein Mensch, der besonderes Licht empfangen hat, hat auch den Mut bekommen, im Weg des Herrn zu folgen, und ist gesalbt, andere darin zu führen. Er wächst in der Liebe und Wertschätzung der Frommen, was wiederum sein Vorankommen unter den Menschen fördert. Und dann? Die Versuchung kommt, um die Stellung besorgt zu sein, die er erlangt hat, und nichts zu tun, was sie gefährden könnte. Der Mann, der

---

[15] Pike, 6, 288.
[16] 14, 331.

so lange ein treuer Mann Gottes war, geht Kompromisse mit Weltmenschen ein und denkt sich, um sein eigenes Gewissen ruhig zu stellen, eine Theorie aus, nach der solche Kompromisse gerechtfertigt und sogar empfehlenswert sind. Er erntet Lobeshymnen von 'den Verständigen'; er ist, in Wahrheit, zum Feind übergelaufen. Das ganze Gewicht seines bisherigen Lebens zählt jetzt für die falsche Seite . . . Um ein solches Ende zu vermeiden, gehört es sich für uns, allezeit standhaft zu sein."[17]

Im Jahre 1891, seinem letzten Lebensjahr, hielt er eine weitere Predigt über einen Text aus dem Buch Daniel, diesmal über die Entschlossenheit der drei Gefährten Daniels, die für ihre Weigerung, sich Nebukadnezar zu beugen, in den Feuerofen geworfen wurden. Im ersten Abschnitt der Predigt listet er die Ausreden auf, welche die drei Männer hätten benutzen können, um eine Nachgiebigkeit zu rechtfertigen, die sie vor dem Ofen bewahrt hätte. Sie hätten sagen können "Wir können mehr Gutes tun, wenn wir leben", der Tod würde "uns alle Möglichkeit nehmen, nützlich zu sein". Hierzu führt Spurgeon aus:

"Ah, meine lieben Brüder! Von dieser Denkweise sind viele verführt worden. Obwohl ihr Gewissen ihnen sagt, sie sollten gehen, bleiben sie, weil, wie sie sagen, sie dann von größerem Nutzen sind als wenn sie 'außerhalb des Lagers' wären. Das bedeutet, Böses zu tun, damit Gutes herauskommt, und kann von keinem erleuchteten Gewissen geduldet werden. Wenn ein Akt der Sünde meine Nützlichkeit verzehnfachen würde, habe ich dennoch kein Recht, ihn auszuführen. Wenn ein Akt der Gerechtigkeit vermutlich all meine scheinbare Nützlichkeit zunichte machen würde, muß ich ihn dennoch tun. Euch und mir steht es an, das Rechte zu tun, wenn auch die Himmel herabfielen, und dem Befehl Christi zu gehorchen, was auch die Folgen sein mögen. 'Das ist starke Kost', sagt ihr? So seid denn starke Männer und zehrt davon . . . "[18]

Die Down-Grade-Kontroverse sollte Spurgeon nicht überleben. Nachdem er die ersten Wochen des Jahres 1891 in Mentone, im sonnigen Süden Frankreichs, verbracht hatte - einem Ort, der seit langem sein liebster Zufluchtsort gewesen war, wenn ihn die Gesundheit im Stich ließ - war Spurgeon im Februar

---

[17] *Sword and Trowel*, 1888, 620.
[18] 37, 426.

zurück im kalten, nebligen London und verrichtete seine tägliche Arbeit bis Sonntag, den 17. Mai, als er vor dem Abendgottesdienst von Krankheit und Schmerz übermannt wurde. Nach diesem Anfall, der fälschlich als Influenza diagnostiziert wurde, predigte er bis zum Morgen des Sonntags, des 7. Juni, nicht, und dieser Gottesdienst, so sollte sich zeigen, war das Ende der achtunddreißigjährigen Amtszeit in der Gemeinde, die ihn seit jenem fernen Frühling 1854 mit ihrer Liebe und ihren Gebeten umfangen hatte. Die folgende Woche verbrachte er in seinem geliebten Essex inmitten der Umgebung seiner Kindheit, um einen Photographen umherzuführen, der für sein kleines Buch "Erinnerungen an Stambourne" Photos machen sollte. Die Menschen erzählten von James Spurgeon, dem alten Independenten-Pastor von Stambourne, daß er, der in mittleren Jahren ein von Gicht Gequälter gewesen war, dieses Leiden später hinter sich ließ und neunzig Jahre alt wurde. Die Hoffnung war, daß sein Enkelsohn die gleiche Erfahrung machen möge. Aber es sollte nicht sein. Neben der Gicht hatte er jetzt ein tödliches Nierenleiden. Nach London zurückgekehrt, folgten drei Monate schwerer Krankheit, bevor er in der Wärme der Septembersonne ein paar Schritte machen konnte. Lesen, schreiben, denken konnte er jetzt nur wenig, obwohl die Kontroverse der letzten fünf Jahre noch immer auf seinem Herzen lastete. Als er am 26. Okt. 1891 auf dem Bahnsteig von Herne Hill Station auf die Abfahrt zu seinem letzten Aufenthalt in Mentone wartete, waren seine Abschiedsworte an seine Freunde: "Der Kampf tötet mich."

Doch im Hotel Bean-Rivage, Mentone, wo er mit Mrs. Spurgeon wohnte, hoffte er noch auf eine Rückkehr in neuer Kraft, um seine "stummen Sabbate" zu beenden. Am letzten Abend des Jahres und am 1. Januar 1892, als es trotz des weit fortgeschrittenen Nierenleidens den trügerischen Anschein einer Genesung gab, hielt er zwei Ansprachen an eine Gesellschaft in seinem Schlafzimmer. Am nächsten Tag schrieb er an Archibald Brown: "Schuldner der freien, souveränen Gnade, so werden wir gemeinsam unserem erlösenden Herrn lobsingen, Welten ohne Ende." Sein letztes Lied auf Erden waren Worte aus dem Lied "The Sands of Time are sinking" von Samuel Rutherford, die er am Ende eines kurzen Schlafzimmer-Gottesdienstes am 17. Januar sang. Am Ende derselben Woche sagte Spurgeon zu seinem treuen

Freund und Sekretär J. W. Harrald[19]: "Mein Werk ist getan." Den größten Teil der letzten Januarwoche verbrachte er in Bewußtlosigkeit, bis er in der letzten Stunde des letzten Tages dieses Monats über die leuchtende Brücke zur Herrlichkeit ging. Sein persönliches Zeugnis für das Evangelium seines Erretters war vollendet. Jahre früher hatte er bezeugt: "Ah! Die Gnadenbrücke wird dein Gewicht tragen, Bruder. Tausende großer Sünder sind über die Brücke gegangen, ja, zehntausende haben sie überschritten. Ich kann ihre Fußtritte hören, wie sie jetzt die großen Bogen der Brücke des Heils überqueren. Sie kommen zu Tausenden, zu Myriaden; seit dem Tag, an dem Jesus in Seine Herrlichkeit einging, kommen sie, und noch nie ist ein Stein geborsten in dieser mächtigen Brücke. Manche waren die Größten der Sünder, und einige kamen am allerletzten Tag ihres Lebens, aber nie hat der Bogen unter ihrem Gewicht nachgegeben. Ich werde mit ihnen gehen im Vertrauen auf dieselbe Tragkraft; sie wird mich hinübertragen, genau wie sie jene getragen hat."

Am Montag, dem 1. Februar waren an der Umzäunung des Metropolitan Tabernacle gedruckte Abzüge des Telegramms angebracht, das die Neuigkeit mitteilte:

---

[19] J. W. Harrald, 1849 in Bury St Edmunds geboren, war selbst Diener des Evangeliums und in der Lage, den Dienst auf der Tabernacle-Kanzel zu versehen. Theologisch war er eines Sinnes mit Spurgeon. Vom Frühjahr 1878 an brachte er seine literarischen und stenographischen Fähigkeiten als Privatsekretär ein. Der Wert dieses unentbehrlichen und treuen Dieners scheint von Spurgeons Biographen verkannt worden zu sein, aber es ist wahrscheinlich keine Übertreibung, wenn A. Harwood Field in seinem kurzen Lebensbild von *Joseph William Harrald* schreibt: "Mit dem Tode seines geliebten Chefs verlor Mr. Harrald die Freude am Leben. Er hatte für Spurgeon gelebt, für ihn gedacht, für ihn gehandelt, war ihm eine Stärke gewesen." Es war größtenteils Harrald zu verdanken, daß Spurgeons Predigten in den zwanzig Jahren nach seinem Tode weiterhin sorgfältig für den Druck vorbereitet wurden wie vorher. Während der Revisionsarbeit an einer dieser Predigten wurde Harrald am 1. Juli 1912 in aller Stille heimgerufen. Danach bereiteten andere aus der abnehmenden Fülle von Manuskripten die wöchentliche Spurgeon-Predigt, bis die große Serie im Jahre 1917 endete. Spurgeons anderer Sekretär und literarischer Assistent war J. L. Keys (gest. 1899), durch dessen Hände von 1867 bis 1891 sämtliche Veröffentlichungen Spurgeons gingen. *Autobiography*, 3, 201.

"Mentone 11.50h

Spurgeons Tabernacle, London.

Unser geliebter Pastor ist Sonntag nacht, 11.05h in den Himmel eingegangen,

Harrald."

Eine Woche später stand der Sarg mit den irdischen Überresten im Tabernacle aufgebahrt, mit der schlichten Inschrift, deren Bedeutung jene, die mit ihm in der Down-Grade-Kontroverse gestanden hatten, verstehen konnten:

In liebender Erinnerung

CHARLES HADDON SPURGEON

geb. Kelvedon, 19. Juni 1834
in Jesus entschlafen am Sonntag, 31. Jan. 1892

"Ich habe den guten Kampf gekämpft, ich habe meinen Lauf vollendet, ich habe den Glauben gehalten."

Die Meinung verbreitete sich, daß Spurgeon den Vers des Paulus als seine eigenen letzten Worte gesprochen hatte, doch sein "Waffenträger", J. W. Harrald, der bis zum Ende bei ihm war, bestritt das: "Er hat die Worte nicht gesprochen: Es wäre gegen den ganzen Geist seines Lebens gewesen, solches zu tun; seine Einschätzung seines eigenen Werkes und Wertes war viel zu bescheiden, um diese inspirierten Worte zu gebrauchen."[20]

---

[20] *Sword and Trowel*, 1892, 131.

Am 5. Febr. 1882 sprach Spurgeon in einer Predigt über die Worte 'Von da an wandten sich viele seiner Jünger ab und gingen hinfort nicht mehr mit ihm':

"Der Abfall geschah hier aufgrund von Lehrfragen . . . Die Wahrheit war zu schwer für sie, sie war unerträglich. 'Das ist eine harte Rede, wer kann das anhören?' Ein wahrer Jünger sitzt zu Füßen seines Meisters und glaubt, was ihm gesagt wird, selbst wenn er die Bedeutung nicht ganz versteht oder den Grund für seines Meisters Worte nicht sieht. Aber diese Männer hatten nicht den erforderlichen Geist eines Jüngers, und folglich, als ihr Meister den inneren Teil der Rolle der Wahrheit öffnete, wollten sie seinem Vortrag nicht zuhören. Sie wollten glauben, soweit sie verstehen konnten, aber als sie nicht begreifen konnten, machten sie kehrt und verließen die Schule des Großen Lehrers. Zudem hatte der Herr Jesus Christus die Lehre von der Souveränität Gottes gelehrt, und von der Notwendigkeit des Geistes Gottes, um Menschen zu Ihm zu führen, gesprochen, denn Jesus wußte von Anfang an, wer die waren, die nicht glaubten, und wer ihn verraten würde. Und er sprach: Darum habe ich euch gesagt: Niemand kann zu mir kommen, wenn es ihm nicht vom Vater gegeben ist.' Hier sprach unser Herr ein Stück altmodischer Lehre von der freien Gnade aus, wie sie die Leute unserer Tage nicht leiden können. Sie nennen sie 'Calvinismus' und legen sie beiseite zu den alten, überholten Grundsätzen, von denen unsere aufgeklärte Welt nichts weiß. Welches Recht sie haben, diese uralte Lehre dem Genfer Reformator zuzuschreiben, weiß ich nicht. Unser Herr Jesus jedenfalls zögerte nie, diese Wahrheit Seinen Feinden ins Gesicht zu schleudern. Er erzählte ihnen: 'Ihr glaubt nicht, denn ihr gehört nicht zu meinen Schafen.' 'Niemand kann zu mir kommen, es sei denn, der Vater, der mich gesandt hat, ziehe ihn.' Hier sagt Er ihnen ganz klar, daß sie nicht zu Ihm kommen konnten, wenn der Vater ihnen nicht die Gnade zu kommen gab. Die erniedrigende Lehre konnten sie nicht annehmen, und so gingen sie fort."

C. H. Spurgeon (Predigten)

8: FREIE GNADE UND DIE DOWN-GRADE-KONTROVERSE IN DER RICHTIGEN PERSPEKTIVE

Wir waren bemüht, auf den vorangegangenen Seiten Spurgeons Überzeugungen anhand der drei großen Kontroversen seines Lebens aufzuspüren - der Kontroverse, die aus der starken Verkündigung eines "calvinistischen" Evangeliums während seines New Park Street Dienstes entstand, dann der Kontroverse um die Taufwiedergeburt im Jahr 1864, und schließlich der Down-Grade-Kontroverse, welche die Lebenskräfte seiner letzten Jahre aufzehrte. Zeitgenössische wie spätere Schreiber haben gleichermaßen Bedauern zum Ausdruck gebracht, daß Spurgeon seine Kräfte in diesen Disputen verausgabte: "Es schmerzt mich unsagbar", schrieb John Clifford 1888, "wie dieser erhabene 'Seelengewinner' die Energien tausender Christen dazu entflammt, sich in persönlichen Kampf und Streit einzulassen, anstatt sie dafür zu begeistern, wie er gewiß könnte, in anhaltendem heroischen Einsatz unseren Landsleuten die gute Botschaft von Gottes Evangelium zu bringen."[1] Spurgeon, der Streiter, war nicht der wahre Spurgeon, behauptete Clifford. Und in der Regel wurden diese drei Kontroversen denn auch sehr oberflächlich, wenn überhaupt, behandelt, mit der Begründung, daß sie nicht den "wahren" Spurgeon verkörpern: in New Park Street war er jung, und seine Ansichten waren unreif, oder, in der Down-Grade-Kontroverse war er krank und sein Urteilsvermögen getrübt!

Das ist gewiß eine schnelle Art, mit kontroversen Themen fertigzuwerden, doch steht sie in direktem Gegensatz zu Spurgeons eigenen tiefsten Überzeugungen, denn für ihn waren diese drei Kontroversen wichtige Ereignisse in seiner langen Amtszeit. Zweifellos betrachtete er die Fragen, um die es ging, als von größter Bedeutung für den Protestantismus und das zukünftige Wohl Englands, denn er sah die Tragweite der fraglichen Themen, sah, wie sie ihre Schatten weit voraus in die Zukunft warfen - "jetzt zu schwanken, jetzt die Lehre zu fälschen wird Folgen haben für

---

[1] Pike, 6, 297.

Kinder, die noch nicht geboren sind, für Generation nach Generation."[2] Die Antithese, die Clifford zwischen Evangeliumsverkündigung und Kontroverse zeichnete, war grundlegend falsch.

Spurgeon wich niemals von dem Glauben ab, den er in jungen Jahren so kraftvoll zum Ausdruck gebracht hatte, nämlich daß die Lehren von der Gnade die einzige Grundlage für gesunde Evangeliumsverkündigung und für einen biblischen Glauben sind, und um der Verständlichkeit im Gespräch willen war er bereit, die allgemeine Bezeichnung dieser Lehren als Calvinismus zu akzeptieren. Diese Position hat er nie verlassen. Eine Meldung im *Brighton Examiner* im Jahre 1859, daß er dabei war, seine calvinistischen Lehren aufzugeben, veranlaßte ihn zu entgegnen: "Die Aussage, die Sie betreffs meiner Widerrufung calvinistischer Lehren gemacht haben, ist von vorn bis hinten frei erfunden . . . lehrmäßig bin ich derselbe wie eh und je, und ich hoffe, daß ich derselben großartigen Wahrheit bis zum Tode treu bleiben werde."[3] Und 1884 konnte er noch immer erklären: "Wenn alle Menschen, die leben oder jemals leben werden, den alten Calvinismus aufgeben sollten, wird einer bleiben, der daran festhalten wird, und zwar deshalb, weil nichts anderes für ihn in Frage käme. Man müßte mein Leben auslöschen, bevor man meine Überzeugung von der Wahrheit der Gnadenlehren jemals von mir nehmen könnte."[4]

Zugegeben, als Spurgeon eine festere Gemeinde im Metropolitan Tabernacle hatte, wo er einunddreißig Jahre lang predigte, waren einige der Schwerpunkte aus den New Park Street- und Surrey Music Hall- Tagen nicht so bestimmend, und die Einfügung des Calvinismus in die Gesamtheit seines Dienstes gelang ihm mit größerer Reife als früher. Aber wenn auch die Form der Darstellung verfeinert war, so war doch die Lehre unverändert. Dieselben Überzeugungen lagen all seinem Predigen zugrunde, und anstatt zu denken, daß er in seinem frühen Calvinismus zu weit gegangen war, erinnerte er sich an den offenkundigen Segen Gottes, der seine Botschaft begleitete. 1872 sagte er in einer Predigt: "Vor nahezu zwanzig Jahren begann unser Dienst in dieser Stadt, unter viel Widerstand und feindseliger Kritik . . . jede unserer Predigten war voll des altmodischen Evangeliums . . .

---

[2] *An All-Round Ministry*, 360.
[3] Pike, 2, 327.
[4] 30, 672-83.

Wir legten vor der Welt die alte reformatorische Lehre bloß, die Calvinistische Wahrheit, die Augustinische Lehre und das Paulinische Dogma. Wir schämten uns nicht, 'das Echo eines veralteten Evangeliums' zu sein, wie einige Neunmalkluge uns nannten."[5]

Gegen Ende seines Lebens schrieb er, nachdem er die frühen Predigten vor der Wiederveröffentlichung noch einmal überprüft hatte: "Ich war glücklich festzustellen, daß ich keinen Anlaß hatte, irgendeine der Lehren zu ändern, die ich in jenen frühen Tagen meines Dienstes gepredigt hatte."[6]

In den drei Jahrzehnten zwischen Spurgeons erster Kontroverse und seiner letzten hatten sich große religiöse Veränderungen in England ereignet. Einerseits war da die Entstehung der historisch-kritischen Bewegung, von der wir schon berichtet haben, andererseits eine neue Flut evangelistischer Rührigkeit. Die Jahre um 1859 - die Zeit der großen Erweckung in Ulster - waren Jahre kraftvollen Aufschwungs unter den Evangelischen: Evangelisten wie Brownlow North füllten Theaterräume in Londons Westend, protestantische Gesellschaften hielten große Versammlungen in der überfüllten Exeter Hall ab, erbauliche Literatur und Traktate flossen aus der Presse, alte wie neue Missionsgesellschaften sandten Menschen in alle Teile des Empire, über dem die Sonne nicht unterging. In dieser ganzen Rührigkeit war Spurgeon führend. Seine eigenen reichlich unterstützten Einrichtungen wie das Stockwell Waisenhaus, sein Bibelverteilbund und die Gesellschaft von Evangelisten waren im Einklang mit dem allgemeinen Unternehmungsgeist, und ein Großteil von Spurgeons Zeit war praktischen Dingen und der Tätigkeit kraftvollen Organisierens gewidmet.

Doch als die Jahre vergingen, gab es Anzeichen, daß der populäre, weitverbreitete Evangelikalismus, der das Land

---

[5] 18, 559. Als eine Frucht solcher Evangeliumsverkündigung sieht Spurgeon den Umstand, daß jene, die sich um Kirchenmitgliedschaft bemühten, "deutlich unter Beweis stellten, daß sie in den Lehren, die sich um das Bündnis der Gnade ranken, gut unterrichtet waren." Er fügt hinzu: "Meines Erachtens ist ein Grund dafür, daß unsere Kirche über so viele Jahre von Gott so außerordentlich gesegnet wurde, darin zu finden, daß die Mehrheit der neuen Mitglieder in dem altmodischen Glauben der Puritaner und der Covenenter wohlgegründet waren." *The Early Years*, 530.

[6] *The Early Years*, 396

bewegte, in der Kirche keine tiefe Verbindlichkeit gegenüber den historischen Glaubensbekenntnissen hervorbrachte, die die Evangelischen bis dahin als definitive Bestimmung biblischen Christentums angesehen hatten. Im Gegenteil, ein Trend fort von älteren Lehrpositionen entwickelte sich unter jenen, die an vorderster Front evangelistischer Arbeit und augenscheinlichen Erfolges standen. Diese Veränderung beobachtend war Dr. R. W. Dale, der Führer der Kongregationalisten in Birmingham, einer der ersten, der aufzeigte, daß Spurgeons lehrmäßige Überzeugungen nicht länger repräsentativ für den freikirchlichen Evangelikalismus im ganzen waren. In einem Beitrag im *Daily Telegraph* am Weihnachtstag 1873 begrüßte Dale den neuen Evangelikalismus, dessen Unterschiedlichkeit zur alten Orthodoxie er offen zugab, und er äußerte als seine Meinung, daß "der Calvinismus unter Baptisten beinahe als veraltet ausgemustert wäre, wenn er nicht durch Mr. Spurgeons kraftvollen Einfluß noch verteidigt würde." Das veranlaßte Spurgeon, einen Leitartikel in *The Sword and the Trowel* mit dem Titel "Die gegenwärtige Position des Calvinismus in England" zu schreiben, und dieser Artikel ist insofern sehr interessant, als er seine Einschätzung der Lage im Februar 1874 wiedergibt. Sein Urteil fiel sehr verschieden von Dales Urteil aus: "Wir sind überzeugt, daß der Calvinismus, den zu predigen unsere Freude ist - weit entfernt davon, eine veraltete Theorie zu sein - in zunehmendem Maße die Gedanken vieler Christen beschäftigt . . . Das, was wir Calvinisten für die richtigen Ansichten halten, ist im Aufschwung begriffen."[7]

So war Spurgeon sehr zuversichtlich, daß die calvinistischen Wahrheiten eine bleibende Kraft im Evangelikalismus bleiben würden. Gleichzeitig mit diesem Meinungsaustausch mit Dale jedoch fanden im Norden Großbritanniens Ereignisse statt, die im Endeffekt die Veränderungen, die Dale bereits beobachtet hatte, kraftvoll beschleunigen sollten. Im Sommer 1873 waren D. L. Moody und Ira Sankey mit dem erklärten Vorsatz nach England gekommen, "zehntausend Seelen für Christus" zu gewinnen. Anfangs fast unbekannt, waren sie nach ihren Kampagnen in York, Newcastle und Sunderland in aller Munde. Dann kamen sie gegen Ende November 1873 auf Einladung eines Pastors in die schottische

---

[7] *Sword and Trowel*, 1874, 49-53.

Hauptstadt, wo sie eine neun Monate während Verkündigungsarbeit begannen, die in ganz Großbritannien die Hoffnung der Christen weckte. Die Reaktion auf Moodys geradlinige Predigt und Sankeys Gesang war groß und schien dafür zu sprechen, daß eine neue Erweckungszeit angebrochen war. Ein Beitrag von Archibald Brown in der Ausgabe vom März 1874 von *The Sword and the Trowel* mit dem Titel "Die kommende Erweckung" sprach von dem "Erweckungsgeist" und der "rollenden Flutwelle religiöser Begeisterung" in Edinburgh.[8] In derselben Ausgabe erschien der Artikel "Einige Worte zu den Einwänden gegen Erweckungen" von Spurgeon, und ohne die beiden Amerikaner beim Namen zu nennen, brachte er seine Überzeugung zum Ausdruck, daß "die gegenwärtige gnädige Heimsuchung, die viele Teile Schottlands und Englands erleben, vom Herrn ist."[9] Die April-Nummer enthielt den Bericht eines begeisterten Augenzeugen von der "Erweckung im Norden", mit Nachrichten von Neubekehrten, die "in der schottischen Hauptstadt zu Hunderten der Kirche hinzugetan wurden."[10]

Es gab vieles an Moody, das die Zuneigung Spurgeons hervorrief. Er mochte die Schlichtheit des Yankee. Er sah mit Wohlwollen den Unternehmungsgeist, der Moody in Mitleid mit ihren Seelen den Menschen nachgehen ließ, und Moodys Bereitschaft, sich über verstaubte Traditionen hinwegzusetzen. Vor allem war er eins mit ihm in seiner Verkündigung der unmittelbaren Errettung durch den Glauben in das Blut Jesu. Spurgeon hatte amerikanischen "Erweckungspredigern" lange kritisch gegenübergestanden, aber mit Moodys Wirken in Schottland, so glaubte er, war es etwas anderes. Eine Kraft war gegenwärtig, die größer war als der Mensch, und nicht wenige der geistlichen Führer Schottlands sahen darin eine göttliche Heimsuchung. Sie hielten Moody für einen Diener des Evangeliums in einer Erweckung, deren Reichweite größer war als nur die Gebiete, die von den beiden Amerikanern besucht wurden; und die Tatsache, daß das Werk sich an Orten ausdehnen und vertiefen konnte, die von Moody vergleichsweise unberührt waren, bestätigte den Glauben an eine Bewegung des Geistes Gottes.

---

[8] *Sword and Trowel*, 1874, 113.
[9] ebd. 139.
[10] ebd. 153.

So ist es denn nicht überraschend, daß Moody und Sankey, als sie 1875 nach London kamen, die feste Unterstützung des Pastors des Metropolitan Tabernacle hatten. Das Wirken im Süden jedoch blieb hinter dem zurück, was im Norden bezeugt worden war. Ein Versuch einiger Pastoren, den Besuch der beiden Männer als Anstoß für weitere evangelistische Unternehmungen zu nutzen, schlug fehl, denn "die Versammlungen fielen augenblicklich in sich zusammen", sobald die Evangelisten in eine andere Gegend weiterzogen.[11] Über die abgehaltenen Missionsversammlungen schrieb Spurgeon: "Die großen Hallen waren vollbesetzt mit Christen, und so blieben die Unbekehrten draußen. Die Arbeit unterschied sich so sehr von dem, was in einer Kirche stattfindet, daß viele, die bekehrt wurden, noch nicht den Weg in ein normales Gebetshaus gefunden haben. Der Stand der Dinge in London war ganz anders als der in Schottland, und wenn auch, wie wir fürchten, das Ergebnis anders ist, so sind die verehrten Männer Gottes nichtsdestoweniger bei ihrem Meister angenommen."[12]

Das ist der Hintergrund der Moody-Evangelisationen von 1873-75. Bei der Darlegung dieses Themas geht es uns nicht darum, die geistliche Fruchtbarkeit der Arbeit einzuschätzen, sondern darum, sie in Beziehung zu dem sich abzeichnenden Muster lehrmäßiger Veränderung zu setzen. Spurgeon akzeptierte Moody als einen, der in der calvinistischen Tradition stand. In einem Artikel über die Reaktion auf Moodys Wirken in Sunderland

[11] Pike, 5, 154.
[12] *Sword and Trowel*, 1876, 87. "Wir sind nach den Londoner Missionstagen wenigen begegnet, die sich entschieden bekehrt hatten", sagte Spurgeon. Diese Sicht revidierte er später (ebd. 530), obwohl seine endgültige Meinung zu sein scheint: "Die Boten Moody und Sankey sind zwei gesegnete Gottesmänner, und wenn ihre Neubekehrten diesmal dahinschwanden, so war das nicht ihre Schuld." *Letters of C. H. Spurgeon*, 1923, 219. Moodys Mission war nicht kirchengebunden, sondern war von der lockeren Zusammenarbeit aller Denominationen abhängig. Für Spurgeon, dem der zunehmende Abfall in der Church of England bewußt war, war diese Vorgehensweise ein ernster Hinderungsgrund für ein gemeinsames Handeln, und er sprach mit Nachdruck gegen eine Zusammenarbeit mit "einer etablierten semi-päpstlichen Kirche". Das ist ordnungsgemäß in *The Sword and the Trowel* festgehalten und wohl kaum "ein neues Streiflicht auf Spurgeon", wie ein Moody-Biograph der jüngsten Zeit annimmt, *Moody Without Sankey*, J. C. Pollock, 1963, 139.

kommentierte er: "Die Wesleyaner witterten seine 'calvinistische Theologie' und hätten gewiß Grund gefunden, eine entschiedene Ablehnung zu rechtfertigen, wenn nicht das weise Anraten Dr. Punshons sie zu einem gegenteiligen Kurs geführt hätte." Moody kam nach Schottland mit einem "einwandfreien, durch und durch orthodoxen Zeugnis".[13]

Die anschließende Folge der Ereignisse, wie wir sie jetzt kennen, hat es uns unmöglich gemacht, Spurgeon Recht zu geben, wenn er Moody auf der calvinistischen Seite ansiedelt. Doch es war nicht leicht, die theologische Richtung zu erkennen, die Moody derzeit eingeschlagen hatte. Zum einen stand Theologie, außer wenn sie unmittelbar zur Errettung notwendig war, nicht im Vordergrund seiner Predigt. "Moodys Predigten waren alles andere als intellektuell", schrieb ein starker Befürworter, "sie waren schlichte, ehrliche, fast kann man sagen, plumpe Appelle."[14] Lehre als solche war nicht Moodys Gebiet. Aber die Unterstützung calvinistischer Presbyterianer und der augenscheinliche Zug echter Erweckung dienten dazu, die Leute von der Reinheit seiner Predigt zu überzeugen.

Zumindest ein Zeitgenosse Spurgeons, und zwar einer der größten evangelischen Prediger, die Schottland je hervorgebracht hat, wich von der landläufigen Meinung ab. Das war John Kennedy (1819-1884) aus Dingwall, der in einer bewegenden Streitschrift mit dem Titel "Hyper-Evangelisation" einige der praktischen Merkmale von Moodys Lehre und Vorgehensweise kritisierte. Der Feuerhagel von Schelte, der über Kennedy kam, brachte Spurgeon in gewisse Schwierigkeiten, da die beiden Männer gute Freunde waren. Spurgeon glaubte zwar, daß Kennedy sich irrte, bemühte sich aber nichtsdestoweniger darum, seinen Charakter zu verteidigen:

---

[13] Diese Worte erschienen in Spurgeons längsten Kommentar zu Moodys Werk, einer Buchbesprechung zu dem Buch *'D. L. Moody and His Work'*, von W. H. Daniels, *The Sword and the Trowel*, 1976, 84-7.

[14] *W. G. Blaikie*, eine Autobiographie, 1901, 334. Blaikie, in dessen Haus in Edinburgh Moody die längste Zeit des Winters 1873-74 wohnte, fügt noch hinzu: "Es ist eine bezeichnende Tatsache, daß Mr. Moody die empfänglichsten und verständnisvollsten Menschen unter den Gliedern unserer frommen Familien und frommen Gemeinden fand."

"Zu unserem Bedauern lesen wir hin und wieder die erbittertsten Kritiken an Dr. Kennedy, als wäre er ein Feind des Evangeliums. Nun, wir kennen ihn als einen der besten und heiligsten Männer, der solch strenge Schelte ganz und gar nicht verdient. Einzig der Eifer um die Wahrheit hat ihn getrieben, da sind wir gewiß. Er befürchtet, daß die Lehren von der Gnade in Vergessenheit geraten, und trägt Sorge um die göttliche Souveränität. Desweiteren befürchtet er, daß das Werk mehr der Musik als der Kraft der Wahrheit verdankt und mehr aus fleischlicher Begeisterung als aus dem Heiligen Geist entstanden ist. Sollte es eine gänzlich unverzeihliche Sünde sein, eine solche heilige Furcht zu empfinden?"[15]

Moody schien ein gutes Beispiel für einen Menschen zu sein, der, anders als die meisten Evangelisten vor ihm, das schlichte Evangelium von Bekehrung und Vergebung predigen konnte, ohne ausdrücklich calvinistisch oder arminianisch zu sein. Während beispielsweise bei Brownlow North oder Charles G. Finney ihre Verkündigung umgehend ihr theologisches System darlegte, war es bei Moody anders. So kam es, daß viele Calvinisten Moody als Evangelisten akzeptierten und sich dabei bewußt waren, daß er als Lehrer Unzulänglichkeiten aufwies. Kennedy jedoch konnte dieses Ergebnis nicht annehmen. Er glaubte nicht, daß es so etwas wie ein schlichtes Evangelium gab, das auf halbem Wege zwischen Calvinismus und Arminianismus steht, sondern daß vielmehr ein Mann, der die Grundtatsachen des Heils predigt, entweder calvinistisch oder arminianisch sein *muß,* auch wenn er auf den ersten Blick keines von beiden zu sein *scheint.* Kennedy stellte sich gegen Moody, nicht nur, weil Moody bestimmte Wahrheiten außen vor ließ, sondern weil er eben dadurch still, doch unausweichlich eine Art von Evangeliumspredigt förderte, die in ihrer generellen Tendenz sowohl Orthodoxie als auch Verkündigung, wie sie in Schottland seit der Reformationszeit bekannt waren, schwächen mußte.[16] Schreiber des 20. Jahrhunderts - ob sie

---

[15] *Sword and Trowel*, 1875, 142. J. C. Pollocks Buch *Moody Withoet Sankey* wiederholt die alten Zerrbilder von Kennedy, 118-20.
[16] Die Unterschiedlichkeit zeitgenössischer Calvinisten in ihrer Einschätzung Moodys ist höchst interessant. Horatius Bonar, bekannt für seinen Widerstand gegen den Arminianismus in früheren Tagen, schrieb eine Erwiderung auf Kennedys *Hyper-Evangelism.* Kennedy antwortete mit einer Erwiderung auf

nun für oder wider Kennedys Theologie sind - stimmen allesamt seiner Sichtweise vom Trend der neuen Verkündigung zu. Carnegie Simpson beobachtet in seinem Buch *"Das Leben des Prinzipal Rainy"* den Rückgang des alten Calvinismus vor 1873 ("nicht mehr Hodge oder Cunningham waren jetzt die meistgelesenen Männer, ganz zu schweigen von Augustin oder Calvin"), und er fährt fort, indem er beschreibt, wie die Moody Mission den Wandel im theologischen Klima vorangetrieben hat - ein Wandel, den Simpson als in die richtige Richtung gehend betrachtete: "Moodys Predigt eines 'freien Evangeliums' für alle Sünder war ein großer Beitrag zu dem Bemühen, Schottland im allgemeinen (d. h. mit Ausnahme einer begrenzten Anzahl auserwählter Geister) von der alten hyper-calvinistischen Lehre von der Erwählung und, wie es in der Theologensprache heißt, vom 'begrenzten Sühnopfer' zu befreien; er erreichte sogar mehr als John MacLeod Campbell mit seiner Lehre."[17]

Der verstorbene Prinzipal John MacLeod vom Free Church College, Edinburgh schreibt vom entgegengesetzten Standpunkt und widerlegt den Vorwurf, daß Kennedy nicht das Angebot des Evangeliums predigte; dann fährt er fort, indem er seine

Dr. Bonars Verteidigung des Hyper-Evangelismus (*A Reply to Dr. Bonar's Defence of Hyper-Evangelism*, 1875). Genau wie Spurgeon war auch Bonar nicht in theologischen Grundsätzen mit Kennedy uneins, sondern lediglich in der Frage, ob nun die Moody-Missionen in der Tendenz arminianisch waren oder nicht. Meine eigene vorsichtige Einschätzung von dieser Auseinandersetzung ist, daß Bonar angesichts der Fruchtbarkeit der Missionsveranstantungen abgeneigt war, theologische Kritik gutzuheißen, während Kennedy vielleicht dem unmittelbaren Nutzen, der Moodys Arbeit in Schottland begleitete, zu wenig Gewicht beimaß. Bonar schaute auf die unmittelbaren Segnungen und sah keine Veranlassung zur Vorsicht; Kennedy sah zunächst auf die langfristigen Folgerungen für die Lehre und gelangte somit zu weitaus kritischeren Schlüssen. Spurgeons Einstellung war weitgehend dieselbe wie Bonars. Er hatte nicht die Absicht, den Arminianismus zu dulden (Charles G. Finney wurde zur gleichen Zeit scharf kritisiert, *The Sword and the Trowel*, 1876, 213-218). Er sah nur nicht die Gefahr, die Kennedy erkannte. Kennedys Streitschrift *Hyper-Evangelism* ist in der Zeitschrift *The Banner of Truth*, Nr. 6 nachzulesen.

[17] *The Life of Principal Rainy* (volkstümliche Ausgabe), 1, 408. Campbell (1800-72) wurde nach dem Vorwurf der Irrlehre im Jahre 1831 aus dem Dienst der Church of Scotland entlassen.

Einschätzung dazu darlegt, warum Kennedy vor Moodys Lehren warnte. Zunächst von Kennedy redend sagt er:

"Niemand in seiner Generation machte sich mehr ein Gewissen daraus, ein Evangelium zu verkündigen, das ebenso voll wie frei und ebenso frei wie voll war. Aber es waren Zeiten geistlicher Ebbe, und der echte konsequente Calvinismus früherer Tage kam aus der Mode und mußte einer Darstellung des Evangeliums weichen, die, ohne ausgesprochenermaßen arminianisch zu sein, nicht mehr, wie die älteren evangelischen Prediger, die Betonung auf die Neugeburt als ein göttliches Eingreifen legte. Diese veränderte Botschaft legte die Betonung auf das Bedürfnis des Sünders nach Vergebung und verschwieg dabei sein gleichermaßen dringendes Bedürfnis nach Neugeburt. Sie bestand darauf, daß sein Leben in Ordnung kommen müsse, machte aber nicht ausreichend deutlich, daß er zunächst ein verändertes Herz brauchte. Aus diesem Zusammenhang heraus sprach der neuere Evangelikalismus weniger vom Heiligen Geist und Seinem Wirken, das uns in Christus zum Wandel in neuem Leben befähigt, als es die vollere Botschaft tat, die die Annahme des Sünders bei Gott und die Verwandlung der menschlichen Natur als gleichermaßen notwendig verkündete."[18]

Offensichtlich standen im Jahre 1874 Spurgeons Ansichten von der Lage des Calvinismus nicht auf dem Boden der Wirklichkeit. Er selbst hielt unerschütterlich an seinen Glaubensinhalten fest und war optimistisch, daß der evangelikale Trend zugunsten und nicht zu ungunsten seiner Position war. In dieser Hoffnung widerlegte er Dales Andeutungen, daß der Calvinismus veraltet sei, und glaubte, anders als Dr. Kennedy, nicht, daß Moodys Feldzüge eine ernste Neigung zum Zerfall der Lehre enthielten.

Eines ist gewiß. In den 1880er Jahren kam Spurgeon zu der Einsicht, daß der Strom der Zeit gegen und nicht für den Calvinismus war. Als Dale 1881 seine Ansicht wiederholte, daß "Mr. Spurgeon unter den modernen Führern der evangelischen Freikirchen mit seiner Treue zum alten calvinistischen Bekenntnis völlig alleine steht", versuchte Spurgeon nicht mehr, diese

---

[18] *Scottish Theology*, 1943, 328-9. Zu J. C. Ryles scharfsinniger Analyse der Theologie, die durch die Moody-Feldzüge populär wurde, siehe sein Werk *Holiness*, 1952, 74-75.

Aussage zu widerlegen.[19] Im Gespräch mit dem Herausgeber der *Pall Mall Gazette* im Juni 1884 machte Spurgeon folgende bezeichnende Aussage:

"Theologisch stehe ich, wo ich stand, als ich zu predigen begann, und ich stehe fast allein . . . Selbst jene, die auf baptistischen Kanzeln Dienst tun, predigen nicht genau dieselben Wahrheiten wie ich. Sie sehen Dinge anders und predigen dementsprechend natürlich anders. Obwohl wenige die wunderbare Kraft der Wahrheit leugnen, wie sie im Tabernacle gepredigt wurde, entspricht sie nicht ihren Methoden; und doch macht gerade die calvinistische Sichtweise der Dinge meine Predigten so beliebt in Schottland, in Holland, ja, sogar in Transvaal, wo kürzlich ein Reisender sein Erstaunen zum Ausdruck brachte, als er auf den Farmhöfen des Landes neben der Familienbibel oftmals Übersetzungen dieser Predigten liegen sah. Ich weiß, daß mein Predigen aber auch viele abstößt; daran kann ich nichts ändern."[20]

Dasselbe Bewußtsein der wachsenden Ablehnung der alten Theologie wird auch in seinen späteren Predigten sichtbar. In einer Predigt in Upton Chapel, Lambeth sagt er:

"*Wir glauben an den Bund Gottes.* Das ist für einige Ohren ein fremdes, unbekanntes Wort. Wir kennen Leute, die es nie gehört haben; und wenn ihre Pastoren gefragt würden, warum sie nie über den Bund predigen, würden sie entgegnen: 'Bund! Das ist doch so eine schottische Angelegenheit, nicht wahr? Etwas, das mit den Puritanern oder dergleichen zu tun hat? Die sind doch alle längst tot; fast alle jedenfalls; es gibt nur noch einige, wie Fossilien aus der Vorzeit; die halten an dieser veralteten Form von Religion fest; aber es sind so wenige, daß sie bald gänzlich ausgestorben sein werden!' *Das sagen sie,* Geschwister; aber wir werden sehen. Und in der Zwischenzeit glauben wir armen Fossilien an den Bund. Wir sind beinahe so absurd wie David, der sagte: 'Er hat mir einen ewigen Bund gesetzt, der in allem wohlgeordnet und gehalten wird.' Wer den Bund versteht, ist zum Kern, zum Mark des Evangeliums durchgedrungen, doch wie wenige interessieren sich heute dafür!"[21]

---

[19] *Sword and Trowel*, 1881, 85.
[20] *Autobiography*, 4, 240-241.
[21] *Sword and Trowel*, 1892, 391.

Obwohl er sich in den 1880ern der wachsenden Feindseligkeit gegen die Lehren von der Gnade bewußt war, hätte Spurgeon nicht den Wirbelsturm von Kritik und Verachtung gegen seinen Calvinismus voraussehen können, der gleich nach Beginn der Down-Grade-Kontroverse losbrach. In der Tat war er zu Recht überrascht, denn auf den ersten Blick bestand keine Verbindung zwischen dem Calvinismus und der Down-Grade-Kontroverse, und er hatte von Anfang an deutlich betont, daß es um die moderne Leugnung jener grundlegenden christlichen Wahrheiten ging, die lange gemeinsames Besitztum sowohl calvinistischer als auch arminianischer Evangelikaler gewesen waren. In seiner Ansprache vor anderen Baptistenpredigern erklärte er im Jahre 1888: "Mir geht es nicht darum, meine eigene Lehre aufzudrängen, nicht einmal den großen alten Calvinismus. Hier ist nicht der Calvinismus, sondern vielmehr die Gottheit Christi in Frage gestellt."[22] Wiederum, von den "Übeln der gegenwärtigen Zeit" sprechend, sagte er: "Früher haben wir über spezielle und allgemeine Erlösung diskutiert, doch jetzt stellen die Menschen in Frage, ob es überhaupt eine Erlösung gibt, die des Namens wert ist."[23]

Nun, kaum war Spurgeons Vorwurf des religiösen Unglaubens im Sommer 1887 erhoben, wurde er für jene "engen" Lehren, die ihn von anderen unterschied, angegriffen. Er war mit jedem aus dem Tritt, sagte man, weil der Geist Johannes Calvins "ihn wie ein Nachtgespenst ritt". Für *The Birmingham Daily Post* war der Schlüssel für Spurgeons Austritt aus der Baptisten Union darin zu finden, daß er "ein überzeugter und leidenschaftlicher Calvinist" war.[24] *The Sunday School Chronicle* warf Spurgeon vor, er "mache die genauen Richtlinien seiner eigenen Theologie zum Maßstab, an dem Evangeliumstreue zu messen sei." "Er ist ein Calvinist", fuhr dasselbe Blatt fort, "doch es ist nicht fair, wenn er über die Treue anderer Christen zur Lehre Christi und seiner Apostel urteilt, auch nicht, wenn das anhand einer so ehrwürdigen Autorität wie des Westminster Katechismus geschieht."[25] Ein Pa-

---

[22] Pike, 6, 301.

[23] *An All-Round Ministry*, 285. Siehe auch *Sword and Trowel*, 1888, 563.

[24] Zitiert in Pike, 6, 288.

[25] Dieses Zitat, ebenso wie die vielen anderen Zitate aus religiösen Zeitschriften und Zeitungen, die noch folgen, habe ich einem Notizbuch

stor schrieb in *The Congregational Review:* "Was aufgegeben wurde, ist nicht der Glaube, sondern lediglich der Calvinismus. Eine frühere Generation war bis ins Mark calvinistisch, in der Tat, es mangelte nicht an solchen, die den Calvinismus als das unbedingte Credo der Kongregationalisten ansahen. Das ist nicht länger der Fall . . . Wie mir scheint, sind nicht allein die Jüngeren, sondern die Mehrheit der kongregationalistischen Pastoren weit vom calvinistischen Standpunkt abgerückt, den Mr. Spurgeon weiterhin tapfer festhält." Die *Methodist Times* dachte ebenso: "Es kann nicht länger verborgen bleiben, daß Mr. Spurgeon den Anschluß zu der neuen Demokratie und zur jüngeren Generation frommer Evangelikaler verpaßt hat. Er steht still, aber die Kirche Gottes geht voran . . . altmodische puritanische Formeln treiben ihn in ein reaktionäres, besiegtes Lager."

Andere gebrauchten eine weniger maßvolle Sprache. Ein nicht-christlicher Schreiber in *The National Reformer* erklärte: "Wenn ein so schreckliches Wesen wie Mr. Spurgeons Gott existierte, würde ich ihm meine Anbetung versagen."[26] Ähnliche Aussagen kamen von innerhalb der Kirche. Ein Baptistenpastor in Leicester schrieb in *The Christian World* am 22. Sept. 1887: "Ich *hoffe,* daß ich das heilige Buch liebe, doch ich lese es nicht so wie Mr. Spurgeon es liest. Der Gott aus Mr. Spurgeons Theologie ist nicht mein Gott." In derselben Ausgabe dieser Zeitung schrieb J. P. Williams, ein kongregationalistischer Pastor aus Yorkshire: "Ich kann die Sicht des verstorbenen Henry W. Beecher voll und ganz bestätigen, daß ein Großteil des Skeptizismus unserer Tage seine Wurzel in der calvinistischen Form, christliche Wahrheit darzustellen, hat. Deshalb habe ich keine Befürchtungen, sondern begrüße mit Freude den Wunsch auf der Kanzel und in den Bänken nach einer Neudarstellung christlicher Wahrheit." Eine Glasgower Zeitschrift, *The Theological Reformer,* brachte im Oktober 1887 einen Artikel mit dem Titel "Calvinismus und Mr. Spurgeon". Der Autor empfahl Charles G. Finney und gab seine Zustimmung zu Joh. 3,16, protestierte jedoch: "Calvinismus aber

---

entnommen, das ursprünglich Spurgeon gehörte und das jetzt in einem speziellen Gedenkraum, dem 'Heritage Room', am Spurgeon's College in London aufbewahrt wird. Diese bisher wenig genutzten Notizbücher sollten jedem zukünftigen Biographen Spurgeons als Hauptquelle dienen.

[26] 'A Word to Mr. Spurgeon', 1. Juni, 1890.

bedeutet unendlich weites Abrücken von dieser evangelischen Sicht der Dinge. Johannes Calvin (Mr. Spurgeons unfehlbarer Papst) war nie bekehrt, sondern Zeit seines Lebens ein gottloser Mann. . . "

Der Pastor T. R. Stevenson, ein Mitglied des Rates der Baptisten Union im Jahre 1887, hielt es für nötig, seine scharfe Kritik an Spurgeons Glauben an den *Derby Daily Telegraph* zu senden:

"Der Pastor C. H. Spurgeon ist ein edler Mann. Wir bewundern ihn alle. Seine Großzügigkeit und Selbstverleugnung sind offenkundig. Ihn zu lieben und zu schätzen kommt einer Pflicht gleich. *Aber er ist nicht unfehlbar.* Vieles an seiner Theologie ist seiner unwürdig. Es ist nicht im Einklang mit der Bibel; es steht auch gegen die besten Instinkte der menschlichen Natur.

Um deutlich zu werden, die Tage des Calvinismus sind vorbei. Er ist krank zum Tode. Alle Wiederbelebungsmittel, die ihm von seinen Freunden so fleißig dargereicht werden, werden ihn nicht retten. Der Himmel sei Dank, die Welt ist ihm entwachsen und hat vielleicht gerade noch ein mitleidiges Lächeln für ihn übrig, weil es noch nicht gemerkt hat. Ein Bein ist im Grab. Wo wird das andere wohl in fünfzig Jahren sein? Nun, genau dort wollen wir es auf ewig liegen lassen.

Ich verbleibe, meine Herren, als Ihr ergebener Diener, T. R. Stevenson, 7. Apr. 1887."

Derselbe Mann schrieb in *The Christian World* am 16. Febr. 1888: "Die vorherrschende Unzufriedenheit mit, um nicht zu sagen die Abscheu vor dem Calvinismus ist höchst offensichtlich. Nichts fällt einem deutlicher auf. Sowohl die Presse als auch der Kirchgänger zeigen sich äußerst abgestoßen von der verhaßten Lehre aus Genf."

Ungeachtet alles dessen, was Spurgeon im Gegensatz dazu erklärte, wurde auf allen Seiten die Anklage wiederholt, daß sein wahres Ziel die Bindung der Baptisten-Union an den Calvinismus war. Und als die Vereinigung seiner ehemaligen College Studenten aufgelöst wurde, um auf einer Grundlage neu formiert zu werden, die drei Punkte mit einschloß, die Lehren von der Gnade, Gläubigentaufe und ernsthaftes Bemühen, Seelen für Christus zu gewinnen, gab es einen weiteren Aufschrei der Entrüstung über den ersten Punkt. George Hill, ein Baptistenpastor aus Leeds, schrieb:

"Mr. Spurgeon möchte alle Pastoren von der Konferenz ausschließen, die seit ihren Collegetagen irgendetwas über Gottes Wege mit den Menschen dazugelernt haben, es sei denn, das Neugelernte deckt sich mit dem, was man in Charles Hodge's *Grundzügen der Theologie* und in Cole's Buch über göttliche Souveränität findet." Ein anderer erregter Schreiber in *The Christian World* zitiert Hodge und Cole, zusammen mit calvinistischen Passagen aus Spurgeons eigenen Predigten, und beklagte das, was er für Spurgeons Absicht hielt: "Um diese schrecklichen Dogmen einmal mehr zur Bekenntnisgrundlage der Baptisten-Union zu machen, soll die Jahresversammlung gestürmt und die Vereinigung gespalten werden."

Diese Zitate zeigen den Sturm der öffentlichen Meinung, der sich in den 1880er Jahren innerhalb der Freikirchen gegen den calvinistischen Glauben erhoben hatte. Sie offenbaren auch etwas von der Feindseligkeit, die dem einzigen freikirchlichen Führer entgegengebracht wurde, der dem treu blieb, was einst gleichermaßen der historische Glaube der Presbyterianer, Kongregationalisten und Baptisten gewesen war. Zuweilen sank die Kritik so tief, daß man sie wahrscheinlich besser vergessen sollte, und doch, wenn wir Spurgeons letzten Lebensabschnitt, und was noch wichtiger ist, den theologischen Umbruch jener Zeit verstehen wollen, sollten wir die ganze Geschichte hören. Im Jahre 1890 beschrieb *The Christian World,* eine Zeitung, die einen großen Beitrag zur Bekämpfung der Orthodoxie geleistet hatte, Spurgeon als einen verzweifelnden Mann. Die Beschreibung war falsch, und doch war in einigen der Gegner Spurgeons gewiß genug Grausamkeit und Verlogenheit, um jeden zur Verzweiflung zu treiben, der nicht durch Gottes Gnade gestützt wurde. Zum Erstaunen nicht weniger war es die angeblich evangelische Zeitschrift *The British Weekly,* die am weitesten ging, indem sie am 25 April 1890 einen "Offenen Brief an Spurgeon" veröffentlichte, geschrieben von Joseph Parker - einem Londoner Nonkonformisten-Führer, der wahrscheinlich gleich nach Spurgeon der einflußreichste Kanzelredner der Hauptstadt war. Parkers beißende Worte waren unter anderem folgende:

"Wenn Leute mich fragen, was ich von Spurgeon halte, frage ich immer zurück 'Welchen Spurgeon meinen Sie - den Kopf oder das Herz - den Spurgeon des Tabernacle oder den Spurgeon des

Waisenhauses?' Die Art des Calvinismus, die der eine gelegentlich darbietet, hasse ich einfach, so wie ich Selbstsucht und Blasphemie hasse. Es ist der grinsende, schmeichelnde, verschlagene Calvinismus, der sagt: 'Preis dem Herrn, uns geht's gut, wir haben eine Erste-Klasse-Fahrt direkt in den Himmel gebucht . . .' Doch wende ich mich dem Waisenhaus zu, ist alles ganz anders. Alles ist schön. Alles ist Liebe . . . "

Feindschaft gegen die Wahrheit kann wohl kaum tiefer sinken als diese Karikatur von der Gnade Gottes, noch dazu eingewickelt in teilweise Bewunderung für ihren Sprecher!

Im Lichte des Gesagten ist es nicht überraschend, daß Zeitungen außerhalb nonkonformistischer Kreise die Down-Grade-Kontroverse ebenfalls nur als zwecklosen Protest Spurgeons gegen das Schwinden des Calvinismus ansahen.

Von anglikanischer Seite brachte *The Church Review* am 12. April 1889 einen Artikel, "Die Revolte gegen den Calvinismus, und danach?":

"Die Revolte gegen das Westminster Bekenntnis scheint rasant zuzunehmen . . . selbst des gefürchteten Dr. Parkers schärfste Attacken gegen die Credo-gebundene Kirche sind nur verschleierte Proteste gegen das Dokument, durch welches er, wie so viele seiner Glaubensgeschwister, gebunden ist . . .

Was das Westminster Bekenntnis betrifft, ist es natürlich unnötig zu sagen, daß wir nicht die geringste Sympathie dafür hegen. Diese düstere Zusammenfassung des Calvinismus war in Zeiten der Gefahr ausdrücklich gegen die Kirche ersonnen worden, und wie so viele Waffen, die gegen die Kirche standen, beginnt sie jetzt, nahezu dreihundert Jahre später, auf jene zurückzufallen, die sich bislang an ihren Schutz gehalten hatten. Was den Abfall vom Calvinismus betrifft, können wir darin nur einen Grund zum Gratulieren erkennen."

Die allgemeine Sichtweise war im *Unitarian Herald* vom 11. Nov. 1887 gut zusammengefaßt worden. Der Autor stimmte dem Urteil zu, daß Spurgeons Austritt aus der Baptisten-Union darauf beruhte, daß er auf dem Calvinismus beharrte. Er fuhr fort:

"Es kann überhaupt kein Zweifeln über die Richtung geben, in die der breite Strom fließt. Die Gedanken, welche die Menschen über Gottes Charakter und über die Bestimmung des Menschen in der zukünftigen Welt hegen, waren in den letzten Jahren einem tiefen Wandel unterzogen . . . Was zur gegenwärtigen Zeit gepredigt und geglaubt wird, ist dem weit überlegen, was unsere frommen Großeltern gewohnt waren, als Wort Gottes zu hören. Mr. Spurgeon und seine Freunde bilden lediglich eine Rückströmung oder Wasserwirbel im Strom religiösen Fortschritts. Angesichts der immensen personellen Gefolgschaft, die Mr Spurgeon hat, angesichts ihrer Zahl und der Kraft ihres Glaubens, könnte man versucht sein zu sagen - 'Dieser Mann hat ja alle Leute hinter sich'; doch das hieße eine schwerwiegend falsche Schlußfolgerung zu ziehen. Der Abbruch der Orthodoxie erfolgt nicht, ohne daß einige Überlebende darum kämpfen, etwas zu bewahren, was die Zeit mit Sicherheit hinter sich lassen wird. In der Sache kann es keine Zweifel geben. Die Verantwortlichen der Baptisten-Denomination sind sich über das, was geschieht, völlig im klaren; und so einflußreich der Name Mr. Spurgeons auch stets unter ihnen gewesen sein mag, so wissen sie doch, daß sie nicht Partei für ihn gegen die jüngeren Männer ergreifen dürfen, die den Zeitgeist auf ihrer Seite haben . . . Der große Mann muß weichen; der große Mann ist nichts vor dem Lauf des Zeitgeistes."

Somit waren viele sich darin einig zu behaupten, daß Spurgeons Theologie ungeeignet für die Bedürfnisse und den Geist der modernen Zeit war. Doch trotz der Zuversicht, die sie untereinander durch die Stärke ihrer Anzahl erzeugten, waren diese Kritiker nicht in Unkenntnis darüber, daß die Geschichte und der fortdauernde beispiellose Einfluß des Metropolitan Tabernacle der Erwiderung zuviel Gewicht verliehen, daß *sie* es ja waren, die nicht wußten, wie den Menschen zu helfen war. Konnte Spurgeons Lehre, im Licht der Wirkung, die sein Dienst erzeugte, wirklich so antiquiert und nutzlos sein wie seine Kritiker sie gern hinstellen wollten? Die Glaubwürdigkeit ihres Anliegens hing, wie sie häufig selbst sahen, davon ab, ob es ihnen gelang, glaubhaft darzustellen, daß Spurgeons Erfolg nichts mit dem Calvinismus, den er predigte, zu tun haben konnte.

Manchmal bestand die Darstellung in dem "Beweis", daß andere Prediger, die von den Puritanern zehrten, totale Versager waren. Ein Baptistenprediger, eifrig bemüht, seine Kollegen zu warnen, sich nicht verführen zu lassen, griff das Thema im Verlauf einer Rede vor einer Versammlung der Midland-Baptisten-Union auf. Einer seiner Mitstudenten in Bristol, erzählte er, hatte vier Stunden des Tages "puritanischer Literatur" gewidmet. Nach dieser "Überfütterung" kamen ihm Zweifel an dem Wert solcher Studien. "In seiner Verwirrung bat er einen berühmten Pastor (C. H. S.) um Rat. Dieser beruhigte ihn mit einer Postkarte, auf der geschrieben stand: 'Lies unbedingt die Puritaner, sie sind wertvoller als all das moderne Zeug zusammen' ." So fuhr der Student vier Jahre lang fort, sich an puritanischer Literatur zu sättigen und, behauptete der Redner, mit verheerenden Folgen! "Keine Gemeinde wollte ihn haben, und er trug sich ernsthaft mit dem Gedanken, seinen weltlichen Beruf wieder aufzunehmen. In seiner Hoffnungslosigkeit kam ihm ein guter Gedanke. In Verzweiflung verkaufte er jedes Stück puritanischer Literatur, das er besaß, und kaufte vom Erlös Stopford Brook, Robertson und einige andere derselben Schule, und innerhalb weniger Wochen bekam er eine Gemeinde." Für solche Worte der Weisheit wurde dem Sprecher von einer großen Zahl anwesender Baptistenprediger ein einstimmiges Dankesvotum ausgesprochen.[27]

In einem Brief an *The Christian World* am 22. Sept. 1887 griff W. Copeland Bowie zu kühnen Behauptungen, um jede Beziehung zwischen Spurgeons Theologie und seinem Einfluß abzustreiten:

"Mr. Spurgeon erklärt öffentlich, daß er die Wissenschaft und kritische Auseinandersetzung, sowie das fortschrittliche Leben und Denken dieser Tage verachte oder ignoriere. Er ist ein orthodoxer Calvinist, und doch strömen die Leute zu Tausenden herbei, um ihn zu hören. Müssen wir also daraus schließen, daß der Calvinismus das ist, was die Indifferenten und Unkirchlichen brauchen und begehren? Sind alle Kirchen und Kapellen, in denen die Feuer-und-Blut-Theologie schlicht und laut verkündet wird, so voll? Mr. Spurgeon lebt in einer Selbsttäuschung. Es sind seine Redekunst und sein Ruhm, seine echte Ernsthaftigkeit und Güte, und nicht sein Calvinismus, die es so schwer machen, einen Sitzplatz im Metropolitan Tabernacle zu bekommen . . . Trotz seines persönlichen Erfolges gibt es nichts, das zeigen könnte, daß der Calvinismus fähig sei, die Welt von heute aus ihren Sünden und Zweifeln zu retten."

Wir wenden uns jetzt einigen allgemeinen Beobachtungen zu, die man über den Zusammenhang zwischen dem Calvinismus und

---

[27] Der Bericht erschien in *Word and Work*, 24. Febr. 1888.

der Down-Grade-Kontroverse machen kann. Manche Fragen bieten sich unmittelbar an: Wie kam es, daß Evangelikale, die keine Calvinisten waren, samt und sonders darin versagten, als es darum ging, Spurgeon in der Kontroverse innerhalb der Baptisten-Union zu unterstützen? Weiter, warum war Spurgeons Kirche, mit ihrem klaren calvinistischen Bekenntnis, jemals in der Baptisten-Union, wenn der Widerstand gegen die alte Lehre so groß war? Zu diesem Punkt ist ein Blick in die Geschichte notwendig. Beim ersten Treffen der Baptisten Union im Jahre 1812 hatte Spurgeons Vorgänger John Rippon den Vorsitz, und eine dogmatische Erklärung wurde verfaßt, die sich, unter besonderer Anführung von persönlicher Erwählung und spezieller Erlösung, die Vereinigung calvinistischer Baptistengemeinden, den sogenannten "speziellen Baptisten", vorbehielt. Im Interesse einer umfassenden Vereinigung wurde diese Erklärung 1832 fallengelassen, und danach traten immer mehr "allgemeine" Baptistengemeinden (arminianische Evangelikale) der Union bei. Im Jahre 1863 stellten diese Allgemeinen Baptistengemeinden ein Drittel der in der Union vertretenen Kirchen, wurden somit zahlenmäßig beträchtlich von jenen übertroffen, die sich zum Calvinismus bekannten. Zehn Jahre nach diesem Datum schätzte Spurgeon, wie schon erwähnt, den Calvinismus als "zunehmend wirksame Kraft" ein und sah deshalb keinen Grund zu der Befürchtung, daß die alte Theologie in der Baptisten-Union untergehen würde.[28] Es war die Down-Grade-Kontroverse, die nicht nur das Ausmaß liberalen Glaubens in der Union an den Tag brachte, sondern auch den allgemeinen Wunsch, daß die alten calvinistischen Bekenntnisse getilgt würden. Zu der Zeit, als John Clifford, ein Allgemeiner Baptist, Präsident der Union geworden war, in den kritischen Jahren 1888-89, war aus der ehemaligen Minderheit eine mächtige Mehrheit geworden!

Wenn es Spurgeon, wie er zunächst hoffte, gelungen wäre, alle Evangelikalen innerhalb der Union auf der Grundlage jener

---

[28] In einem Brief an einen Korrespondenten, der Spurgeons Augenmerk auf einen Baptistenprediger gelenkt hatte, der Irrlehren verkündete, antwortete er am 29. Dezember 1877: "Meines Wissens gibt es nicht einmal ein halbes Dutzend (Irrlehrer) unter uns, doch wenn ich einen von ihnen angreife, stehen sie alle als Märtyrer da und bringen die vielen Treuen unter uns in große Schwierigkeiten." (Eine Kopie des Briefes liegt im Heritage Room, Spurgeon's College.)

Wahrheiten, an die sie gemeinsam glaubten, zu vereinen, hätten vielleicht manche Liberale gehen müssen. Doch selbst angenommen, eine Vereinigung baptistisch-evangelikaler Gemeinden wäre entstanden, gibt es Grund zu glauben, daß eine solche Union nicht lange gehalten hätte. Der alte calvinistische Evangelikalismus mit seinem langen Erbe und seiner spezifischen Literatur gehörte einem Ethos an, das sich zu sehr von dem damals aufkommenden Credo-feindlichen Evangelikalismus unterschied, um eine dauerhafte Einheit zuzulassen.

In gewissem Sinne war es unfair, daß sowohl Liberale als auch Evangelikale Spurgeons Calvinismus die Schuld für seinen Austritt aus der Union gaben, denn sein Protest war ehrlich, daß er ja nicht das Ziel hatte, der Union diesen Lehrstandard aufzuerlegen.[29] In anderer Hinsicht wiederum hatten jene, die Spurgeon widersprachen, Recht, wenn sie seine Urteile und Handlungen als untrennbar mit seinem lehrmäßigen Standpunkt verknüpft sahen. Da er nun einmal glaubte, daß calvinistisches Christentum biblisches Christentum sei, hielten seine Kritiker ihn in seiner Einschätzung der zeitgenössischen religiösen Szene für zwangsläufig voreingenommen. Darin hatten sie Recht. Spurgeons Theologie regierte durchweg seine ganze Weltanschauung: "Calvinismus heißt den ewigen Gott über alle Dinge zu stellen. Ich betrachte alles unter dem Gesichtspunkt, wie es in Beziehung zur Ehre Gottes steht. Ich sehe zuerst Gott, und den Menschen weit unten in der Liste. Wir haben eine zu hohe Meinung von Gott, um diesem Zeitalter nach dem Munde zu reden."[30]

Arminianische Evangelikale neigen dazu, den Kampf mit der Bibelkritik als Meinungsverschiedenheit über bestimmte Lehren zu sehen und nicht so sehr als ein Aufeinandertreffen unterschiedlicher Geister und Grundeinstellungen. Die Stärke von Spurgeons Widerstand gegen das liberale Denken lag darin, daß er es nicht nur für einen Irrtum hielt, sondern für grundlegend falsch im *Geist*. Der Kern der neuen Theologie war Unglaube an die göttliche Offenbarung, und somit waren ihre Anmaßung, ihre intellektuelle Brillanz und ihre Ansprüche im Namen von "Fortschritt" und "Wissenschaft" nichts weiter als ein Zeugnis für den Stolz des unerneuerten Menschen. In einem Wort, sein

---

[29] *Sword and Trowel*, 1888, 563.
[30] *An All-Round Ministry*, 337.

Vorwurf gegen die Down-Grade-Bewegung war, daß sie den Menschen in den Mittelpunkt hob. Anstelle von Beugung unter Gottes Wort empfahl sie dringend Anpassung an menschliche Weisheit: "Die neue Religion setzt praktisch das 'Denken' über die Offenbarung und macht den Menschen zum höchsten Richter darüber, was wahr ist und was nicht." Der Geist der Bibelkritik war gleichzeitig ihre Verdammnis, und ihre Lehrer, weit entfernt davon, höhere Erkenntnis zu besitzen, würden dadurch, daß sie in ihrem Unglauben verharren, zeigen, daß sie nicht von Gott gelehrt und erwählt waren.[31]

Wenige arminianische Evangelikale mochten zur Zeit der Down-Grade-Kontroverse einer solchen Einschätzung der Situation beipflichten. Spurgeon bezog eine höher gelegene Warte. Er beurteilte die Dinge von ihrer Gott zugewandten Seite, und es kann wenig Zweifel daran geben, daß dieser theologische Standpunkt hauptsächlich dafür verantwortlich war, daß er am Ende so isoliert dastand.

Der vage, nicht calvinistische Evangelikalismus der 1870er und 1880er Jahre versäumte jedoch im allgemeinen nicht nur, eine klare Stellungnahme gegen die Bibelkritik zu beziehen, sondern man kann sogar sagen, daß er dem Interesse dieser Bewegung diente. Manchmal gaben ihr bekennende Evangelikale ihre stillschweigende Unterstützung, wie beispielsweise Dr. John Clifford, der sich mit jenen verbinden konnte, die die Gottheit Christi leugneten, weil er glaubte, daß "Evangelikalismus und theologischer Liberalismus vereinbar" seien.[32] Häufiger jedoch wurde der historisch-kritischen Bewegung Schützenhilfe von Männern gegeben, die in ihrem Herzen nicht mit dem Zweifel an der Heiligen Schrift sympathisierten. Wir erwähnten bereits, wie der aufkommende Evangelikalismus der 1870er Jahre im Schwerpunkt undogmatisch und an historischen Bekenntnissen

---

[31] vergl. seine Predigt über Joh. 6,45 "Erlesene Lehren für die Auserwählten", 45, 38.

[32] Cliffords Einstellung kam in der Down-Grade-Kontroverse zutage. Vorher hatte Spurgeon zuweilen Gottesdienste für ihn übernommen. Einmal, vor dem Gottesdienst in Cliffords Sakristei, sprach Spurgeon aus, was ihn bewegte: "Ich kann nicht verstehen, Clifford, wieso meine Art zu denken, Sie nicht überzeugt", wobei er sich auf seinen calvinistischen Glauben bezog. "Nun, sehen Sie, Mr. Spurgeon", kam die beißende Antwort, "ich sehe Sie nur etwa einmal im Monat, aber meine Bibel lese ich jeden Tag." Fullerton, 255.

uninteressiert war. Stark in seiner Ernsthaftigkeit und treu im Predigen der Notwendigkeit eines Bekehrungserlebnisses, war er dennoch anfällig für den alten Irrtum des Deismus, den die Lehrer der Bibelkritik wiederbelebt hatten, nämlich, daß ein Mensch echte christliche Erfahrung unabhängig davon machen kann, was er glaubt oder nicht glaubt.

Es war eine ernsthafte Schwäche im Dienst D. L. Moodys, daß er diese Gefahr nicht genügend erkannte. Seine volkstümliche Art zu predigen, voller Anekdoten und bemerkenswert dünn, was den Lehrinhalt betrifft, paßte jenen, die sich für die Ansicht einsetzten, daß das Evangelium und die neuen kritischen Sichtweisen nicht unvereinbar waren. Liberale hatten keine Probleme, Moody zu rühmen und sich mit ihm zu verbinden. Henry Drummond, einer der bekanntesten Förderer des Evangelisten in Schottland, hielt das Moody zugute:

"Kein anderer lebender Mensch hat so viel getan, um Menschen mit Menschen zu vereinen, persönliche Abneigungen und kirchliche Hindernisse abzubauen, Menschen mit verschiedenen Sichtweisen und Charaktereigenschaften zu gemeinsamer Anbetung und harmonischer Zusammenarbeit zu versammeln . . . Kein anderer Evangelist hat sich so von Modemarotten, religiösen wie anderweitigen, ferngehalten, von Ismen, von besonderen Reformen, von besonderen Lehren, von Angriffen auf spezielle Sünden, und hat sein Leben so auf das eine höchste Bemühen konzentriert."[33]

Drummond, dessen Buch "Das Größte in der Welt" ein viktorianischer Bestseller war, scheint von sämtlichen zentralen Lehren des Glaubens abgewichen zu sein, doch anläßlich seines frühen Todes im Alter von vierundvierzig sprach Moody von ihm als dem "Christus-ähnlichsten Menschen, dem ich je begegnet bin".[34]

---

[33] *Life of Moody*, Henry Drummond, 123.6

[34] Spurgeon empfiehlt eine kritische Abhandlung zu Drummonds Buch, die Charles Bullock unter dem Titel *Das Verrückteste von der Welt* veröffentlicht hatte, mit den Worten: "Mr. Charles Bullock meint, das Verrückteste von der Welt sei *"Das Evangelium, bei dem das Evangelium weggestrichen wurde"*. - und er urteilt sehr richtig, daß Drummonds Lehre genau *das* ist . . . Mr. Bullock hat einen großartigen Dienst geleistet, als er den Plan aufdeckte, das Sühnopfer Christi auszulöschen und an seine Stelle den Gedanken von der Nachahmung Christi zu setzen." *Sword and Trowel*, 1891, 340.

Genau das war die Einstellung, gegen die Spurgeon in der Down-Grade-Kontroverse zu kämpfen hatte. Die Stimmung der Zeit war gegen Glaubensbekenntnisse jeglicher Art gerichtet, und Evangelikale erlagen mit ihrem ohnehin schon verwässerten Glauben in großer Zahl dem Gedanken, daß eine klar umrissene Lehrposition von ihrer Tendenz her "unchristlich" sei. Moody schwächte den Calvinismus, und dadurch setzte er die Kirchen noch mehr der Bibelkritik aus, der die undogmatischen Evangelikalen nicht die Stirn bieten konnten. Die Tendenz war, wie wir schon sagten, bereits vor Moodys Missionsversammlungen in den Kirchen vorhanden, sie gewann jedoch nach den 1870er Jahren rasch an Kraft. John Aldis, Joseph Angus und Alexander Maclaren, allesamt baptistische evangelikale Kirchenführer, nahmen 1887 den gegenteiligen Standpunkt von Spurgeon ein und erklärten: "Wir haben das Empfinden, daß die Auferlegung theologischer Tests oder eines von Menschen gemachten Glaubensbekenntnisses . . . die Ziele der Union zunichte machen würde."[35] Durch solche Äußerungen wollten sie nicht die Liberalen in Schutz nehmen, aber in Wirklichkeit kam genau das dabei heraus, und als Folge davon sollten in vielen Kirchen historisch-kritische Ansichten den evangelischen Glauben ersetzen.

Der Niedergang des Calvinismus stand somit deutlich in Zusammenhang mit dem Wachstum der liberalen Theologie. Der Arminianismus hatte die Evangelikalen "weich gemacht", so daß historisch-kritische Ansichten die freikirchlichen Denominationen mit wenig Gegenwehr durchdringen konnten. Für Spurgeon war es eine Wiederholung geschichtlicher Abläufe, nämlich dessen, was die Nonkonformisten des 18. Jahrhunderts getan hatten, als die Bekenntnisse und Katechismen des 17. Jahrhunderts preisgegeben worden waren: "Es folgte ein Zeitalter des Schwätzens, in dem unsere Nonkonformität zwar noch bestand, jedoch mehr und mehr ausartete, zunächst in den Arminianismus, und dann in den Unitarismus, bis es sie fast gar nicht mehr gab. Die Menschen wissen, was damals geschah, und doch wollen sie das Ganze noch einmal von vorne durchspielen. Sie lesen Geschichte, und doch fordern sie, daß die alte Lehre aufgegeben werden solle. . . oh, die

---

[35] Pike, 6, 289.

Narren mit trägen Herzen! Wird die Geschichte sie denn nicht lehren? Nein, wenn nicht die Bibel, dann auch nicht die Geschichte.
Böse Tage kommen gewißlich auf uns zu, es sei denn, die Kirche
wird wieder die Wahrheit an ihr Herz drücken."[36]

Wie gesagt, Spurgeon machte den Calvinismus nicht zum
Thema der Down-Grade-Kontroverse, aber er machte auch keinen
Hehl daraus, daß er sich persönlich dem alten Glauben
verschrieben hatte, von dem er wußte, daß er zu Gottes Zeitpunkt
wieder in das Seine kommen würde: "Die Lehre, die jetzt als die
altersschwache Theorie der Puritaner und Calvinisten verworfen
ist, wird noch einmal das Denken der Menschen erobern und die
Herrschaft wieder antreten. So gewiß wie die Sonne, die heute
abend untergeht, morgen zur bestimmten Stunde aufgehen wird, so
gewiß wird die Wahrheit Gottes über die ganze Erde leuchten."[37]

---

[36] 29, 394. Dieses Argument aus der Kirchengeschichte kam noch ausgiebiger
in Robert Schindlers Artikeln zur Geltung, die unter dem Titel 'The Down-
Grade' bereits vor der Kontroverse erschienen. Siehe *Sword and Trowel*,
1887, 122-6 und 166-72.
[37] 23, 514; 32, 91. Calvinistisches Material in *The Sword and the Trowel* zur
Zeit der Down-Grade-Kontroverse umfaßte Titel wie 'John Bunyan über die
Erwählung' und 'Ein Plädoyer für Calvin'.

Wir bewundern einen Mann, der vor, sagen wir mal, vierhundert Jahren entschieden für das eintrat, was er glaubte. . . aber lebt so ein Mann heute, ist er ein Ärgernis und muß zum Schweigen gebracht werden. Nennt ihn einen engherzigen Frömmler oder gebt ihm einen schlimmeren Namen, wenn euch einer einfällt. Doch stellt euch vor, daß in jenen vergangenen Zeiten Luther, Calvin, Zwingli und ihre Genossen gesagt hätten: 'Die Welt ist aus den Fugen geraten; aber wenn wir versuchen, sie zurechtzurücken, werden wir nur einen großen Lärm verursachen und uns dabei in Ungnade bringen. Laßt uns in unsere Kammern gehen, unsere Nachtmützen aufsetzen und die schlechten Zeiten verschlafen, und wenn wir wieder aufwachen, werden die Dinge sich ja vielleicht gebessert haben.' So ein Verhalten ihrerseits hätte uns ein Vermächtnis des Irrtums hinterlassen. Generation für Generation wäre in die Tiefe der Hölle hinabgefahren, und der tödliche Morast des Irrtums hätte alle verschlungen. Diese Männer liebten den Glauben und den Namen Jesu zu sehr, als daß sie hätten zusehen können, wie darauf herumgetrampelt wurde . . .

Es ist heute genau wie zur Zeit der Reformatoren. Entschlossenheit ist gefordert. Hier ist der Tag für den Mann, wo ist der Mann für den Tag? Wir, denen das Evangelium durch Märtyrerhände überreicht wurde, dürfen nicht damit tändeln, noch dabeisitzen und zuhören, wenn Verräter es als unwahr hinstellen, Verräter, die vorgeben, es zu lieben, aber innerlich jede Zeile davon verabscheuen . . . Doch seht es einmal so, meine Herren, es kommen noch Zeiten nach uns. Wenn der Herr nicht in Kürze erscheint, wird die nächste Generation kommen, und die nächste, und all diese Generationen werden vergiftet und geschwächt werden, wenn wir Gott und Seiner Wahrheit heute nicht treu sind. Wir stehen an einem Scheideweg. Gehen wir nach rechts, werden uns vielleicht unsere Kinder und Kindeskinder dorthin folgen; gehen wir aber nach links, dann werden Generationen noch Ungeborener unsere Namen einst verfluchen, weil wir Gott und Seinem Wort untreu gewesen sind.

C. H. S. (Predigten 1888)

9: "UND WENN DIE HIMMEL EINSTÜRZEN . . ."

In unserem letzten Kapitel haben wir versucht, die Beziehung zwischen Spurgeons erster und seiner letzten großen Kontroverse aufzuzeigen. Der Glaube an die freie Gnade, um den es ihm in der ersten ging, lag auch seinem letzten Kampf zugrunde, und weil die Tendenz eines verfallenden Evangelikalismus gegen jene Überzeugungen stand, stand Spurgeon unter den freikirchlichen Leitern in der Down-Grade-Kontroverse relativ allein. Schließlich wenden wir uns jetzt noch der Frage zu, wie die mittlere Kontroverse - die Debatte um die Taufwiedergeburt - in dieses Bild paßt, und in welcher Beziehung der wiederauflebende Katholizismus zum Evangelikalismus und zur Historisch-Kritischen Bewegung steht.

E. B. Pusey, der anglo-katholische Führer der etablierten Kirche, der im Jahre 1882 starb, machte einst die bezeichnende Voraussage, daß die zwei letztendlichen Gegner im, wie er es sah, kommenden religiösen Kampf einerseits Rom sein würde, mit einem Glauben, der Anspruch auf Autorität und Übernatürlichkeit erhob, und andererseits der theologische Liberalismus, wie ihn die rationalistischen Gedankenschulen vertraten, die im kontinentalen Protestantismus vorherrschten.[1] In anderen Worten, der evangelische Protestantismus war nach Puseys Ansicht bereits so geschwächt, daß er kurz davor stand, die Arena zu verlassen und keine entscheidende Rolle mehr bei der Gestaltung des zukünftigen Christentums spielen würde. Das Ausmaß, in dem der Evangelikalismus in den größeren englischen Denominationen vor dem Ende des 19. Jahrhunderts in den Schatten getreten war, war eine Bestätigung dieser Einschätzung.

---

[1] "Zwei Systeme liegen jetzt, wahrscheinlich zum letztenmal, im Konflikt miteinander - das katholische und das Genfer." Aus einem Brief von Pusey an den Erzbischof von Canterbury, zitiert von J. H. Merle d'Aubigné, Discourses and Essays, 1846, 174. Genf war zu der Zeit ein Zentrum des Rationalismus, dem Pusey gekonnt entgegentrat.

Doch Pusey irrte, als er Katholizismus und Liberalismus als zwangsläufig in dauerhafter Opposition zueinander stehend darstellte. Die Veröffentlichung von *Lux Mundi,* geschrieben 1889 von jüngeren Anhängern der Traktatbewegung, ließ durchblicken, daß rationalistisches Denken und sakramentale Religion nicht so unvereinbar waren wie Pusey annahm. Die beiden taten sich keinen Abbruch, ja, Liberale wie H. P. Ryle unterstützten sogar den Schritt, römische liturgische Gewänder in der etablierten Kirche zuzulassen[2], während im Gegenzug anglo-katholische Bischöfe Liberale vor dem Vorwurf der Ketzerei in Schutz nahmen. Und im zwanzigsten Jahrhundert haben anglo-katholische Strömungen trotz des theologischen Liberalismus vieler Geistlicher die Church of England durchdrungen.[3] Eine direkte Konfrontation hat niemals stattgefunden, und im weiteren Umfeld liefert die Zusammenarbeit der Liberalen mit den Anglo-Katholiken in der ökumenischen Bewegung den deutlichen Beweis, daß der letzte große Kampf nicht so sein wird, wie Pusey ihn vorausgesagt hat.

---

[2] Herbert Edward Ryle, Maurice H. Fitzgerald, 1928, 164. Herbert Ryle, der Sohn des großen Evangelikalen, ist ein tragisches Beispiel des historisch-kritischen Einflusses. Als ein früher Vertreter der neuen Ansichten erlebte er, mit den Worten seines Biographen, wie "die Irrlehre seiner Jugend zur Orthodoxie seines Alters wurde." Doch derselbe Autor enthüllt ebenfalls, daß H. E. Ryle während seiner letzten Krankheit, als er Dekan von Westminster war, "zu Mrs. Ryle oder zu seinem Sohn niemals ein Wort über die Zukunft oder über Religion sprach."

[3] Professor Norman Sykes hat im Zusammenhang mit dem Überhandnehmen spezifisch anglo-katholischer Ansichten zum Episkopat und zu den Sakramenten auf den Unterschied hingewiesen, der zwischen den Lambeth Konferenzen von 1920 und von 1948 bestand. *Old Priest and New Presbyter*, 1956, 243. Der Bericht der Lambeth Konferenz von 1958 lieferte eine ausdrückliche Bestätigung der traktarianischen Lehre: "Es muß . . . als Tatsache anerkannt werden, daß die Anglikaner gewissenhaft darauf bestehen, daß der Zelebrant des Heiligen Abendmahls von einem Bischof eingesetzt sein sollte, der in historischer Sukzession steht, und daß sie es allgemein für ihre Pflicht halten, für diesen Grundsatz zu zeugen, indem sie nur von denen, die auf solche Weise ordiniert sind, das Heilige Abendmahl annehmen." Evangelikale Schwäche in der Staatskirche zeigte sich auch im Jahre 1964, als Gewänder, die an die Messe erinnerten, mit einem Stimmergebnis von 214 zu 30 im Rat der Kirchen, und einstimmig von den 31 Bischöfen erlaubt wurden. Hatte der selige Lord Alexander von Hillsborough nicht recht mit seiner Aussage, daß keine wahrhaft protestantischen Bischöfe in der anglikanischen Kirche zu finden waren?

Es besteht auch nicht die geringste Wahrscheinlichkeit, daß die Freikirchen in ihrem gegenwärtigen Zustand ein wirksames Gegengift zur wiederauflebenden Macht Roms liefern werden. Ein höchst alarmierender Gegensatz läßt sich zwischen der Stimmung, die vor siebzig Jahren Freikirchler sich in dem Nationalen Rat der Freikirchen vereinigen ließ, und dem gegenwärtigen Standpunkt nonkonformistischer Kirchenführer beobachten. Über den besagten Rat schrieb Silvester Horne im Jahre 1903 folgendes: "Die Freikirchen vereinigten sich unter dem drohenden Schatten einer gemeinsamen großen Gefahr. Überall wurde empfunden und erkannt, daß der Erhalt des starken protestantischen Charakters englischen Lebens und Gottesdienstes hauptsächlich auf ihren Schultern ruhte."[4] Die Worte hören sich im Licht der nachfolgenden Geschichte sehr pathetisch an. Das große Merkmal des Nonkonformismus im 20. Jahrhundert war sein Zerfall in einen Zustand bösartiger Anämie[5], und heute sind seine Führer so geschwächt, daß die Forderungen der Bischöfe nicht nur fügsam angehört werden, sondern die Berechtigung einer weiteren Existenz nonkonformistischer Denominationen offen angezweifelt wird.

Doch der Grund für die veränderte Einstellung der Freikirchen zu Rom und zum Anglo-Katholizismus muß vor und nicht nach dem Jahr 1903, aus dem die zitierten Worte von Horne stammen, gesucht werden. Obwohl Horne selber das nicht sah, war die Veränderung eine unausweichliche Folge der liberalen Schriftbetrachtung, die, wie die Down-Grade-Kontroverse zeigte, sich vor dem Ende des 19. Jahrhunderts in den Kirchen breitgemacht hatte. Zur Jahrhundertwende hielt die Mehrzahl der Freikirchler mehr aus angeborener und anerzogener Tradition als aus Treue gegenüber der Heiligen Schrift zum Nonkonformismus, und während diese Traditionen wohl lange brauchen um zu sterben, haben sie doch hinreichend ihre Ohnmacht im Streit mit tiefsitzenden Überzeugungen bewiesen - ungeachtet dessen, daß diese Überzeugungen falsch und unbiblisch sind. Genau das war es, was Spurgeon voraussah. Er beklagte die Bereitschaft, sich an die

---

[4] Horne, op. cit., 424.
[5] Professor D. W. Brogan schrieb 1943: "Während der Generation, die seit dem großen liberalen Erdrutsch von 1906 vergangen ist, war eine der größten Veränderungen in der religiösen und sozialen Landschaft Englands der Niedergang der Nonkonformität."

äußere Hülle des Nonkonformismus zu klammern, wenn der innere Kern, namentlich Treue zu seinen Grundprinzipien, preisgegeben ist: "Konformität oder Nonkonformität *per se* ist gar nichts; aber eine neue Schöpfung ist alles, und die Wahrheit, von der allein diese neue Schöpfung leben kann, zu erhalten, ist tausend Tode wert. Nicht die Schale ist so wertvoll, sondern der Kern, den sie umschließt; wenn der Kern fort ist, was ist dann noch übrig, das einen Gedanken lohnte? Unsere Nonkonformität ist über die Maßen wertvoll, aber nur solange sie eine lebendige Kraft bleibt, rechtfertigt sie ihre Existenz."[6]

Heute gibt es weder in den größeren nonkonformistischen Kirchen noch in der etablierten Kirche irgendein Bollwerk gegen den Druck von Seiten der Wiedervereinigung aller "Kirchen", die in ihrer Weite zwar freundschaftlich wirkt, doch tatsächlich wahrem Christentum gegenüber entschlossen feindlich eingestellt ist. Überkonfessioneller Evangelikalismus hat ebenfalls kein Rückgrat gegen diese Art von Druck: Kompromißbereitschaft und eine verwässerte Theologie haben das evangelische Zeugnis so weit verstümmelt, daß Evangelisationen, bei denen Liberale und Anglo-Katholiken zu den Veranstaltern zählen, nicht als Verrat an unserer Botschaft eingestuft werden. Der Arminianismus, mehr erfahrungs- als wahrheits-orientiert, hat sich als weitaus leichter mit nicht-evangelischen, nicht-protestantischen Traditionen vereinbar erwiesen als der alte Reformierte Evangelikalismus, der wegen seiner klaren Formulierungen der biblischen Lehren von Sünde, Gnade und Rechtfertigung nicht so leicht verschmolzen werden konnte. Ein auffälliges Merkmal modernen Denkens ist, daß das Triumvirat der Übel, die Spurgeon bekämpfte - "Freier Wille", Sakramentalismus, Liberalismus - häufig gar nicht mehr als Übel eingestuft werden. Einstmalige Gegner sind zu Anhängern geworden. Es ist deshalb nicht überraschend, daß viele Evangelikale heute Spurgeons Standpunkt als schrecklichen Anachronismus zurückweisen würden.

Unsere eigene Ansicht ist, daß Spurgeon in den drei großen Kontroversen, die wir umrissen haben, geführt wurde, sich gegen Irrtümer zu stellen, die kommende Generationen beherrschen sollten. Er engagierte sich in seinen Kontroversen mit voller

---

[6] *Sword and Trowel*, 1887, 399.

Absicht, in der tiefen Überzeugung, daß er nicht Unrecht hatte, wenn er die Wichtigkeit dessen erkannte, worum es in dem Disput ging. Viele alte Debatten, die einst die Kirchen in Atem hielten, würden heute kein Fünkchen Interesse erregen, aber das trifft für diese drei Auseinandersetzungen nicht zu. Sie bergen noch immer Sprengstoff, und zwar deswegen, weil die Irrlehren, um die es ging, inzwischen eine so weite Verbreitung gefunden haben.

Spurgeons Umgang mit diesen Kontroversen kann uns vieles lehren: Zunächst fällt uns sein seelsorgerliches Interesse am geistlichen Wohlergehen der Menschen auf. So war es auch in der ersten großen Kontroverse, wo Spurgeon zwar den Christenstand einiger, die die Lehren von der freien Gnade nicht annehmen konnten, akzeptierte, aber doch sah, daß eine allgemeine Duldung der Verdrehung jener Lehren dem Wohlergehen der Kirche und dem Fortgang des Evangeliums abträglich war. Dementsprechend äußerte er sich in seinen Predigten. Ähnlich war es 1864. Hier war sein grundsätzlicher Vorwurf an die etablierte Kirche, daß sie einer Weite Vorschub gab, die den Unterschied zwischen Wiedergeborenen und nicht Wiedergeborenen verwischte. Aber sein seelsorgerliches Motiv trat im höchsten Grade in der Down-Grade-Kontroverse zutage. Die Haltung des gängigen religiösen Denkens, das zentrale biblische Lehren als bloße Meinungen und Theorien behandelte und behauptete, daß ein Nicht-Glauben an Dogmen nicht die Christusbeziehung des Einzelnen beeinträchtigte, erachtete Spurgeon als eine große geistliche Gefahr. Aus seiner Sicht war die Annahme der neuen Anschauungen gleichbedeutend mit der Preisgabe des Erlösungsanteils an Jesus Christus, und er glaubte, wenn der Liberalismus im Namen des Christentums die Kanzeln eroberte, würden sowohl die Pastoren wie auch die Gemeinden verloren und gescheitert vor den Richterstuhl Christi treten. So sah er keine Übertreibung darin, an die furchtbare Zerstörung Pompejis unter der vulkanischen Lava zu erinnern und sie als Sinnbild für die Gefahr hinzustellen, in der die Kirche stand, nämlich, "unter dem kochenden Schlammregen moderner Irrlehren begraben zu werden."

Weil Spurgeon Errettung mit dem Glauben an ein bestimmtes Gefüge biblischer Wahrheit verknüpfte und den Christenstand jener in Frage stellte, die diese Wahrheit ablehnten, war die Down-Grade-Kontroverse von so starken Emotionen auf beiden

Seiten gekennzeichnet. Seine Kritiker warfen Spurgeon oft vor, daß er nicht einsah, daß bei weit auseinanderklaffenden Meinungen über "Dogmen" gleichzeitig ein tiefes geistliches Einssein in Christus bestehen konnte. Nach ihrer Sichtweise waren beide Seiten wirkliche Christen, und es war eine Tragödie, daß Spurgeon das nicht sehen konnte. Richard Ellsworth Day, ein Vertreter dieser Gesinnung, kommt am Ende einer kurzen Skizze der Down-Grade-Kontroverse zu der Schlußfolgerung, es sei "tragisch zu finden, jemand habe seinen Kameraden, 'Herrn Andermeinung', bekämpft, weil er irrtümlich gemeint habe, es sei der Feind, 'Herr Anderherz'."[7] Spurgeon, so unterstellt Day, war des verantwortungslosen Denkens schuldig, weil er nicht sah, daß wahrer "Glaube" nicht mit einem bestimmten Satz theologischer Ansichten gleichgesetzt werden müsse. Wir erwähnen das, weil, wenn die Kritik berechtigt wäre, Spurgeons Worte in der Down-Grade-Kontroverse das genaue Gegenteil eines pastoralen Geistes offenbaren würde - sie könnten mit Recht für unnötig hart gehalten werden. Und genau deswegen, weil solche Unterscheidung, wie Day sie machte, als Prämisse angenommen wurde, konnte der Vorwurf laut werden, Spurgeon sei in der Down-Grade-Kontroverse der Bitterkeit und Bigotterie verfallen. Man empfand es als unerträglich, daß er nahelegte, berühmte religiöse Führer könnten Feinde des Herrn sein.

Man kann Spurgeons Geist nur in Beziehung zur Heiligen Schrift beurteilen. Erlaubt die Schrift eine Zweiteilung zwischen wahrer geistlicher Erfahrung und Glauben an die Lehrwahrheiten des Evangeliums? Unterstützt sie in irgendeiner Weise die liberale Vorstellung, daß Menschen "Gnade und Wahrheit auf Wegen empfangen können, die der christlichen Theologie unbekannt sind?" Spurgeon glaubte, daß die Schrift diese Fragen eindeutig beantwortet, und daß die weite Definition eines "Christen", die aus den Vorstellungen der neuen Schule hervorging, biblisch falsch war. Nichtsdestoweniger war er weit davon entfernt zu meinen, alle, die in der Down-Grade-Kontroverse nicht dort standen, wo er stand, wären keine Christen. Er hätte den Worten zugestimmt, die einer seiner Lieblingsautoren unter den Puritanern, George Hutcheson, in seinem Kommentar zu Joh. 12,42 schrieb: "Dennoch glaubten

---

[7] *The Shadow of the Broad Brim*: Die Lebensgeschichte Charles Haddon Spurgeons, des Erben der Puritaner, 1934, 150.

auch von den Obersten viele an ihn; doch wegen der Pharisäer bekannten sie ihn nicht, auf daß sie nicht aus der Synagoge ausgeschlossen würden." Hierzu sagt Hutcheson: "Es ist möglich, daß wahrer Glaube und Gnade mit großer Schwachheit gepaart sind, die sie erstickt und unterdrückt", und, so fährt er fort, "wir sollten liebevoll sein und nicht meinen, Menschen, die schwach sind, ständen nicht in der Gnade." In der Down-Grade-Kontroverse gibt es hinreichend Belege für die Annahme, daß christliche Pastoren ihrer Schwachheit wegen stillschwiegen: "Ächtung scheint so gefürchtet zu sein, daß gute und treue Männer ihren Mund halten."[8]

Doch gab es auch Männer, "führende religiöse Eiferer", wie Spurgeon sie nannte, deren Haltung ganz anders war. Sie bekannten öffentlich und beharrlich ihren Unglauben an Grundwahrheiten und konnten folglich, nach Spurgeons Auffassung, gar nicht als Christen angesehen werden. Hier lag die große Trennlinie. Gibt es ein bestimmtes Evangelium, das Menschen glauben müssen, um gerettet zu werden? Wenn das Zeugnis der Schrift verläßlich ist, ist der von Sündern verlangte Glaube eine ungeteilte Hingabe an Christus, an Seine Person, an Sein Wort, an Sein Werk. Und diese Dinge sind untrennbar, denn Glaube an Seine Person als Gott fordert augenblicklich Unterwerfung unter die Autorität Seines Wortes. Entsprechend finden wir, daß Christus das Nicht-Aufnehmen Seiner Worte mit Ablehnung Seiner selbst (Joh. 12,48) gleichsetzt, während umgekehrt wahre Jüngerschaft sich durch Bleiben in Seinem Wort beweist (Joh. 8,31).[9] Glaube an Seine göttliche Majestät wird von Seinen eigenen Lippen die einzige Alternative zu "Sterben in euren Sünden" genannt (Joh. 8,24). Für einen Christen sind diese Aussagen verbindlich, denn die Autorität Christi als des

---

[8] *Sword and Trowel*, 1891, 249.

[9] R. C. Lenski gibt zu den Worten "Wer mich verachtet und meine Worte nicht aufnimmt" den trefflichen Kommentar: "Dieser Mensch braucht nicht einmal Jesus anzugreifen oder gegen Seine Worte zu wüten; sie einfach nicht aufzunehmen ist verhängnisvoll und macht seine Verurteilung gewiß." *Commentary on John*, 1963, 896. "Wenn wir in Christus als der Wahrheit bleiben", schreibt John Murray, "bleiben wir in Seinem Wort, und es gibt kein Bleiben in Ihm unabhängig vom Bleiben in Seinem Wort . . . Von einer Erkenntnis Gottes und der Wahrheit zu reden, die nicht mit dem Wort der Offenbarung, das für uns in der Heiligen Schrift zusammengefaßt ist, im Zusammenhang steht, bedeutet für uns Menschen eine Abstraktion, die keine Bedeutung oder Relevanz hat." *Principles of Conduct*, 1957, 129.

Herrn ist bedeutungslos, wenn wir Ihn nicht als unfehlbaren Lehrer annehmen. Den Retter aufzunehmen, ohne die Wahrheit, für die zu zeugen Er in die Welt kam, aufzunehmen, ist eine Unmöglichkeit (Joh. 18,37). Für Spurgeon war das fundamental: "Wenn wir Christi Worte nicht aufnehmen, können wir Christus nicht aufnehmen; und wenn wir die Worte Seiner Apostel nicht aufnehmen, nehmen wir Christus nicht auf; denn Johannes sagt: 'Wer Gott erkennt, der hört uns, und welcher nicht von Gott ist, der hört uns nicht. Daran erkennen wir den Geist der Wahrheit und den Geist des Irrtums'."[10]

Aus denselben Gründen kann das Werk Christi jenen keinen Nutzen bringen, die Seinem Zeugnis über den Sinn dieses Werkes nicht glauben. Persönlicher Glaube an Seinen stellvertretenden Tod für Sünder wird als unverzichtbar für die Errettung dargestellt: "Werdet ihr nicht essen das Fleisch des Menschensohnes und trinken Sein Blut, so habt ihr kein Leben in euch" (Joh. 6,53). Am Kreuz "starb der Sohn Gottes einen Tod, in welchem das ganze Gewicht göttlicher Rache für Sünde in ein paar Stunden körperlicher und geistlicher Qual zusammengepreßt war", und die Wahrheit abzulehnen, daß Christus als unser Bürge "von Gott geschlagen" war, heißt, Jesus ganz und gar abzulehnen. Über "Das Sine Qua Non" predigend sagt Spurgeon:

"Wenn du nicht Seine vollkommene, unvergleichliche, göttliche Blutwäsche empfängst, bist du kein Christ. Was immer dein Bekenntnis, deine vermeintliche Erfahrung, deine Erneuerung sein mag, was immer du versucht oder geschafft haben magst, wenn du nie als Schuldiger gekommen bist und nie deine Sünden auf dem blutenden Sohn Gottes hast liegen sehen, dann bist du noch voll bitterer Galle und in den Fesseln der Ungerechtigkeit. Ohne Glauben an das Sühnopfer kannst du kein Teil an Christus haben . . . Jesus Christus wird entweder als der gesalbte Retter erkannt oder Er wird dir gar nichts bedeuten. Wenn du Ihn nicht als Sühne für deine Sünden nimmst . . . verschmähst du Ihn gänzlich."[11]

---

[10] *An All-Round Ministry*, 373.

[11] 16, 220 & 223. Zu der Frage, in welcher Beziehung die Lehre vom Sühnopfer zum Gebot steht, die "Geister zu prüfen, ob sie von Gott sind", siehe R. S. Candlishs wertvolles Buch *Lectures on The First Epistel of John* (Vorlesungen über den Ersten Johannesbrief), 1870, Kapitel 29. Darin zeigt

Weil die neuen religiösen Anschauungen, die im letzten Viertel des 19. Jahrhunderts populär wurden, sowohl auf die Vertrauenswürdigkeit des Wortes Christi als auch auf den Wert Seines Blutes Zweifel legten, zögerte Spurgeon nicht, die Bewegung als grundsätzlich nicht-christlich zu betrachten. "Ein unerneuertes Herz liegt dem modernen Denken zugrunde."[12] Sein Protest in der Down-Grade-Kontroverse geschah nicht im Geist der Bitterkeit, sondern im Geist des Mitleids mit jenen, die, nicht nur in seiner eigenen Generation, sondern auch in zukünftigen Zeiten, der tödlichen Versuchung erliegen konnten, ein Evangelium anzunehmen, das kein Evangelium ist (Gal. 1,7).

Zu der Überlegung, inwieweit die Frage, was überhaupt "christlich" ist, in der Down-Grade-Kontroverse eine Rolle spielte, kann der Standpunkt von Marcus Dods zitiert werden. Dods, ein bekannter schottischer Theologe aus derselben Schule wie sein Freund Henry Drummond, war sehr betrübt über Spurgeons Worte während der Down-Grade-Kontroverse und hätte seinen Studenten eher Aristoteles empfohlen als die Schriften des Pastors vom Metropolitan Tabernacle. Er glaubte, daß Christus "mit Seinem Denken auf geheimnisvolle Weise Zutritt in die Köpfe vieler gefunden hat, die ansonsten wenig oder gar nichts von Ihm wissen." In einem Brief schreibt er im Jahre 1907 über Buddhismus und Christentum: "Es ist erstaunlich, einerseits zu sehen, wie wenig manche Christen Christus verstehen, und andererseits zu sehen, wie instinktiv Menschen aller Religionen das Gute anbeten, und wie sie oft danach trachten, es zu besitzen. Wir leben in einer sonderbaren, unverständlichen Welt, und der eine

---

der Autor auf: Das Bekenntnis, daß Jesus im Fleisch gekommen ist, bedeutet, wenn man offen und ehrlich an die Aussage herangeht, daß Er gekommen ist, um die, an deren Fleisch Er teilhatte, zu erlösen. Er schildert angesichts des unablässigen Krieges, den der Geist des Antichristen führt, wie notwendig die Christen die Gewißheit gegenwärtigen Sieges über antichristliche Geister und Menschen brauchen (1. Joh. 4,4), und wie in diesem Krieg die *eine* zentrale Wahrheit ständig angegriffen wird: "Vom Tage an, als Kain seinen Bruder erschlug, kann man erkennen, wie es in diesem Krieg um die Frage der Gottesverehrung durch Sühnopfer geht. Braucht Sündenvergebung denn nun Blutvergießen oder nicht? Das ist, mehr oder weniger deutlich, mit Abwandlungen nach Lage der Dinge in Kirche und Welt, stets dem Wesen nach die Kernfrage geblieben." Candlish, op. cit. 2, 82.

[12] *An All-Round Ministry*, 375.

Fixpunkt, auf dem die Hoffnung ruhen kann, ist, daß Gott der Vater aller ist. Wenn das nicht so ist, dann ist das feste Fundament wahrhaft morsch und der Grund der Erde auf Stoppeln gebaut."[13]

Die ganze Theologie einer Generation, die ein übernatürliches Evangelium verworfen hatte, war auf der falschen Hoffnung gebaut, daß Sünder Schutz in Gott finden könnten, ohne an das Sühnopfer von Golgatha zu glauben. Spurgeon hatte die Bedeutung dessen, was auf dem Spiel stand, nicht übertrieben.

Zweitens beteiligte sich Spurgeon an den Kontroversen mit großem Glauben an Gott, und einem Gefühl der Verpflichtung, Gottes Willen zu tun, wie auch immer der Ausgang sein würde. "Ich mußte mich ganz und gar auf den Arm Gottes stützen", schrieb er an einen Freund in den dunklen Stunden während der Down-Grade-Kontroverse. Spurgeon begründete sein Handeln nicht auf irgendwelche Berechnungen über das wahrscheinliche Ausmaß menschlicher Unterstützung, die er als Anführer im Kampf gegen den Irrtum bekommen würde. In der Kontroverse um die Taufwiedergeburt gewann er beachtliche Unterstützung von vielen, deren Widerstand er befürchtet hatte, während er in der Down-Grade-Kontroverse Sympathie erwartet hatte und stattdessen schwer enttäuscht wurde, doch in keinem der beiden Fälle wurde seine Haltung dadurch beeinflußt. "In beiden Fällen", sagt Fullerton, "zog er in den Kampf hinaus im vollen Bewußtsein, daß sein Feldzug nicht ohne Wirkung sein würde, doch in keinem Fall sah er die Art der Wirkung voraus."[14] Das war der Mann des Glaubens, der seine Pflicht tun würde, auch "wenn die Himmel einstürzen". Derselbe Glaube band ihn an die Verheißungen der Schrift in einer Stunde allgemeinen Abfalls. Er schaute prophetisch auf die bedrohlichen Möglichkeiten, er sah Jahre der Dürre und des Niedergangs voraus, und er kam im Glauben zu dem festen Schluß: "Mein Gott wird Seine vergrabene Wahrheit wiederbeleben, so wahr Er Gott ist."[15]

---

[13] *Later Letters of Marcus Dods* (ehemaliger Prinzipal am New College in Edinburgh), herausgegeben von seinem Sohn, Marcus Dods, 1911, 153& 256. Ein interessanter Brief an Dods von Robertson Nicoll aus dem Jahre 1892, in dem er Spurgeon verteidigt, findet sich in dem Buch *William Robertson Nicoll*, 103-4.

[14] Op. cit. 304.

[15] 30, 680.

Derselbe Glaube an Gott war es, der Spurgeon die Kraft gab, Gottes Zustimmung allem menschlichen Lob vorzuziehen. Ja, er verabscheute letzteres, wenn es von Menschen kam, die keinen Eifer für Gott zeigten. "Als Spurgeon starb", schrieb J. C. Carlile, "ergingen sich die Führer der Baptisten-Union ausnahmslos in lauten Lobeshymnen für den Mann."[16] Aber Spurgeon erfuhr solches "Lob" vor seinem Tode, doch wog es für ihn "leichter als ein Nichts". 1888 schrieb er über jene Führer, die von ihm als einem "verehrten Freund" sprachen, aber das, was ihm am meisten bedeutete, bekämpften: "Die harte Sprache meiner freimütigeren Gegner birgt mehr Musik als solche eitlen Komplimente."[17] Ein weiterer Vorfall aus früheren Jahren belegt diesen Zug in Spurgeons Charakter. Nachdem er bei einer Gelegenheit gegen die Aussagen eines bestimmten Bischofs gesprochen hatte, war ihm zu Ohren gekommen, daß eben dieser Bischof auf sein Buch *Die Schatzkammer Davids* als *das* Buch über die Psalmen verwiesen hatte. "Spurgeon", sagt Pike, "war durch dieses Kompliment durchaus nicht beschwichtigt, sondern schien im Gegenteil umso wütender und bemerkte, daß dieser Mann nette Dinge über jeden sagte und dann alles in seiner Macht Stehende tat, um die zu bekämpfen, die er haßte."[18]

Drittens sind die verschiedenen Kontroversen in Spurgeons Leben eine Einheit, wenn wir sie als Bestandteile seiner völligen Bindung an das Wort Gottes sehen. Dies ist vielleicht sein größtes Vermächtnis. Einige mochten ihm mit Eifer folgen, wenn er den Anglo-Katholizismus angriff, nur um beunruhigt zurückzuweichen, wenn er sich der Baptisten-Union entgegenstellte, weil diese sich weigerte, Kirchendisziplin auszuüben. Doch in beiden Fällen ging er nach demselben biblischen Grundsatz vor. Andere mochten für seine Darlegung der Gnadenlehre Partei ergreifen und dennoch für die Tatsache blind sein, daß eine Theologie, die Gott an die erste Stelle setzt, auf dem Gebiet der Kirchenzugehörigkeit und Gemeindepraxis sich selbst nicht treu sein kann, wenn sie sich auf die Ebene der Zweckdienlichkeit herabläßt. Ein Eifer, der auf bestimmte Aspekte biblischer Lehre beschränkt ist, ist Folge einer

---

[16] op. cit. 257.
[17] *Sword and Trowel*, 1888, 249.
[18] Pike, 6, 223.

unwürdigen Sicht des Wortes Gottes, und solcher Inkonsequenz suchte Spurgeon fortwährend zu entkommen.

Der unvermeidbare Konflikt besteht nicht zwischen Liberalismus und Katholizismus, wie Pusey lehrte, sondern zwischen einem Christentum, das sich einzig und allein auf die Autorität der Heiligen Schrift beruft, und einem Katholizismus, der es ablehnt, die Schrift als alleinige Richtschnur anzunehmen. Und wenn jemand fragen würde, wo ein solches Christentum zu finden sei, würde Spurgeon uns auf jenes System der Wahrheit verweisen, das uns aus apostolischer Zeit über die Reformatoren und Puritaner unter dem Namen Calvinismus überliefert wurde. Wir brauchen in diesen Namen weder verliebt zu sein noch uns seiner zu schämen. Er dient lediglich dazu, einen Standpunkt und ein Bekenntnis zu kennzeichnen, das die einzig wirkliche Alternative zu Rom ist. Der Arminianismus verdunkelt das Wesen der Gnade in der Errettung, während der Liberalismus die Unfehlbarkeit der Bibel angreift und die Unzulänglichkeit des geschriebenen Wortes lehrt. Da sich die Kirche Roms in ihrer Heilslehre fest an Werke und an menschliche Autorität klammert, kann sie sowohl den arminianischen als auch den liberalen Irrtum in ihr System einpassen. Der einzig sichere Grund für einen konsequenten Evangelikalismus, der von keiner Irrlehre überlistet werden kann, ist der Grund, auf dem Spurgeon stand - in der New-Park-Street-Kontroverse, in der Gebetbuch-Kontroverse von 1864 und schließlich in der Down-Grade-Kontroverse.

Viertens stand Seite an Seite mit der Gründlichkeit, mit der Spurgeon in allen Streitpunkten an der Schrift festhielt, seine Sehnsucht nach wahrer Einheit mit allen evangelischen Christen. Er brachte diese Sehnsucht in der großen Kontroverse um die Wiedergeburt durch die Taufe zum Ausdruck, und in seinen letzten qualvollen Jahren wurde sie wiederum stark sichtbar. Durch die Down-Grade-Kontroverse in die "Isolation der Unabhängigkeit" gezwungen, sehnte sein Geist sich nach etwas anderem. "Oh, daß der Tag kommen möge, an dem, mit größerer Einigkeit als sie je eine Sekte anbieten kann, all jene, die eins in Christus sind, sich in sichtbarer Einheit verbinden!"[19] Häufig ist das Argument zu hören, daß die puritanische Betonung völliger

---

[19] *Sword and Trowel*, 1887, 560.

Unterordnung unter Gottes Wort, verbunden mit einem Gefühl der Verantwortlichkeit, "um jeden Preis selbst in den Punkten und Tüttelchen zu gehorchen", eine Tendenz zu Spaltung und Trennung in sich trägt. Für Spurgeon stellte sich die wahre Sachlage genau andersherum dar. Uneinigkeit, so argumentierte er, wird nicht durch zuviel Bibeltreue verursacht, sondern durch das Eindringen und Dulden von Anschauungen und Praktiken, die allein auf Menschenweisheit beruhen: "Der Wille des Herrn findet sich in der Heiligen Schrift, und wenn wir sie mehr und mehr erforschten und entschlossen wären, ungeachtet dessen, was die Kirche, die Welt, die Regierung oder irgendjemand tut, dem Willen unseres Herrn zu folgen, dann würden wir zu einer größeren Einheit kommen. Wir sind gespalten, weil wir des Herrn Willen nicht studieren wie wir sollten."[20] Das soll nicht heißen, daß Menschen nicht selbst im besten Falle Voreingenommenheit und Fehlbarkeit unterworfen sind, wenn sie das Wort auslegen. Aber obgleich menschliche Schwachheit den Gehorsam gegenüber der Schrift unvollkommen macht, entbindet sie doch in keiner Weise von der Notwendigkeit solcher völligen Ergebenheit, und die Geschichte menschlicher Unvollkommenheit, die so alt ist wie die Kirchengeschichte selbst, entkräftet nicht die große Wahrheit, daß geistliche Einheit und Wohlfahrt auf keinem anderem Weg erlangt werden können als auf dem der Unterwerfung unter Gottes Wort: "Die Befehle des Herrn sind richtig . . . und wer sie hat, der hat großen Lohn" (Psalm 19,9-12).

Schließlich erinnert Spurgeon uns daran, daß Frömmigkeit und Christus-Ergebenheit keine anzustrebenden Alternativen zu Auseinandersetzungen sind, sondern vielmehr - wenn die Umstände es erfordern - zu letzteren führen sollten. Er war sorgsam darauf bedacht, diese Reihenfolge beizubehalten. Wenn ein Pastor Kontroversen zu seinem Ausgangspunkt macht, wird er bald sein Amt ruinieren und geistlich verdorren. Doch gerät ein Mensch aus Liebe zu Gott und aus Ehrfurcht vor Seinem Namen in eine Kontroverse, wird sein Geist in Frieden und Freude gehüllt sein, selbst wenn er in der größten Hitze des Gefechts steht. Die Frömmigkeit, die Spurgeon bewunderte, war nicht die eines zurückgezogenen Pazifismus, sondern die von Männern wie

---

[20] 19, 354-5.

William Tyndale und Samuel Rutherford, die, während sie für Christus stritten, ihre Herzen himmelwärts erheben konnten, und "in den Hochlagen des Schlachtfeldes ihr Leben dem Tode preisgaben". Auf dem Höhepunkt seiner Kontroversen hielt Spurgeon einige seiner lieblichsten Predigten. Eine solche Predigt, gehalten zur Zeit der Down-Grade-Kontroverse, mit dem Titel "Etwas für Christus tun", offenbart die Triebfeder, die Spurgeon motivierte und bildet eine angemessene Zusammenfassung zum Abschluß eines Berichtes über sein Wirken: "Wir lieben unsere Geschwister um Jesu willen, aber Er ist ausgezeichnet unter Zehntausenden, der Geliebte, der Vollkommene. Wir könnten ohne Ihn nicht leben. Seine Gemeinschaft bedeutet uns höchste Freude: Verbirgt Er Sein Angesicht vor uns, dann sind wir in finsterster Sorgennacht . . . Oh, hätten wir die Kraft zu leben, zu sterben, zu arbeiten, zu leiden, als zu Ihm und zu Ihm allein! . . . Sollte dich etwas, das du für Christus tust, in Verruf bringen oder der Gefahr aussetzen, deinen Einfluß zu verlieren, tue es dennoch. Ich achte meinen eigenen Charakter, meine Beliebtheit, meinen Einfluß für den feinen Staub auf der Waage im Vergleich mit der Treue zu Jesus. Es ist des Teufels Logik, die sagt, 'Weißt du, ich kann jetzt nicht hervortreten und offen die Wahrheit bekennen, weil ich meinen Wirkungskreis nur dadurch erhalte, daß ich mich mit etwas einlasse, von dem ich befürchte, daß es falsch ist.' Oh, ihr Herren, was kümmern uns die Folgen? Mögen die Himmel einfallen, aber der gute Mensch soll seinem Meister gehorsam und der Wahrheit gegenüber loyal sein! Die Folgen liegen bei Gott und nicht bei dir. Wenn du ein gutes Werk für Christus getan hast und es deinen armen trüben Augen erscheint, als wäre nur Böses daraus entstanden, so hast du es dennoch getan, Christus hat es angenommen und Er wird es niederschreiben und mit Seinem zustimmenden Lächeln dein Gewissen beruhigen."[21]

---

[21] 36, 53-58.

Ich denke zuweilen, wenn ich im Himmel wäre, würde ich fast wünschen, ich könnte mein Werk am Tabernacle einmal besuchen, um zu sehen, ob es die Prüfung der Zeit übersteht und gedeiht, wenn ich fort bin. Werdet ihr euch an die Wahrheit halten? Werdet ihr euch an die großen alten Wahrheiten des Evangeliums halten? Oder wird diese Kirche, wie so viele andere, von der Schlichtheit des Glaubens abweichen und flitterhafte Gottesdienste und falsche Lehre aufrichten? Ich denke, ich würde mich in meinem Grabe umdrehen, wenn das der Fall wäre. Gott sei davor! Doch es wird kein Wiederkommen geben . . . Wir können nicht zurückkehren, um die brennende Menge zu retten oder die Ruinen neu zu bauen, aber wir werden, ohne Zweifel, sehen und wissen, was daraus wird.

C. H. S. (Predigten)

10: DIE WEITERE ENTWICKLUNG DES METRO-POLITAN TABERNACLE

Wenn die Überlegung, die beim Schreiben dieses Buches zugrunde lag, wahr ist, nämlich daß der wirkliche Charakter von Spurgeons Dienst deshalb aus den Augen verloren wurde, weil er sich in einigen wesentlichen Punkten zu auffällig abhob, um neben der Schule evangelikalen Glaubens, die in der ersten Hälfte dieses Jahrhunderts in fast ganz England vorherrschte, bestehen zu können, dann bleibt noch eine Frage zu behandeln: Wie kam es, daß sich im Evangelikalismus nach Spurgeons Tod ein solcher Wandel vollzog? In diesem abschließenden Kapitel möchte ich nicht nur zeigen, daß es eine Umwälzung evangelikalen Denkens und Handelns gab, sondern auch daß Spurgeons eigene Kirche eine wichtige Rolle in dieser Bewegung spielte, die der puritanischen Theologie und Praxis den Rücken kehrte. Wie der Metropolitan Tabernacle über dreißig Jahre hinweg für eine Sichtweise gestanden hatte - "wir sind als Mahnmal und als Zeichen gesetzt für die Kraft des altmodischen Evangeliums" - so sollte er später für eine andere Sichtweise stehen. Ich will nicht sagen, daß der Tabernacle einfach nur seinen Einfluß verlor. Wäre das alles, dann ließe sich das mit der Unfähigkeit der Kirche erklären, einen Nachfolger zu finden, der in die einzigartige Struktur gepaßt hätte, die Spurgeon um sich aufgebaut hatte. Der Fall ist schwerwiegender, und zwar deshalb, weil der Tabernacle sein Gewicht einem *anderen* Einfluß zugute kommen ließ: er übernahm die Führungsrolle in einem Evangelikalismus, der vergleichsweise neu in England war, und seine Geschichte in den zwanzig oder mehr Jahren nach Spurgeons Tod zeigt uns an einem Beispiel im Kleinen, welche Veränderung die gesamte evangelikale Tradition auf den Britischen Inseln durchlief.

Bevor Spurgeon im Herbst 1891 zum letztenmal London verließ, hatte er dafür gesorgt, daß ein presbyterianischer Pastor aus Philadelphia, Arthur T. Pierson, seine Kanzel übernahm. Die beiden Männer hatten sich ungefähr drei Jahre vorher kennengelernt,

209

und Pierson hatte im Dezember 1881 zum erstenmal im Tabernacle gepredigt. Er war damals zweiundfünfzig Jahre alt und hatte gerade sein Pastorat zugunsten eines weiterreichenden Dienstes niedergelegt. Da er 1891, als Spurgeon so schwer krank wurde, verfügbar war, bot er seine Hilfe an, und Spurgeon nahm sie dankbar an. Piersons Format und Persönlichkeit war so, daß man erwarten durfte, daß er die Tabernacle Gemeinde werde erhalten können, zumal seine Treue zur Heiligen Schrift, seine Einheit mit Spurgeon in der Ablehnung zeitgenössischen religiösen Unglaubens und seine missionarische Vision wohlbekannt waren.

Zu der Zeit dachte noch niemand daran, daß er Spurgeons Nachfolger sein sollte. Spurgeon ermutigte seine Gemeinde in der Erwartung, daß er bald aus Mentone[1], wo er sich so oft zuvor schon erholt hatte, zurückkehren würde. Und überhaupt, Pierson glaubte an die Kindertaufe. Von dem Ausgang, den es mit Spurgeon nahm, haben wir schon berichtet; er starb weniger als vier Monate nach Piersons Ankunft. Der Amerikaner war jetzt, menschlich gesehen, noch dringender am Tabernacle benötigt, und er versah den Dienst ununterbrochen bis zum Juni 1892. Zu dem Zeitpunkt hatte Spurgeons Bruder James, der noch immer Co-Pastor am Tabernacle war, beantragt, Pierson dauerhaft zum Kanzeldienst zu berufen, während er selbst sich weiterhin vielen der pastoralen Pflichten widmen wollte. Die Angelegenheit blieb eine Weile in der Schwebe, weil Pierson im Sommer 1892 für kurze Zeit in die Staaten zurückkehren mußte. Unterdessen war Spurgeons Sohn, Thomas, der gerade aus Neuseeland heimgekehrt war, gebeten worden, am Tabernacle auszuhelfen.

Über die Monate, die Pierson am Tabernacle diente, schreibt W. Y. Fullerton in seinem Buch *Thomas Spurgeon, eine Biographie,* folgendes: "Dieses Jahr hatte den Menschen viel gegeben, aber der Stil, in dem Pierson seinen Dienst ausübte, war ganz anders als sie es gewohnt waren. Als der Sohn aus Neuseeland kam, begannen viele in der Gemeinde, die echte Spurgeon-Note wiederzuerkennen, und ihre Herzen erwärmten sich für den jüngeren Prediger."[2] Als Pierson den Dienst am Tabernacle im November 1892 wieder aufnahm, war die

---

[1] Vergl. seine Worte bezüglich Pierson in seinem Brief an die Gemeinde, veröffentlicht in *The Metropolitan Pulpit,* 37, 552.

[2] *Thomas Spurgeon.* 1919, 152.

Gemeinde bei weitem nicht so einmütig wie zwölf Monate vorher. Eine Spaltung - von Zeitungen als "Tabernacle-Sturm" beschrieben - entstand zwischen jenen, die Pierson berufen wollten, und jenen, die den Sohn als Nachfolger für den Vater wollten. Thomas Spurgeon war nach Neuseeland zurückgekehrt, aber im März 1893 beriefen über zweitausend Mitglieder ihn mit einer drei Viertel Mehrheit, die Kanzel für zwölf Monate zu übernehmen, um dann später der Gemeindepastor zu werden. Daraufhin trat James Spurgeon zurück, und Pierson beendete seinen Dienst im Juni 1893. Acht Monate, nachdem Spurgeons Zwillingssohn seinen Dienst aufgenommen hatte, wurde er zum Pastor gewählt. Anscheinend waren die Unstimmigkeiten darüber, wer der beste Nachfolger am Tabernacle sein würde, selbst dann noch nicht gänzlich beendet, und als Pierson im Februar 1896 in James Spurgeons Baptisten-Kapelle in West Croydon durch Untertauchen wiedergetauft wurde, gab es Leute, die ungerechterweise seine Motive anzweifelten. Die Wahrheit ist, daß Pierson bereits seit einigen Jahren sehr gemäßigt in seinen Ansichten über Kindertaufe gewesen war und es keinen Grund zu zweifeln gibt, daß seine letztendliche Entscheidung sehr gewissenhaft getroffen wurde.

Bevor jemand zu dem Urteil kommt, daß die Meinungsverschiedenheiten am Tabernacle in den Jahren 1892-93 einfach nur eine weitere von jenen unerbaulichen Episoden in der Kirchengeschichte waren, in denen Christen durch übereifrige Anhänglichkeit an "Paulus" oder "Apollos" getrennt sind, muß jetzt gesagt werden, daß das, was sich ereignete, in seiner Bedeutung viel weitreichender war. Dr. Pierson hatte einen besseren Verstand als Thomas Spurgeon und war eine faszinierende Persönlichkeit; Spurgeons Sohn andererseits stand in der Familientradition insofern, als daß sein Predigen mehr das Herz ansprach als das bei dem Amerikaner der Fall war; zudem hatte er, zur Freude vieler, die Stimme seines Vaters. Doch alle diese Dinge waren relativ unwichtig verglichen mit der Hauptsache. Unter C. H. Spurgeons Dienst hatte der Tabernacle bewußt für den alten Evangelikalismus gestanden; durch die regulären Versammlungen am Sabbat und in der Woche, durch die in biblischer Schlichtheit der puritanischen Tradition abgehaltenen Gottesdienste, durch die entschieden paulinische Theologie der reformierten Tradition, und durch die Verkündigung des heiligen Lebens - durch diese Mittel, und ohne irgendwelche anderen - war die Tabernacle-Gemeinde ein Zeugnis für ein Christentum geblieben, das im späten neunzehnten Jahrhundert überall dahinschwand. Die Tragödie des Metropolitan Tabernacle nach Spurgeons Tod war, daß die öffentliche Diskussion, die die Geister aufwühlte, nicht ihren Mittelpunkt in den ganz grundlegenden Fragen fand.

Die lang hingezogene Debatte über Piersons persönlichen Ruf zum Pastorat hätte viel früher beendet sein sollen, als deutlich wurde, daß er nicht den evangelischen Calvinismus vertrat, dem Spurgeon treu gewesen war. Jemand, der Pierson im Tabernacle hörte, sagte, "Er ist wie ein aus dem Grab auferstandener Puritaner", eine Aussage, die sich jedoch lediglich auf seine äußere Erscheinung bezog![3] Piersons Biographie offenbart nicht das geringste Interesse an den Puritanern. Die Bücher, die Hauptbestandteil in Spurgeons geistlicher Erziehung gewesen waren, gehörten nicht zu seiner Lektüre.

Es kann keinen Zweifel geben, daß sein Eintritt in Spurgeons Nachfolge ihn in eine Tradition hineinversetzte, die sich von seiner eigenen doch erheblich unterschied. Später machte er zu dem, was bei seiner Ankunft in London von ihm erwartet wurde, folgende Anmerkung: "Ich sollte vor einer gewaltigen Menge Menschen predigen, die erheblich andere Formen der Auslegung gewohnt waren, sowohl was biblische Lehre als auch was die ursprüngliche Praxis der apostolischen Kirche betrifft."[4] Wiederum, in einer seiner ersten Schilderungen der Metropolitan Tabernacle Versammlung, wie er sie 1891 vorfand, schrieb Pierson: "Hier gibt es nichts, das den Sinn ablenkt von der Schlichtheit der Anbetung und des Evangeliums . . . Ein Kantor leitet die Gemeindelieder an, ohne Unterstützung auch nur eines Kornetts; Gebet und Lobpreis und die Lesung des Wortes Gottes mit klarer Formulierung der Evangeliumswahrheit - daß waren sein ganzes Leben lang Mr. Spurgeons 'Gnadenmittel'."[5]

Dieser lobende Kommentar zur ursprünglichen Schlichtheit des Tabernacle würde uns täuschen, wenn wir daraus schlössen, daß er von einem rechten Verständnis der zugrundeliegenden

---

[3] *Arthur T. Pierson*, A Biography, D. L. Pierson, 1912, 232.
[4] *James Archer Spurgeon*, G. Holden Pike, 1894, 6 (Vorwort von A. T. Pierson).
[5] *Sword and Trowel*, 1892, 81.

theologischen Bedeutung zeugte. Denn innerhalb kurzer Zeit nach Piersons Ankunft wurde ein bezeichnender Zusatz zu obengenannten "Gnadenmitteln" gemacht, nämlich die Seelsorgeraum-Methode, wobei am Schluß eines Gottesdienstes ein Teil der Gemeinde ausgesondert wurde, dem der Prediger empfahl zu bleiben, um noch als Gruppe oder einzeln unterwiesen zu werden. Von hier aus war es, wie die Erfahrung anderswo bereits gezeigt hatte, nur noch ein kleiner Schritt zur Bekanntgabe von Zahlen "Neubekehrter" - in anderen Worten, solcher, denen man attestierte, sie hätten zufriedenstellend den "Seelsorgeraum" durchlaufen.

Am 2. Jan. 1892 schrieb Pierson in sein Tagebuch: "Drei Monate ununterbrochener Gesundheit und Freude. Jedermann ist herzlich, sympathisch und verständig. Im Dezember fünfzig Seelen geerntet, und viele weitere sind fragend. Großartige Nach-Versammlungen im Tabernacle. Gebetstreffen mit äußerst reger Beteiligung."[6] Wenn Pierson zu diesem Zeitpunkt noch keine Aufrufe zu unmittelbaren öffentlichen Bekenntnissen des Glaubens machte, so sollte das später noch folgen. In einem Brief an seine Kinder über ein Predigtengagement im Tabernacle (es war sein erster Besuch dort seit sechzehn Jahren) schrieb er im Jahre 1909:

"Es war so offenkundig, daß der Heilige Geist mächtig wirkte, daß ich mich geleitet fühlte, die Versammlung auf die Probe zu stellen. Als alle, die bereit waren, die im Evangelium gebotene Errettung anzunehmen, gebeten wurden, sich zu erheben, standen zunächst nur wenige auf, dann folgten immer mehr, bis in der ganzen großen Versammlung nicht eine einzige Person sitzenblieb. So stark war die Emotion. Die Verantwortlichen traten nachher an mich heran, ob ich nicht eine Reihe von Gottesdiensten in ihrem Hause halten könne."[7]

Die geplanten Gottesdienste fanden nicht statt, denn dies sollte Piersons letzter Besuch in Britannien vor seinem Tode im Jahr 1911 sein.

Angesichts der Worte Fullertons, der Pierson im Vergleich mit Thomas Spurgeon unvorteilhaft darstellte, könnte man annehmen, daß, wenn der Sohn erst einmal am Tabernacle

---

[6] *Artur T. Pierson*, op. cit., 241.
[7] ebd. 271.

etabliert wäre, die echte Spurgeon Tradition gewährleistet sein würde. Das war leider nicht der Fall. Thomas Spurgeon hatte einen schlichten evangelischen Glauben, er liebte Kunst und Poesie und hatte, gleich seinem Vater, die Gaben des Humors und der Phantasie. Wie er auf der Kanzel Anekdoten und Bilder einsetzte, bezeichnete Fullerton als meisterhaft.[8] Doch er hatte weder das Gerüst theologischen Denkens, noch den entsprechenden Geist, zwei Elemente, die doch zusammen das Wesentliche im Dienst seines Vaters ausgemacht hatten. Was Verkündigung anbelangt, war es Thomas, der den neuen Ethos am Tabernacle einführen sollte, denselben Ethos, in dem auch Pierson selbst arbeitete. Bei beiden Männern war die Quelle des neuen Einflusses dieselbe: In den 1870ern hatten D. L. Moody und Ira D. Sankey eine neue Ära eingeleitet, und nach Spurgeons Tod waren die beiden Männer zweifellos die bekanntesten evangelikalen Größen in der Englisch sprechenden Welt.

Im Oktober, als Thomas Spurgeon während Piersons Amerika-Aufenthaltes den Kanzeldienst versah, führte er gemeinsam mit Moody eine Evangelisation im Tabernacle durch. Die November-Ausgabe von *The Sword and the Trowel* berichtete ihren Erfolg - "einige Hundert bekannten sich zu Christus und zur Errettung" - aber sie berichtete nicht, daß der Tabernacle jetzt eine Methode unterstützt hatte, die C. H. Spurgeon nie als gültig anerkennen wollte. Hierfür müssen wir uns an die Aussage eines Augenzeugen, E. J. Poole-Connor, halten, der bei der Evangelisation zugegen war. Sein Bericht, geschrieben im Jahre 1941, ist schon lange vergriffen, und wir geben ihn deshalb in vollem Wortlaut wieder:

"Es mag von Interesse sein, einige persönliche Erinnerungen an eine von Mr. Moody geleitete Evangelisation im Metropolitan Tabernacle im Jahre 1892 aufzuzeichnen. Der Schreiber und zwei

---

[8] Fullerton erzählt, daß Thomas Spurgeons Ansprache anläßlich der Pastor's College Konferenz im Jahre 1896 das Thema 'Gegengifte' (engl.: 'Antidotes') behandelte. Hierzu hatte ihn der Ausspruch einer alten Frau angeregt, die sonntags zuhausblieb und Spurgeons Predigten las, anstatt in ihre Kapelle zu gehen, weil sie von dem Prediger sagen mußte: "Ich hörte nur Antidotes, Antidotes, Antidotes, von Anfang bis Ende nichts als Antidotes." Die Beschwerde der alten Frau über die Vielzahl der Anekdoten ('Anecdotes') in dem neuen Predigtstil kam wahrscheinlich der Wahrheit viel zu nahe, als daß sie Gegenstand der Belustigung sein sollte.

Freunde - eine davon seine jetzige Ehefrau - konnten sich eine Stunde vor dem angezeigten Gottesdienstbeginn gerade noch hineinquetschen, und weil das Gebäude dann bis an sein Fassungsvermögen gefüllt war, wurden die Türen geschlossen und mit dem Gottesdienst begonnen. Ein sehr großer Chor sang, und Mr. Stebbins war der Solist. Er sang "It be at Morn when the Day is awaking" (Am Morgen, wenn der Tag erwacht). Mr. Moodys Text war Lukas 23,51, und sein Thema war der moralische Mut, der oft dazu gehört, Christus zu bekennen. 'Ich denke, es gibt ebenso viele Feiglinge pro Quadratmeter in England wie in Amerika', sagte er. Er war, nach unserer Erinnerung, kräftig, sehr untersetzt, bärtig, sein Kopf war zwischen die Schultern geduckt. Seine allgemeine Erscheinung war die eines tüchtigen, recht erfolgreichen Geschäftsmannes, der ganz auf seine Arbeit konzentriert war. Er sah nicht im geringsten kirchlich aus, der Kragen, den er trug, erhöhte den 'Laien'-Effekt seiner Kleidung; und das Fehlen jeglicher theatralischer, unpassender Frömmigkeit trug zur geschäftsmäßigen Direktheit seines Auftretens bei. Seine Rede war munter, lebendig und direkt zur Sache sowie mit interessanten Anekdoten belebt. Ich kann mich nicht entsinnen, grammatische Fehler entdeckt zu haben, so wie es zuweilen über ihn erzählt wird. Während er sprach, schien keine große Kraft in seinen Worten zu liegen, doch die Wirkung am Schluß der Botschaft war elektrisierend. Als er jene seiner Zuhörer, der Männer insbesondere, die bereit waren, Christus zum erstenmal zu bekennen, bat, aufzustehen und zu sagen 'Ich bekenne, Sir', fuhr eine Welle tiefer Empfindung durch die große Versammlung, und in jedem Teil des Saales erhoben sich Männer um zu antworten. 'Ich bekenne, Sir', 'Ich bekenne, Sir', 'Ich bekenne, Sir'. Fast jeder der Umstehenden war in Tränen, und gemurmelte Gebete konnten überall im Gebäude vernommen werden. Wir erfuhren, daß an diesem Abend etwa dreihundert ihre Bekehrung mitteilten".[9]

Thomas Spurgeon kehrte kurz vor dem Ende dieser Evangelisation nach Neuseeland zurück. Er berichtet uns, wie an seinem letzten Sonntag mit Moody am Tabernacle der amerikanische Evangelist "mir während eines Gesprächs in der Sakristei sagte, 'Du mußt noch wieder hierher zurückkehren, und

---

[9] *Evangelical Unity*, E. J. Poole-Connor, 1941, 98-99.

ich werde hier und jetzt Gott darum bitten, daß es geschehe'."[10]
Als im folgenden Jahr tatsächlich der Ruf der Kirche an Thomas
erging, entschloß er sich, über Amerika zu reisen und auf dem
Weg Moody zu besuchen. Die allgemeine Verbreitung von
Moodys Methoden, die er in den großen evangelischen Gemeinden
der Vereinigten Staaten vorfand, ließ bei ihm nicht den Gedanken
aufkommen, daß mit den Neuerungen am Metropolitan Tabernacle
ein falscher Schritt getan wurde.

Wie sehr sich am Tabernacle der Stil gewandelt hatte, kann an
den Versammlungen beurteilt werden, die anläßlich der Eröffnung
des neuen Tabernacle im Oktober 1900 gehalten wurden, nachdem
der alte im April 1898 durch eine Feuerkatastrophe zerstört worden war. Wenn der Leser diese Versammlungen mit jenen ver-
gleicht, die zur Zeit der Eröffnung des ursprünglichen Gebäudes
1861 stattfanden, wird er feststellen, daß seitdem Welten vergangen waren. Auf den Versammlungen 1861 erklärte Spurgeon, "Die
Kontroverse, die zwischen den Calvinisten und den Arminianern
ausgefochten wurde und wird, ist überaus wichtig", und dementsprechend gab er den Grundton zur Eröffnung des Tabernacle
durch fünf Ansprachen über die Hauptlehren der Gnade an, ein-
schließlich die Lehren von der Erwählung und der speziellen Erlösung.[11] Musik gab es keine, mit Ausnahme der feierlichen Lobge-
sänge der gesamten Gemeinde zur Ehre Gottes. Im Gegensatz dazu
berichtet Fullerton von der Eröffnung des neuen Tabernacle: "Ein
wichtiger Punkt an den Eröffnungsgottesdiensten war die
Anwesenheit von dem Sänger Ira D. Sankey."[12] Er fährt fort,
indem er die Namen der Redner nennt, die am zweiten Tag
sprachen. Es waren Pastor F. B. Meyer und Pastor J. H. Jowett,
die beide entschieden nicht in Spurgeons theologischer Tradition
standen. Zur Zeit der Down-Grade-Kontroverse hatte Meyer eine
Resolution in der London Baptist Association *gegen* die Annahme
einer verbindlichen Lehraussage beantragt, und, wenn er auch
selbst evangelisch war, so doch von der neuen Schule des
Evangelikalismus, die sich der Neigung nach ganz und gar
arminianisch erwies. Ein weiterer Redner war Dr. Alexander
McLaren, von dem, wie wir in einem früheren Kapitel schon

---

[10] *Thomas Spurgeon*, op. cit. 158.
[11] 7, 294-328.
[12] *Thomas Spurgeon*, op. cit. 197.

erwähnten, Spurgeon zu Zeit der Down-Grade-Kontroverse eigentümlicherweise überhaupt keine Unterstützung erfahren hatte. "Mr. Sankey sang an mehreren der Zusammenkünfte", sagt Fullerton, "und gab am Sonntag im vollbesetzten Tabernacle einen Gesangsgottesdienst".

Fullerton gibt uns in seinem Lebensbild Thomas Spurgeons praktisch die einzige geschichtliche Darstellung des Metropolitan Tabernacle im frühen zwanzigsten Jahrhundert. und behandelt darin hauptsächlich die verschiedenen Missions- und Evangelisations-Feldzüge, die damals eine so große Rolle im Leben der Kirche spielten. In den besonderen Versammlungen des Jahres 1905 - in *The Sword and the Trowel* als "Erweckung" bezeichnet - wurden siebenhundert Namen solcher registriert, die Christus bekannten. Als Thomas 1908 aus Gesundheitsgründen das Amt niederlegte, waren während seiner vierzehn glücklichen Dienstjahre 2200 Menschen in der Kirche aufgenommen worden. Trotz dieser Zahlen spricht Fullerton vorsichtig von "sinkenden Mitgliederzahlen".[13] In einem privaten Brief an einen Freund schrieb Spurgeons Sohn: "Es hat viele bittere Anfechtungen gegeben, und ich war zuweilen über die Maßen niedergedrückt. Um die Wahrheit zu sagen, ich bin im Augenblick nicht gerade überglücklich. Die Schwierigkeiten sind enorm und scheinen immer mehr zu werden . . . Meine große Furcht ist, länger auf einem Ehrenposten zu bleiben als ich sollte."[14]

Nach Thomas Spurgeons Rücktritt wurde die pastorale Verantwortung von A. G. Brown übernommen. Obwohl zehn Jahre jünger als C. H. Spurgeon, hatte er ihm sehr nahegestanden und hatte seine Beerdigung abgehalten. Er besaß wahrscheinlich ein besseres Verständnis von Spurgeons Dienst als irgendeiner der anderen Inhaber seiner Kanzel nach 1892, und in T. L. Edwards, einem im Jahre 1908 eingesetzten Assistenten, hatte er einen gleichgesinnten Kollegen. Das sollte jedoch nur drei kurze Jahre so bleiben. Brown trat 1910 zurück, und im folgenden Jahr erlag der Tabernacle, mit der Ernennung von Amzi Clarence Dixon, vollends dem Ansturm des amerikanischen Fundamentalismus und seiner eigenen Sorte von Evangelikalismus. Dr. Dixon kam direkt aus der Moody Memorial Church, Chicago, wo er fünf Jahre

---

[13] ebd., 211.
[14] ebd., 211.

gedient hatte; dort war es üblich, wie sein Biograph berichtet, daß "jedes Jahr fünfhundert bis eintausend bezeugte Bekehrungen in den Büchern der Moody Kirche festgehalten" wurden. Mit seinem Kommen scheint selbst der letzte Unterschied zwischen Spurgeons Dienst und Moodys Methoden verwischt worden zu sein. Ein Konzertflügel wurde installiert, und "das gesungene Evangelium" zusammen mit öffentlichen Aufrufen zur "Entscheidung" und dem Seelsorgeraum-System gehörte bald zum kirchlichen Alltagsleben. Die Ausnahme, das Ungewöhnliche, war endlich normal geworden.

Dixon selbst war sich bewußt, daß er Veränderungen einführte. Bevor er in den regulären Pastorendienst in London eintrat, hatte er Anfang des Jahres 1911 einige Wochen lang im Tabernacle gepredigt und gab bei seiner Rückkehr in die Vereinigten Staaten folgendes Interview:

"Haben Sie wie in Chicago Nachversammlungen gehalten?" fragte der *Advance* Reporter.

"Ja", antwortete Dr. Dixon, "und ich will Ihnen etwas Bemerkenswertes dazu berichten. Ich leitete die erste Nachversammlung, die je in Spurgeons Tabernacle abgehalten wurde, und behielt diese Neuerung jeden Sonntagabend bei, solange ich da war. Am ersten Abend hatte ich fünfzehn Bekehrungen, am zweiten dreißig, und die Zahl stieg an einigen Abenden auf fünfunddreißig bis vierzig."

"Waren die Menschen von Ihren Methoden angetan?"

"Ich kann nicht sagen, daß sie anfangs sehr angetan waren. Meine Methoden waren zu amerikanisch: aber später lernten sie sie schätzen."

"Wie war Ihr erster Eindruck von den Londoner Zuhörern?"

"Zunächst schienen sie recht schwerfällig. Das Wetter war kühl; vielleicht hatte das etwas damit zu tun, daß die Menschen kühl schienen. Doch nachdem das Eis gebrochen war, waren sie die begeistertste Menge, die man je gesehen hat."[15]

Enthusiasmus könnte als Schlüsselwort für den Beginn von Dixons Dienst in London stehen, und dieser Geist wurde rasch auf andere übertragen. In einem Bericht über den Tabernacle schrieb eine christliche Zeitung von "Anzeichen einer Erweckung" und

---

[15] Das Interview erschien in *The Christian Age*, 4. Mai 1911.

gab die Information, daß die untere Galerie wieder für die Don-
nerstagabende in Gebrauch genommen wurde. Einem Reporter der
South London Press, der Dixon in seiner Sakristei interviewte, offenbarte er seine Hoffnung, daß es eine Erweckung geben werde -
wobei er dieses Empfinden dadurch unterstrich, daß er anführte,
wie viele sich in jüngster Zeit zum Glauben bekannt hatten. Im
Sommer 1912, als Dixon einer der Redner in Keswick war, gab es
weitere Aufregung über große Dinge, die am Tabernacle geschehen sollten. *The Christian Age* kommentierte am 5. Juli 1912 Dr.
Dixons erstaunlichen Vorschlag zur Umwandlung von "The Elephant and Castle" in einen evangelikalen Bienenkorb. Doch in die
Worte des Reporters mischte sich eine Spur Skepsis: "Dr. Dixon
mit seinen großen Ideen in allen Ehren. Aber in den 100.000
Pfund, die ihm fehlen, sind noch nicht die großen Gebäude enthalten, die den "Elephant" ersetzen sollen, auch nicht die
Unterhaltung derselben, und man fragt sich, ob eine weitere teure
zentrale Mission hier wirklich nötig ist."

Es ist nicht einfach, die Frucht der acht Jahre, die Dixon in
London war, einzuschätzen. Das große Neubauprojekt wurde nie
verwirklicht, ja, es wird von Dixons Biographen, seiner zweiten
Frau Helen C. A. Dixon, nicht einmal erwähnt. Aber laut Mrs.
Dixon gab es auf jeden Fall Erweckung. In einer Evangelisation
im Jahre 1912 "bekannten mehr als dreihundert ihre Entscheidung
für Christus";[16] 1915 gelobte Dixon mit einigen seiner
Gemeindeglieder, "zu versuchen, jede Woche mindestens eine
Seele für Christus zu gewinnen",[17] und in einem Gottesdienst für
Flüchtlinge vom europäischen Festland im Mai des Jahres
"entschieden sich in einer einzigen Versammlung siebenundzwanzig Franzosen für Christus". Im nächsten Jahr half Dixon in
der Leitung des sechs Monate währenden "Jubiläums-Feldzuges"
der Londoner Baptistenkirchen, und er schrieb von "Anzeichen einer großen Erweckung am Tabernacle".[18] 1912 gab es einen fünf-
monatigen "Grabenfeldzug", sowie eine "Bilder-Mission", und
"mehr als siebenhundert Leute nahmen Christus an".[19] "Der
Tabernacle", schrieb Dixon gegen Ende des Jahres 1918, "war nie

---

[16] A. C. Dixon, *A Romance of Preaching*, 1931, 212.

[17] ebd., 218.

[18] ebd., 222.

[19] ebd., 233.

in einem gesegneteren Zustand."[20] Zur gleichen Zeit jedoch schrieb Charles Noble, ein altes Mitglied des Tabernacle, einen ganz anderen Bericht vom Zustand der Kirche[21] - eine Darstellung, die dem Schreiber dieses Buches von anderen bestätigt wurde, die ebenfalls zur Gemeinde gehörten und deren Erinnerung in jene Zeit zurückreichte.

Dixons Dienst veranschaulicht, wie sehr sich die neuen evangelikalen Anschauungen von denen Spurgeons unterschieden. Im Vokabular der puritanischen Schule waren Erweckungen außerordentliche Erweise der Kraft Gottes, und laut Definition nicht durch menschliche Arbeit erzeugt. Aber unter C. G. Finney, und später Moody, begleiteten so viele "Wirkungen" die Feldzüge, daß man von diesen auch als von "Erweckungen" sprach. Ja, Finney behandelte evangelistisches Bestreben und Erweckungen bewußt als Synonyme und förderte die Philosophie "je mehr Mühe, desto mehr Erweckung". Das war das Muster im Hintergrund von Dixons Denken, von seinem eigenen Vater in Worte gefaßt, als Ratschlag, den er ihm mitgab, als er sein erstes Pastorat antrat, "Mein Sohn, halte so viele Gebetstreffen und Erweckungen wie du kannst, und so wenige Gemeindesitzungen wie möglich."[22] Aber im Unterschied zu den alten Erweckungen galt als Maßstab dieser Evangelisationen nicht der Nachweis eines verwandelten Lebens - um einen Menschen zu der Disziplin und den Pflichten einer Kirchenmitgliedschaft zuzulassen - sondern es ging, viel einfacher, um die Anzahl von "Entscheidungen". Um "Entscheidungen" zu erlangen, war eine Gelegenheit zur öffentlich sichtbaren Antwort auf die Botschaft erforderlich, und diese Praxis wurde so zum beinahe universalen Kennzeichen "evangelistischer Predigt". "Immer schloß er seine Predigten mit einem Aufruf, Christus an-

---

[20] ebd., 237.

[21] Siehe Anhang dieses Buches. In Dixons Biographie findet sich kein Anhaltspunkt dafür, daß es in der Tabernacle-Gemeinde Kritik an seinem Pastorat gab, obwohl er in einem Brief an seine erste Frau, in dem es um die Frage ging, ob er am Tabernacle bleiben sollte oder nicht, schrieb: "Es sieht so aus, als wollte Gott, daß ich genau hier bleibe und für Ihn zeuge, wenn ich auch sehen kann, daß es Opposition bedeuten wird, wenn nicht sogar Verfolgung und Leiden." *A. C. Dixon*, 218. Was er mit dieser Aussage meinte, wird in seiner Biographie nicht erklärt.

[22] ebd., 275.

zunehmen", schrieb ein Beobachter Dixons,[23] und ein anderer stellte ihm das Zeugnis aus: "Evangelisation war die Leidenschaft seines Lebens. Selbst nach einem Vortrag über Abraham Lincoln hörte ich ihn mit einem Aufruf abschließen, und Seelen kamen zu Christus."[24]

Mrs. Dixon kommt im Zusammenhang mit der evangelistischen Predigtweise ihres Mannes auf eine Kritik zu sprechen, die von einem Diakon an einer "historischen Kirche", wo ihr Mann Pastor war, vorgebracht wurde (Der Ausdruck und die Natur der Geschichte deuten auf Spurgeons Tabernacle). Die Kritik des Diakons, so erfahren wir, wurde auf folgende Weise beschwichtigt: "Nächsten Sonntag berührte der Geist Gottes sein Herz, und der Tau des Himmels fiel auf die Kirche herab. Zum erstenmal, nach dem Gedenken aller Anwesenden gab es Bekehrungen im Morgengottesdienst. Fünf Personen antworteten auf den Aufruf zur Entscheidung."[25] Auf solche Weise zu schreiben deutet darauf hin, wie blind Mrs. Dixon gegenüber Spurgeons oft wiederholter Warnung gewesen zu sein scheint, daß "Entscheidungen" und Bekehrungen sehr wohl zwei unterschiedliche Dinge sein mögen.

Daß das Christentum vieler dieser unter der neuen Verkündigung angeblich Bekehrten sich als kurzlebig erwies, hätte als Beweis für diese Aussage genügen sollen,[26] aber der

---

[23] ebd., 264.

[24] ebd., 282.

[25] ebd., 273.

[26] Ein Autor der alten evangelikalen Schule gab in *The Signal* vom 1. Juli 1884 folgenden Bericht über die allgemeinen Früchte der neuen Methoden in Schottland: "Ein Evangelist berichtete nach zwei Wochen Missionsversammlungen in Zusammenarbeit mit einer Kirche: 'Sechzig gerettet'. Darf ich den Leser fragen, wie viele dieser sechzig Neubekehrten sich seiner Meinung nach drei Monate später noch zum Christentum bekannten? Leider müssen wir sagen, nicht einer. Ich denke, solange es die Kirche auf Erden gibt, erleben wir die Erfüllung von Jesu Gleichnis vom vierfachen Ackerboden, oder besser, von den Grundmustern des Bodens in seinen verschiedenen Vorbereitungsstadien für die Saat, aber noch nie sahen wir den steinigen Boden, und den zertretenen Boden, und den oberflächlichen Boden in einem solchen Mißverhältnis wie wir sie augenblicklich sehen." Jene schottischen Kirchenführer, die Moody ihre Zustimmung gaben, konnten diese Wirkung seiner öffentlichen Zugkraft nicht voraussehen, obwohl sie schon damals ein ungutes Gefühl dabei hatten. John Cairns beispielsweise schrieb über Moodys Werk in Schottland: "Das einzige Merkmal, mit dem

missionarische Eifer war so groß, und ebenso der Unwille gegenüber lehrmäßigen Definitionen, daß wenige innehielten, um zu fragen, ob die Zahlen derer, die auf die "Aufrufe" reagierten, wahre Aussagen über geistliche Wirklichkeiten waren.

Wir haben somit ein wenig in die Geschichte des Tabernacle nach 1892 geblickt. Es bleibt noch zu fragen, wie solche Veränderung im Zentrum von Spurgeons Wirken möglich war. Für den Autor gibt es drei herausragende Gründe.

Erstens, die Einflüsse, welche die Veränderung zustande brachten, waren schon zu Lebzeiten Spurgeons wirksam. Selbst im weiteren Umfeld einiger der Institutionen, die von ihm ins Leben gerufen worden waren, hatten Praktiken und Methoden Fuß gefaßt, die er nicht autorisiert, allerdings auch nicht verboten hatte. Die bemerkenswertesten Beispiele hierfür ereigneten sich in der Gesellschaft für Evangelisten, einer Organisation, die in den 1870er Jahren als Zweig des Pastor's College begann und besondere evangelistische Anstrengungen in bedürftigen Teilen des Landes als ihre Aufgabe sah. Unter den Männern, die in dieser Gesellschaft dienten, waren die prominentesten "C. H. Spurgeons Evangelisten, Fullerton und Smith".[27] Laut Fullertons späterem Bericht war er Hauptsprecher in den Missionsgottesdiensten, während J. Manton Smith's Gaben in der erzählerischen Anwendung von Anekdoten, in seiner Kunst, das Kornett zu spielen, und in seinem Gesang lagen. "Ich erkenne an, daß Manton Smith es war, der die Leute anlockte, denen ich predigte . . . Zuerst hatten wir unsere Ruhepause immer am Samstagabend, aber irgendwann verlagerten wir sie auf Freitag und führten Gesangsgottesdienste ein; hierzu suchten wir eine Anzahl von Stücken aus, die alle im Zusammenhang mit dem gleichen Thema standen. Das fand großen Anklang bei den Menschen und gab meinem Kollegen reichlich Gelegenheit, seine besonderen Talente einzusetzen . . ."[28]

wohl nicht alle einverstanden sind, war das Nach-vorne-Kommen derer, für die gebetet werden sollte, doch ich habe mich daran gewöhnt, und alles andere ist so schicklich, daß ich zufrieden und sogar dankbar bin." *Life and Letters of John Cairns*, A. R. Mac Ewan, 1895, 721.

[27] Siehe *Autobiography* 4, 335

[28] *At the Sixtieth Milestone*, W. Y. Fullerton, undatiert, 77 und 96.

W. Y. Fullerton hat uns seine Autobiographie in dem Buch "Am sechzigsten Meilenstein" hinterlassen. Bekehrt als "Teenager in der altmodischen Presbyterianerkirche" seiner Belfaster Kindertage, "entdeckte" er seine Lebensaufgabe, als Moody und Sankey 1874 in jene Stadt kamen. Über ihre damalige Mission schreibt er: "Wer mit solchen Bewegungen wohl vertraut ist, kann sich keine Vorstellung davon machen, was für ein Umbruch sich in einem jungen Leben durch solchen Dienst ereignen kann."[29] Danach ging er nach London an das *Spurgeon's College*, um selbst Wanderprediger zu werden, und er übernahm ungeteilten Herzens die neuen Methoden. Der Glaube, daß Musik ein wichtiger anziehender Einfluß sei, der Aufruf zur öffentlichen Entscheidung für Christus, der Apparat des Seelsorgeraumes und die anschließende Bekanntgabe von Zahlen - all das waren Merkmale von Fullertons Dienst, wie der Leser seiner Autobiographie schnell entdecken wird. Es ist nicht ganz klar, wie weit diese Praktiken in der Gesellschaft für Evangelisten bereits vor Spurgeons Tod an der Tagesordnung waren. Bezeichnenderweise erschien in den Spalten von *The Sword and the Trowel* keine Empfehlung der Methoden C. G. Finneys bis ein Jahr nachdem Spurgeon die Herausgeberschaft niedergelegt hatte, als A. A. Harmer, auch Mitglied derselben Gesellschaft, schrieb: "Der Evangelist von heute kann viel von den Methoden lernen, die Mr. Finney in der Erweckungsarbeit anwendet."[30] Nichtsdestoweniger können einige Anzeichen für ein Abweichen von Spurgeons eigener Position bereits in den Meldungen gefunden werden, die über die Arbeit der Gesellschaft für Evangelisten vor 1892 berichten. Der Sekretär des YMCA in Bradford informiert den Leser von *The Sword and the Trowel* im Dezember 1890, daß in Fullertons und Smith's jüngsten Gottesdiensten "300 besorgte Ratsuchende in den Nachversammlungen persönliche Seelsorge erfuhren". Von einer weiteren Mission Fullertons im selben Jahr lesen wir, "Jeden Missionsabend wurden Seelen gerettet, und so ein Anblick wie der am letzten Sonntagabend, als etwa einhundert Menschen den Seelsorgeraum füllten, ließen unsere Herzen vor Freude springen."

---

[29] ebd., 60.
[30] Sword and Trowel, 1893, 188. Es überrascht einen nicht festzustellen, daß Finney von A. C. Dixons Biographen uneingeschränktes Lob gezollt wird. op. cit., 6.

Warum tolerierte Spurgeon diese Dinge in einem Kreis, in dem sein Wort ausschlaggebend hätte sein können? Eine Überlegung, die ihn dazu veranlaßte, war ohne Zweifel, daß die Evangelisten ja fest entschlossen waren, Seelen zu gewinnen: Ihre Motive zweifelte er nicht an, und wenn ihr theologisches Verständnis nicht so ausgeprägt war, dann erinnerte er sich daran, daß Gott den Menschen unterschiedliche Gaben gibt. Ferner wurde vieles dieser "speziellen" Missionsarbeit nicht als öffentlicher Gottesdienst gewertet. Das Zeitalter, in dem Missionshallen, Theater und andere Gebäude die Versammlungsorte für Evangelisationen waren, hatte begonnen, und Spurgeon hatte stets Sympathie für Versuche, die Massen mit allen Mitteln zu erreichen; in gewissem Sinne hatte er es in früheren Tagen selbst so gemacht. Mit offensichtlichem Bezug auf Moody und Sankey hatte er 1873 gesagt: "Ich zögere nicht zu sagen, daß große Teile der Kirchenordnung, große Teile der Wohlanständigkeit, Schicklichkeit und Ordentlichkeit und des 'So war es, so ist es und so wird es immer sein" nur so etwas wie Spezereien und Leinwand für einen toten Christus sind, aber Christus ist lebendig, und wir müssen lernen, Ihm Raum zu geben! Ich sage das nicht um mei- netwillen - bin ich nicht immer wohlanständig? - sondern ich denke an unsere Brüder, zwei sehr ernsthafte Evangelisten . . . "[31]

Spurgeon war schon bereit, Menschen vor der allzu häufigen Anwendung spezieller Gottesdienste zur Vorsicht zu ermahnen, aber grundsätzlich ließ er ihre Nützlichkeit gelten; was seinerzeit bislang ungeklärt geblieben war, war die Frage, wie weit solche Versammlungen nach denselben Prinzipien geordnet werden soll- ten, die auch für den regulären Gottesdienst und sonstige Veran- staltungen in der Kirche galten. Hätte jemand von vornherein be- antragt, die neuen evangelistischen Methoden in den regulären Gottesdienst der Kirchen einzuführen, wäre dieser Antrag zweifel- los auf großen Widerstand gestoßen. Tatsache ist, daß sie auf einer anderen Ebene an Einfluß gewannen. Die Arbeit von Moodys Freund F. B. Meyer, Pastor der Christ Church, einer Gemeinde unweit des Tabernacle, veranschaulicht, wie die Dinge gewöhnlich abliefen. In dem Bemühen, die Nicht-Kirchgänger zu erreichen, begann Meyer Ende 1893, spezielle Veranstaltungen für Männer

---

[31] 19, 215.

unter dem Motto "Ein schöner Sonntag Nachmittag" abzuhalten. Hier gab es, anders als in seinen Gottesdiensten, Kapelle, Chor und Orgel! Dazu wurde das Treffen als "informell" eingestuft, und selbst "Applaus" war nicht unpassend. Dennoch gab es eine Ordnung, die nach Meyers Angaben folgendermaßen aussah:

3.30h	Ein Gemeindelied
3.35h	Schriftlesung, ca 10 Verse durch einen ausgewählten Bruder
3.38h	Wechselgesang oder Chorlied vom Siegespreis-Chor
3.43h	Gebet, gefolgt vom Vaterunser, von einem Bruder geleitet
3.45h	Das erste Solo
3.50h	Die Bekanntmachungen, vom Sekretär
3.53h	Der Leiter der Versammlung, möglichst immer ich selbst
4.00h	Gemeindelied
4.05h	Unser Redner des Nachmittags
4.25h	Das zweite Solo
4.30h	Ermahnungen, sich zu verpflichten und sich für Gott zu entscheiden
4.35h	Ein kurzes Gebet[32]

---

[32] *Reveries and Realities*: oder: *Life and Work in London*, F. B. Meyer, 51. Als Meyer zur Christ Church wechselte, wurde W. Y. Fullerton an seine vorherige Gemeinde, Melbourne Hall, Leicester, berufen. Später wurde Fullerton Meyers Biograph. Sowohl in Meyers als auch in Spurgeons Biographie versäumt Fullerton, darauf hinzuweisen, wie weit der Evangelikalismus des zwanzigsten Jahrhunderts von Spurgeons Position abgewichen war. Als Spurgeons Biographie 1920 herauskam, kritisierte H. Tydeman Chilvers Fullerton dafür, daß er in so unverbindlicher Weise von der Down-Grade-Kontroverse schrieb, und nicht "in mutiger Befürwortung von Mr. Spurgeons Haltung" (zitiert in *A Centannial History of Spurgeons Tabernacle*, Eric W. Hayden, 1971, 43), doch Fullertons gesamte gedruckte Abhandlung über Spurgeon verdient, in ihrer Armut an theologischem Verständnis, unsere Mißbilligung. Einige der Dinge, die Spurgeon am wichtigsten waren, ließ Fullerton durch sein Stillschweigen bei den Lesern in Vergessenheit geraten.

Jene, die willens waren, Christen zu werden, schreibt Meyer, wurden aufgefordert, sich in einen Bereich der Kirche zu begeben, der "Einsegnungsecke" genannt wurde.

Es stimmt jedoch nicht, daß Spurgeons Haltung zu diesen Dingen lediglich die des nachsichtigen Ertragens war. Wiederholt sprach er Warnungen gegen den neuen Trend aus. Bereits 1875 brachte er seine Sorge zum Ausdruck, daß die Praxis von Moody und Sankey einen neuen Traditionalismus schaffen könnte: "Wir lassen uns allzu leicht ein Zaumzeug anlegen und lassen uns von Regeln und Methoden binden . . . Du meine Güte, wenn wir schon spezielle Gottesdienste haben müssen, warum muß ein Bruder sie nach der Moody-Methode halten, und ein anderer darf nur Sankey-Lieder einsetzen. Wer sind wir denn, daß wir anderen folgen müssen? Erzählt mir nichts von Neuerungen und so; fort mit diesem Unfug!"[33] Die Bereitschaft,Musik als wesentlichen Teil des Gottesdienstes anzusehen, verurteilte er ebenso. "Liebe Freunde, wir wissen, daß Seelen nicht durch Musik gewonnen werden sollen." Wenn das so wäre, fährt er fort, "wäre es an der Zeit, daß Prediger Opernsängern das Feld überließen."[34] 1882 erklärte er: "Das Aufleben der Massen unter neu erfundenen Reizmitteln setzen wir zu leicht mit der Kraft Gottes gleich. Dieses Zeitalter der Neuheiten scheint geistliche Kraft in Blaskapellen und Tamburinen entdeckt zu haben . . . Diese Zeit neigt zu Größe, Gepränge und Kraftprotzerei, als ob diese gewißlich das schaffen würden, was man mit regulären Mitteln nicht fertigbrachte."[35] Wiederum, im Jahr 1888: "Jesus sagte, 'Predigt das Evangelium jeder Kreatur.' Doch die Menschen werden des göttlichen Planes überdrüssig; sie wollen lieber durch den Priester gerettet werden, oder sie wollen durch Musik gerettet werden, oder durch Theatervorführungen, oder durch was weiß ich noch alles! Nun gut, mögen sie diese Dinge ausprobieren, solange sie wollen; aber nichts kann je bei der ganzen Sache herauskommen, außer bitterer Enttäuschung und Verwirrung, Gott wird entehrt, das Evangelium entstellt, Heuchler werden zu Tausenden hervorgebracht, und die Kirche wird auf die Ebene der Welt herabgezogen."[36]

---

[33] 31, 515.
[34] 18, 239.
[35] 28, 377.
[36] 40, 199.

Gleichermaßen scharf waren seine Worte gegen das System, das vorschrieb, Menschen dazu zu bringen, einen *öffentlichen* Schritt zu machen, der sie "verpflichten" sollte oder einen "seelsorgerlichen Mitarbeiter" auf sie aufmerksam machen sollte. Er selbst eignete sich diese Praxis nie an, weil er glaubte, daß Sünder sich *direkt* mit Gott auseinandersetzen sollten; wenn das Evangelium in aller Klarheit gepredigt würde, dann kann der ganze Rat, den suchende Seelen brauchen, in Worten wiedergegeben werden wie: "Du mußt nicht weit gehen, um Ihn zu finden. Schließ die Augen und hauch ein stilles Gebet zu Ihm. Stell dich hinter eine Säule da draußen oder geh die Straße entlang und laß dein Herz sprechen: 'Heiland, ich brauche Frieden, und Frieden kann ich niemals haben, bis ich dich gefunden habe. Sieh, ich vertraue dir. Offenbare dich mir diesen Augenblick und sage zu meiner Seele 'Ich bin deine Errettung'."[37]

Doch wenn andere gelegentlich eine Nach-Versammlung oder einen Seelsorgeraum einsetzten, verdammte er das nicht, vorausgesetzt, man sah diese Dinge nicht als *notwendigen* Teil der Evangeliumsverkündigung.

In Spurgeons letzten Jahren wuchs seine Sorge, daß manche seiner eigenen Männer die Gefahr nicht sahen. In einer Ansprache vor seinen Studenten und vor den Mitgliedern der Gesellschaft für Evangelisten im Pastor's College sagte er: "In unseren Erweckungs-Gottesdiensten sollten wir zuweilen unser Vorgehen variieren. Laßt den Seelsorgeraum hin und wieder geschlossen. Ich mache mir Sorgen, wenn diese Einrichtung ständig und als unausweichlicher Bestandteil des Gottesdienstes benutzt wird."[38] Und wiederum vor denselben Zuhörern:

"Es ist eine Tatsache, daß Tausende von Menschen ganz nah an unseren bekannten heiligen Versammlungsstätten wohnen und nie im Traum daran denken einzutreten. Selbst die Neugier scheint getrübt. Warum ist das so? Woher dieser Widerwille gegen die regelmäßigen Gottesdienste im Heiligtum? Ich glaube, daß die Antwort zum Teil in einer Richtung liegt, in der man sie kaum erwartet. Ich meine die Sensationslust, der in wachsendem Maße Vorschub geleistet wurde; und dieses häßliche Verlangen nimmt an Gewalt zu, je mehr es befriedigt wird, bis es sich am Ende als

---

[37] 24, 84.
[38] *An All-Round Ministry*, 372.

unmöglich erweist, seine Forderungen zu erfüllen. Jene, die alle möglichen Attraktionen in ihre Gottesdienste eingeführt haben, müssen sich selbst die Schuld geben, wenn Menschen ihre solideren Lehren in den Wind schreiben und immer mehr das Laute und Ungewöhnliche verlangen. Mit aufregenden Erlebnissen ist es wie mit dem Schnaps: der Durst nach ihm wird immer größer. Zuerst darf der feurige Weinbrand noch verdünnt werden, beim nächsten Glas muß er schon stärker sein, und bald reicht die normale Dosis nicht mehr aus. Den gewohnheitsmäßigen Gintrinker verlangt es nach etwas Stärkerem als nach dem unverdünnten Getränk. Das Verlangen ist so stark, daß er die tödliche Gefahr verachtet. Jemand sagte, als sie ihr Glas fortschleuderte: 'Nennt ihr *das* Gin? Ich kenne eine Kneipe, wo ich für drei Pennies einen Drink bekomme, der einem die Seele ausbrennt.' Ja, Gin führt zu Vitriol, und die Sensationslust führt zu Zügellosigkeit, wenn nicht zur Gotteslästerung. Ich will niemanden verdammen, aber ich bekenne, daß ich angesichts einiger Erfindungen moderner Missionsarbeit tiefe Traurigkeit empfinde."[39]

Aus dem vorangegangenen Abschnitt kann man eine gewisse Zwiespältigkeit in Spurgeons Haltung zu der neuen evangelistischen Vorgehensweise erkennen. Seine Warnungen waren deutlich, und ihre Betonung nahm zum Ende seines Lebens hin zu, aber er war bereit, in seinen Mitarbeitern eine ganze Menge großzügig zu übersehen, und da er nicht darauf bestand, die Methoden, die ihn besorgt machten, einzustellen, konnte die Öffentlichkeit zwischen jenen, die sie anwandten, und ihrem Leiter keine Meinungsverschiedenheit erkennen. Der Strom der öffentlichen Meinung floß kräftig zugunsten der Methoden, die für die Predigt des Evangeliums unmittelbarere und zahlreichere Ergebnisse beanspruchten. In seinen späteren Jahren geriet Spurgeon zunehmend in die Isolation, weil er der Schlichtheit der alten Vorgehensweise treu blieb. Den meisten Leuten erschien der Wechsel vom Alten zum Neuen so natürlich wie der Wechsel vom Gaslicht zur Elektrizität, und als der Pastor des Metropolitan Ta-

---

[39] Ebd., 296-7. Seine Predigten enthalten viele ähnliche Warnungen. "Wenn ihr, wie man sagt, eine Erweckung entfachen wollt, dann könnt ihr das tun, genau wie man im Winter bei künstlicher Hitze Erdbeeren ohne Geschmack anbauen kann." 17, 499.

bernacle erst einmal fort war, gab es keine prominente Stimme mehr, die ihnen sagte, warum das Alte besser war.

Ein zweiter Grund dafür, daß der Metropolitan Tabernacle Spurgeons Position nicht treu blieb, mag in dem vorherrschenden amerikanischen Einfluß zwischen 1891 und 1919 gefunden werden, das heißt von Piersons Ankunft bis hin zu Dixons Rücktritt. Selbst in dem Pastorat Thomas Spurgeons konnten wir erkennen, wie stark der Einfluß D. L. Moodys war, und es war derselbe Sohn, der mit vollem Herzen Dixons Berufung an den Tabernacle befürwortete. Dr. Pierson hatte ebenfalls auf die Ernennung Dixons gedrängt und sandte dem Diakon Olney die Botschaft: "Vertraue auf Gott und berufe Dixon zum Pastorat."[40]

Es gibt eine Erklärung für den bestimmenden Einfluß dieser amerikanischen Leiter in Spurgeons Gemeinde, und diese Erklärung hat damit zu tun, wie die letzten Jahre seines Lebens von der Down-Grade-Kontroverse beherrscht waren. In dieser Kontroverse war die verächtliche Schwachheit vieler freikirchlicher Leiter Englands bloßgelegt und Spurgeons Mißtrauen gegenüber der Baptisten Union öffentlich zur Kenntnis genommen worden. Die Umstände dieser schmerzlichen Situation veranlaßten Spurgeon, eine Belohnung auf Freunde auszusetzen, bei denen er sicher sein konnte, daß sie die Bibel als Gottes Wort verteidigten, und in Männern wie Pierson und Moody sah er gleichgesinnte Verbündete im Kampf gegen den Unglauben. Jetzt, da das Überleben des übernatürlichen Christentums auf Englands Kanzeln auf dem Spiel stand, war Spurgeon bereit, Hilfe von Männern willkommen zu heißen, die, wenn sie auch nicht dem historischen evangelischen Calvinismus verpflichtet waren, doch immerhin die Grundwahrheiten hochhielten. Sein Schwerpunkt lag, angesichts der historisch-kritischen Bedrohung, auf der "Einheit jener, die frei sind von Rationalismus und Aberglauben." Zum Teil war es im Interesse dieser im weiteren Sinne verstandenen Einheit bibelgläubiger Christen, daß Spurgeon darauf bestand, daß es in der Down-Grade-Kontroverse nicht um die Wahrheiten des Calvinismus ging. Das ebnete den Weg für die amerikanische Verbindung. Es ist schwer einzuschätzen, wie weit Spurgeon sich der Tatsache bewußt war, daß die amerikanischen Prediger, die Moody nach England folg-

---

[40] A. C. Dixon, op. cit., 193.

ten, der Schule Finneys näher standen als dem klassischen amerikanischen Evangelikalismus des Jonathan Edwards und der Princeton Männer - schließlich hatte er sie nie predigen gehört - doch
ungeachtet irgendwelcher Zweifel, die er an ihrer bewußt vollzo-
genen Bindung an die Reformierten Bekenntnisse gehabt haben
mag, suchte er ihre Gemeinschaft im Widerstand gegen die Gefahr
der Stunde. Über diese transatlantische Verbindung schrieb Helen
C. A. Dixon: "Ein stetiger Austausch von Predigern und Evangelisten trug in jenen Tagen viel dazu bei, die evangelikalen Gläubigen Englands und Amerikas im Kampf gegen die zerstörerischen
Lehren der Neuen Theologie zusammenzuschweißen."[41]

Wenn Spurgeon der Verbindung zu Amerika und einer
breiteren evangelikalen Gemeinschaft seine Unterstützung gab, so
galt diese Unterstützung aber nicht einer *Kirchen*einheit
unabhängig vom Calvinismus. In einem Brief an einen
befreundeten Pastor im Jahre 1889 schrieb Spurgeon davon, eine
gemeinsame Front mit den Allgemeinen Baptisten zu bilden, die
evangelikal, wenn auch vielleicht arminianisch waren: "Zwischen
uns und den Down-Gradern besteht ein wesentlicher Unterschied,
aber es gibt ein klares evangelistisches Podium, auf dem wir
gemeinsam mit den Allgemeinen Baptisten stehen können." Doch
in demselben Brief sagt er auch: "Ich sehe nicht, wie wir, die wir
Calvinisten sind, Pastoren an Kirchen werden können, die sich
offen zum Arminianismus bekennen."[42] Für die reguläre
Gemeindearbeit und die Lehre war ihm bewußt, daß sehr viel
dagegen sprach, calvinistische Wahrheit um der Einheit willen zu
schwächen. Es wäre undenkbar gewesen, daß er einen arminianischen Pastor am Tabernacle gebilligt hätte. Er ahnte nicht,
daß er durch seinen freundschaftlichen Kontakt zu den amerikanischen Besuchern und dadurch, daß er den Eindruck erweckte, in
allen wichtigen Dingen mit ihnen eins zu sein, in gewissem Maße
einer ihm fremden Tradition den Weg öffnete, auf seiner eigenen
Kanzel Fuß zu fassen. Der wahrhaft katholische Geist, in welchem
Spurgeon Gemeinschaft mit Christen anderer evangelikaler
Schulen begrüßte, braucht wirklich keine Verteidigung; unserer

---

[41] Ebd., 95. Dixons erster Besuch in England und seine erste Begegnung mit
Spurgeon fand im Jahre 1889 statt.
[42] Aus einem Brief an Mr. Mills vom 1. März 1889; eine Kopie des Briefes
befindet sich im Spurgeon's College.

Meinung nach bestand seine Fehleinschätzung darin, daß er nicht vorhersah, wie aus dieser, in einer momentanen Krise gebildeten Allianz, eine dauerhafte neue Form von Evangelikalismus erwachsen mußte. Er sah Moody als einen Mann, der einen Beitrag zum Evangelikalismus leistete; er schätzte nicht das Ausmaß ab, in welchem die ganze evangelikale Sichtweise für einen langen Zeitraum vom "Moodyismus" beeinflußt sein sollte. In dieser Fehleinschätzung war Spurgeon nicht allein. Sogar noch im Jahr 1903 vertrat David R. Breed in einem Artikel über "Die neue Ära im Evangelikalismus" im *Princeton Theological Review,* einer Bastion reformierter Theologie, einen ähnlichen Standpunkt wie Spurgeon. Er empfahl Moody, kritisierte aber den 'Moodyismus': "Vieles am Moodyismus war sehr ernsthaft, wichtig und evangelisch; aber vieles war auch unreif, fehlerhaft und sektiererisch . . . Im Laufe der Zeit begannen seine Mängel, auf seine Auflösung hinzuwirken. Dr. Moody selbst schien sich dessen bewußt zu sein." Derselbe Schreiber behandelt den 'Moodyismus' als etwas Vergangenes. Diese Einschätzung war gänzlich falsch.

Der Evangelikalismus des 20. Jahrhunderts auf beiden Seiten des Atlantik sollte eine Bewegung werden, in der alles, was reformiertes Christentum ausmachte, von der Bildfläche verschwand - es sollte der Evangelikalismus der "Grundlagen" ("The Fundamentals") werden (so hießen die zwölf Bände, die Lyman Stewart und A. C. Dixon 1910 herauszugeben begannen), und der Evangelikalismus der Keswick Conventions,[43] der Scofield Bible,[44] und der

---

[43] Spurgeons Ansicht nach beruhte die Lehre vom "höheren geistlichen Leben", aus der heraus die Keswick Convention entstanden war, auf einem Irrtum und schuf daher einen unbiblischen Druck zur Frömmigkeit. " 'O, ich elender Mensch', sagte der Apostel Paulus, 'wer wird mich erlösen von diesem Leib des Todes?' Das sagte er nicht deshalb, weil er etwa kein Heiliger war, sondern weil er auf dem Wege der Heiligung bereits so weit fortgeschritten war." *Met. Tab. Pulpit*, 24, 436. "Manche sagen, daß sie sehr nah mit Jesus leben. Es ist ein böses Zeichen, wenn Menschen von ihren Errungenschaften reden . . . Ich bin lieber mit Gottes Volk von der ärmeren Klasse, und von der mehr kämpfenden und angefochtenen Sorte. Ich bin gern mit Gottes Kindern, die hart mit ihren Sünden, Zweifeln und Ängsten ringen. Wenn ich von meinen vortrefflicheren Brüdern angesprochen werde, stelle ich fest, daß ich sehr wenig angenehme Gemeinschaft mit ihnen habe, denn ich kenne wenig von ihrer wunderbaren Erfahrung der Befreiung von allem Kampf und Erlösung von jeglicher böser Neigung. Ich habe noch keinen Tag erlebt, an dem ich nicht über meine Unvollkommenheit betrübt sein müßte."

evangelistischen Feldzüge mit ihrem Apparat von "Entscheidungen". Anrechnen muß man dieser Bewegung, daß sie den Modernismus bekämpfte und dafür eintrat, den Massen das Evangelium zu bringen, aber auf der anderen Seite muß man ihr anlasten, daß sie so viel des historischen christlichen Erbes außer acht ließ. Sie ging immer mit der Mode - zum Beispiel der Dispensationalismus, der Premillenianismus und die Lehre, daß der Christ im Glauben die Fülle des Heiligen Geistes empfangen muß und so vom "fleischlichen Christsein" zum "siegreichen Leben" gelangen kann. Im allgemeinen brachte sie in den evangelikalen Kirchen eine Generation hervor, die Anekdoten, Humor und Musik liebte, aber fast gar nichts von Theologie und Glaubensbekenntnissen wußte. All das geschah, weil die Lehre von Gott von ihrer zentralen Stellung in der biblischen Offenbarung verdrängt worden, und folglich die wahre christliche Vision von der Verherrlichung Gottes - "daß Gott alles in allem sei" - aus dem Blickfeld geraten war. Evangelikale begannen zu denken und zu reden, als wenn die errettende Botschaft nicht das

---

Ebd. 25, 367. "Gottes Kinder sündigen, denn sie sind noch im Leib. Wenn sie die rechte Herzenshaltung haben, dann werden sie darüber trauern, und es wird die Last ihres Lebens sein. O, wenn sie nur ohne Sünde leben könnten! Das ist es, wonach sie seufzen, und sie können niemals ganz zufrieden sein, bis sie es erreichen. Sie rechtfertigen sich nicht, indem sie sagen, 'Ich kann nun mal nicht vollkommen sein', sondern sie spüren, daß ihre Unfähigkeit ihre Sünde ist. Sie betrachten jede Übertretung und jede Neigung zur Sünde als ein schlimmes Übel und klagen darüber Tag für Tag. Sie möchten heilig sein, wie Christus heilig ist. Das Wollen haben sie wohl, aber das Gute vollbringen können sie nicht."

In dieser Hinsicht stand auch A. T. Pierson im deutlichen Gegensatz zu Spurgeon. Sein Biograph schreibt: "Die Keswick-Lehre, wie man sie allgemein nennt, war ihm vertraut geworden, bevor er je nach Keswick kam. Im Jahre 1895 hatte er aus eigener Erfahrung die Absicht und die Kraft Gottes kennengelernt, den Charakter zu verwandeln und Sieg über jede erkannte Sünde zu geben." Später war er ein beliebter Sprecher in Keswick-Kreisen beiderseits des Atlantik. *Arthur T. Pierson*, op. cit., 287ff

[44] Zu der Rolle, die die Deutung von Prophetie bei der Formung des fundamentalistischen Ethos spielte, siehe Ernest R. Sandeens Buch *The Roots of Fundamentalism*, British and American Millenarianism 1800-1930. Der Leser wird in diesem Buch auch weitere Details über die Geschichte A. C. Dixons erfahren. Spurgeons Ansichten zum Thema Prophetie und seine Opposition zum Dispensationalismus habe ich in einem Anhang zu meinem Buch *The Puritan Hope*, 1971 behandelt.

"Evangelium Gottes" hieße, sondern Christus allein das Ziel des Glaubens sein sollte. Spurgeon bemerkte diese Gefahr bereits 1879: "Heutzutage scheinen einige in ihren Gedanken den Vater zu vernachlässigen. Christus wird geliebt, denn er starb, aber den Vater betrachten viele als unbeteiligt an dem wunderbaren Erlösungswerk."[45] Dieser Mangel an theozentrischem Glauben sollte ernsthafte Auswirkungen auf den Inhalt der Evangeliumsbotschaft haben; allzu oft wurde die Vergebung in den Vordergrund gerückt, als sei sie und nicht die Erkenntnis und Verherrlichung Gottes das Ziel der Errettung. Ähnlich erfuhr auch die Art und Weise, in der den Menschen die Botschaft dargereicht wurde, eine Veränderung. In ihrem Eifer, Menschen für Christus zu "gewinnen", übersahen Evangelisten leicht die Tatsache, daß die Menschen, bevor sie Sünde in ihrem wahren Licht einschätzen können, zunächst einmal erkennen müssen, daß sie Geschöpfe sind - abhängig von und gebunden an den Schöpfer. Im Interesse eines "erfolgreichen Evangeliums" lag der Schwerpunkt nicht länger darauf, den Charakter Gottes und die Ansprüche eines heiligen Gesetzes zu erklären, sondern darauf, Menschen zu ermutigen, "Christus ihre Herzen zu öffnen". Die apostolische Redewendung "Buße zu Gott" verschwand aus dem Sprachgebrauch, und "sich für Christus entscheiden" war der neue umfassende Ausdruck.

Einen ernsteren Vorwurf kann man gegen die "Fundamentalismus"-Schule der Christenheit nicht vorbringen als den, daß sie eine Generation Evangelikaler hervorbrachte, die im großen und ganzen ohne Ehrfurcht vor Gott waren, und deren Vertraulichkeit mit Jesus allzu oft Ergebnis ihrer Ignoranz war.[46]

Noch eines läßt sich zur Erklärung des Kurses sagen, den der Tabernacle nach Spurgeons Tod einschlug. Aus Gründen, deren Untersuchung wir jetzt nicht versuchen wollen, hinterließ

---

[45] 25, 170.
[46] Ein Prediger des frühen 20. Jahrhunderts sah die Gefahr: G. H. Morrison aus Glasgow schrieb: "Nie zuvor gab es eine Zeit, in der so viel von christlicher Liebe geredet und geschrieben wurde. Wenn wir mehr liebten und weniger davon redeten, könnten wir unsere schwindende Ehrfurcht neu beleben. O wie viel von unserer sogenannten Liebe zu Jesus wird von dem ewigen Gott verschmäht und abgewiesen, weil ihr das Empfinden von Ehrfurcht fehlt. Man redet so leicht davon, an Jesu Brust zu liegen. Man vergißt so leicht, daß er, der an Jesu Brust lag, später wie tot zu Jesu Füßen fiel." *Flood-Tide*, Sunday Evenings in a City Pulpit, 8. Auflage, 113.

Spurgeon nur wenige Kollegen, die dort standen, wo er stand. In dieser Hinsicht war folgender Auszug aus einem Nachruf in *The Daily Chronicle* vom 1. Februar 1892 weitgehend zutreffend:

"In gewissem Sinne kann man sagen, Spurgeon lebte mehr in der Vergangenheit als in der Gegenwart. Ihn interessierten keine neuen Ideen, keine modernen Spitzfindigkeiten des Glaubens und der Moral. Seine Sprache unterschied sich, außer in ihrem charakteristischen Sinn für Humor, und vielleicht nicht einmal darin, nur wenig von der Sprache einiger wackerer Feldprediger aus der Zeit Oliver Cromwells. Seine Methode der Schriftauslegung war weitgehend die Ihre. Seine Ansichten vom zukünftigen Leben und dessen Beziehung zum jetzigen Dasein unterschied sich in keinem wesentlichen Sinne von denen der Verfasser des Westminster Bekenntnisses. Es war in der Tat eines der Wunder dieser Zeit, daß inmitten unseres humanitären, ästetischen, empfindsamen Zeitalters mit seinen universalistischen Formeln, seiner Scheu vor logischen Extremen, seiner Neigung zu optimistischem Idealismus, eine kraftvolle, beharrliche, energische Stimme entschlossen die alten Lehren im alten Stil gepredigt hat, erleuchtet von dem Licht des Genius, aber kompromißlos nach der Note gestimmt, die Gnade bei den "rauhen Vorvätern" fand, die für den englischen Puritanismus standen. Und die Stimme ist eine einsame Stimme gewesen. Spurgeon hinterläßt keine Erben. Der Versuch, eine Art heiliges College, dem er selbst vorstand, zu gründen, schlug fehl. Seinen 'jungen Männern' haften nur die weniger angenehmen Züge seines Dienstes im Gedächtnis. Wahrlich, der Letzte der Puritaner ist von uns gegangen."

Sein Bruder James, der zur Zeit der Eröffnung des Tabernacle 1861 aufgefordert worden war, einen Vortrag über "Spezielle Erlösung" zu halten, war dreißig Jahre später nicht mehr dieser Überzeugung. Sein verwirrtes Denken kam in der unsicheren Rolle zutage, die er in der Down-Grade-Kontroverse spielte, und schließlich legte er, im Mai 1896, die Präsidentschaft des College nieder, "aus Loyalität", wie Fullerton sagt, "gegenüber der Trust-Urkunde, in der es hieß, daß das College das Ziel hätte, Männer für den Dienst in der Denomination der Speziellen (d.h. Calvinistischen) Baptisten auszubilden." Er starb 1899 in einem Eisenbahnabteil auf dem Weg nach London.[47]

Thomas Spurgeon war zwischen 1877 - seinem ersten Besuch in Australien - und dem Tode seines Vaters 1892 nur zweimal in England gewesen. Wir haben keine Anhaltspunkte darüber, wie weit diese lange Zeit der Abwesenheit seine späteren Ansichten beeinflußt haben könnte. Sicherlich ist, gemessen an den Maßstäben seines Vaters, Fullertons Biographie von Thomas Spurgeon ein sehr enttäuschendes Buch.

Von denen, die Spurgeon überlebten und gründlich verstanden, was er geglaubt hatte, ist Joseph Harrald möglicherweise der bedeutendste. Er trug die Last, die große vierbändige *Autobiographie Spurgeons* herauszugeben - das genaueste aller Werke über den Prediger - und er fuhr fort, sorgfältig Woche für Woche bis zu seinem Tode 1912 Spurgeons Predigten herauszugeben. Spurgeon hatte einmal seinem Freund zu Ehren ein paar Verse gemacht, deren einer folgendermaßen ging:

> *Too familiar we, forget that he,*
> *Is the Reverend Joseph Harrald;*
> *From Geneva he; his theology*
> *Is Calvinized and Farelled.*

Harrald fiel die Aufgabe zu, nach Spurgeons Tod alles zu tun, um das Zeugnis seines Lebens und Dienstes zu verbreiten. Er war dabei jedoch nicht ohne seine Sorgen, wie die Leser der vorangegangenen Seiten sich vorstellen können. In *The Sword and the Trowel* vom April 1892 erschien eine Notiz über J. W. Harrald, die ihn als "Mr. Spurgeons treuesten Freund und Verbündeten" beschreibt.Weiter heißt es in dieser Notiz: "Zu verschiedenen Gelegenheiten hat er, mit allgemeiner Akzeptanz, Mr. Spurgeon auf der Kanzel vertreten; und viele werden sich freuen zu hören, daß er künftig die Sonntagnachmittag-Gottesdienste im Vorlesungssaal des Tabernacle leiten wird." Aus ungenannten Gründen wurden im "Tabernacle-Sturm", der später im selben Jahr losbrach, diese Vereinbarungen einfach fallengelassen. Es scheint un-

---

[47] Leider geht G. Holden Pikes Lebensbild *Life of James Spurgeon* nicht weiter als bis zum Jahre 1892. Spurgeons Vater, John Spurgeon, lebte bis zum 14. Juni 1902; sein Sohn Thomas starb 1917 im Alter von 61 Jahren.

gewöhnlich, daß ein Mann, der Spurgeon so nahestand und in Glaubensdingen so eins mit ihm war, auf solche Weise ins Abseits gestellt werden konnte, wie A. Harwood Field das in seinem Buch *The Reverend Joseph William Harrald* schildert:

"Dann kamen stürmische Tage im Tabernacle, als die öffentliche Presse angesichts der Zwistigkeiten frohlockte, die in der großen Kirche entstanden, und angesichts des Mangels an Familieneinheit, der sich so offenbarte. Wie nur zu erwarten war, hatte Mr. Harrald damals vieles zu ertragen, das unangenehm, hart und unfair war. Es hieß, man habe ihm verboten, am Tabernacle zu predigen, und viele Stimmen erhoben sich gegen ihn. Oh, wie schmerzhaft sind solche Streitigkeiten in der Kirche! Wie hemmen sie doch das Werk des Heiligen Geistes und lähmen Gottes Wirkungskraft in dieser sündigen, leidenden Welt! Mr. Harrald trug sich durch diese Anfechtungen mit der stillen Geduld, die einer seiner bekannten Eigenschaften war. Er gab in der Öffentlichkeit an, er selbst habe seinen Rücktritt als Prediger an den Nachmittagsgottesdiensten am Tabernacle eingereicht. Das hatte er auch, aber er hätte sich zu diesem Schritt nicht gezwungen gefühlt, wären nicht diese unterschwelligen Widrigkeiten gewesen, die es für ihn dringend notwendig machten, diesen Schritt zu gehen. In alledem hatte er die Genugtuung zu wissen, daß der Grund seines Leidens seine Loyalität war. Solcher Schmerz birgt stets heimlichen Frieden zu seiner Heilung."[48]

Seine Arbeit am Tabernacle war somit beendet, und 1902, mit dem Tod von Mrs. Spurgeon, der er so viel geholfen hatte, sah Harrald keine Veranlassung mehr, in London zu bleiben, und kehrte nach Shoreham an der Küste von Sussex, den Ort seines ersten Pastorats, zurück. Am 1. Juli 1912 machte er wie gewöhnlich seinen Spaziergang am Strand, und danach starb er friedlich, während er gerade eine von Spurgeons Predigten für den Druck vorbereitete. Zu seiner Ehre bezeugt Harwood Field: "Er war immer hinter den Kulissen. Er tat die Arbeit, doch die Anerkennung bekam er nicht. Nur Er, der ins Verborgene sieht, kann wissen und beurteilen, welchen Dienst dieser höchst ergebene Arbeiter im Erntefeld geleistet hat."[49]

---

[48] *Joseph William Harrald*, undatiert, 117.
[49] op. cit. 118.

Harrald war es somit nicht gestattet, eine Rolle bei der Gestaltung des Tabernacle nach Spurgeons Tod zu spielen. Aber was, mag mancher fragen, wurde aus all den Ältesten und Diakonen, die ihren Anführer zu seinen Lebzeiten standhaft unterstützt hatten? Wir können kein Licht auf ihr Verhalten werfen mit Ausnahme dessen, was Harrald uns in zwei unscheinbaren Zeilen in der Mitte des vierten Bandes von Spurgeons Autobiographie (1900) gibt. Nach einem, von fünfzehn Diakonen und Ältesten unterzeichneten, Brief der Gemeinde an Spurgeon um das Jahr 1880, als der Pastor aus Krankheitsgründen verreist war, fügt er hinzu: "Es ist bemerkenswert, daß nur zwei der Amtsträger, deren Unterschrift dem Brief anhingen - ein Diakon und ein Ältester - noch am Leben sind."[50] So gab es eindeutig große Veränderungen unter den Amtsträgern vor dem Ende des Jahrhunderts, und jene, die am meisten mit der Leitung des Werkes zu tun gehabt hatten, waren nicht länger am Ruder.

Allem Anschein nach wiederholte sich während Dixons Amtszeit die Behandlung, die bereits Harralds Rücktritt erzwungen hatte, in den Fällen zweier weiterer Männer, Benjamin Reeve, der von 1915 an zwei Jahre lang als zweiter Hilfspastor diente, und T. L. Edwards, der, wie bereits erwähnt, 1908 eingesetzt und nach sieben Amtsjahren von Dixon zum Rücktritt gezwungen wurde. Einzelheiten über die an Edwards begangene Ungerechtigkeit erfahren wir von Charles Noble aus seinem Rundschreiben, auf das wir bereits hinwiesen. Nobles Vorwurf war, daß die Probleme in der Tatsache wurzelten, daß der Tabernacle unter die Leitung eines Pastoren und einer Leiterschaft gekommen war, die nicht an die Verfassung der Kirche glaubten: "Ihr habt es zugelassen, daß viele ihrer Bestimmungen über Lehre und Ordnung mißachtet wurden. Die allererste dieser Bestimmungen ist, daß der Pastor ein Mann sein soll, der die Lehren glaubt und bewahrt, die man allgemein calvinistisch nennt, und daß dieser nur so lange sein Amt innehaben soll, wie er solches tut. Dem, der solches nicht tut, wird die Kanzel verwehrt. Aber ihr ließet diese Wahrheiten in Vergessenheit geraten und den Arminianismus ihre Stelle einnehmen."

---

[50] *Autobiography*, 4, 231.

Ein Jahr später legte Dixon sein Amt nieder, und ein besserer Mann trat die Nachfolge an. Doch der Schaden war angerichtet, nicht allein im Tabernacle, sondern im englischen Evangelikalismus insgesamt - ein Schaden, den viele Generationen nicht würden beheben können. Spurgeons Stimme war noch nicht lange verstummt, als der neue evangelikale Geist - berauscht vom Zeitgeist, eindrucksvoll, modern, gefühlsbetont - alles vor sich herfegte. Das Zeitalter des "Fundamentalismus" hatte begonnen, und man erinnerte sich an wenig mehr von Spurgeon, als daß er ein "Seelengewinner" gewesen war. Als der Metropolitan Tabernacle 1941 durch feindliche Bomben ein zweites Mal zerstört wurde, fand man, daß im Grundstein das Glaubensbekenntnis von 1680 noch genau dort lag, wo Spurgeon es 1860 niedergelegt hatte. Es war im Jahre 1941 in ganz England keine einflußreiche Gemeinde zu finden, die für die Theologie eintrat, welche in diesem Dokument enthalten war; und es gab kein College, das Männer vorbereitete, diesen Glauben zu predigen. Und doch, wie die Leser dieses Buches wissen werden, ist der Calvinismus, trotz der Geschichte der letzten achtzig Jahre, nicht zu jenem traurigen Ende gekommen, das ihm seine Gegner im 19. Jahrhundert prophezeit hatten. In anderen Gebäuden, in jüngeren Leben, in Kanzeln und Bänken spricht die Wahrheit, die alle Ehre der Gnade Gottes gibt, zur Welt, und solange sie das tut, wird die Predigt Spurgeons, der so viel von Ihm sprach, der "Derselbe gestern, heute und in Ewigkeit" ist, gewiß nicht vergessen sein.

Anhang:

EIN OFFENER BRIEF

AN DIE GLIEDER DER GEMEINDE CHRISTI AM METROPOLITAN TABERNACLE.

———

von einem alten Mitglied

———

"Tretet auf die Wege und schauet und fraget nach den vorigen
Wegen, welches der gute Weg sei, und wandelt darin, so werdet
ihr Ruhe finden für eure Seele!"

Jeremia 6,16

————

HERAUSGEGEBEN IM VIERTEN JAHRE DES GROSSEN KRIEGES,
JULI 1918.

EIN WORT ZUR RECHTEN ZEIT

GELIEBTE FREUNDE AUS DEM KIRCHENVORSTAND UND AUS
DER GEMEINDE.

Wenn ich jetzt einige Worte an euch richte, denkt bitte daran, daß
wir uns rühmen, das Wort Gottes zu glauben und zu befolgen, und
daß, "wenn jemand nicht nach dieser Regel spricht", dann
deshalb, "weil kein Licht in ihm ist". Ich fürchte, die Zeit ist gekommen, daß über den Zustand der Kirche zu schweigen einem
Verbrechen gleichkäme, und ich hoffe, daß ihr das, was hier gesagt wird, sorgfältig, ehrlich und gewissenhaft bedenken möget.
Hätte es an einer der letzten Gemeindeversammlungen die Möglichkeit zu sprechen gegeben, dann hätte ich mich dort mündlich
ausdrücken können, aber die Gelegenheit hat es nicht gegeben,
und so bin ich genötigt, durch diesen Brief zu euch zu sprechen.
Ich bin sehr besorgt über das gegenwärtige und zukünftige
Wohlergehen der Kirche, und ich fühle, daß auf uns allen, besonders auf den Diakonen, eine große Verantwortung ruht. Wenn das,
was ich zu sagen habe, euch bewegt, zu den guten alten Pfaden
zurückzukehren, werde ich glücklich sein, und der Herr wird gewiß wieder wie in den alten Tagen in der Feuersäule und der
Wolke vor uns herziehen.

Zu Beginn möchte ich sagen, daß ich, als Kirchenmitglied,
Konstitutionalist bin: Ich bin unserer Kirchenurkunde treu, sowie
der Verfassung, die darin erklärt ist - ihrer Lehre, ihrer Kirchenordnung, ihren Forderungen, ihren Rechten, Privilegien und Ver-
antwortlichkeiten. Sie ist im Einklang mit dem Wort Gottes, auf
dem sie aufbaut. Sie ist deshalb heilig und darf nicht geändert,
leichtgenommen oder umgangen werden. Wer auch immer wil-
lentlich von ihr abweicht, ist ein Abtrünniger und sollte sich
schämen.

Als ich der Kirche beitrat, tat ich es deshalb, weil ich ihre
Verfassung guthieß. War es bei euch nicht ebenso? Jedes Mitglied
sollte doch wohl Konstitutionalist sein. Wenn ich nicht an die
Lehre und Pflichten und Rechte und Ordnungen und Privilegien

der Kirche geglaubt hätte, dann hätte ich mich nicht um Mitgliedschaft bemühen sollen; ich hätte weder ein Recht gehabt, Aufnahme zu suchen, noch hätte ich aufgenommen werden sollen. Eine Person in eine Kirche oder Gesellschaft aufzunehmen, die nicht ihren Grundsätzen, Lehren, Regeln und Zielen zustimmt, hieße die Kirche oder Gesellschaft verderben. Keine ehrbare Person würde danach verlangen, und kein ehrbarer Amtsträger würde seine Zustimmung geben. Kein ehrbarer Club, keine Freundesloge, gewährt Personen die Mitgliedschaft, wenn diese nicht freiwillig und aufrichtig ihre Regeln anerkennen - fragt die Oddfellows, die Foresters, die Freimaurer, die Guttempler oder Mitglieder der Phoenix. Wenn diese weltlichen Einrichtungen darauf bestehen, ihre Reinheit zu bewahren, wie können wir, wie könnt ihr, Diakone, Pastor oder Gemeindeglieder, es zulassen, daß die großen Lehren, Regeln und Ordnungen, Rechte, Privilegien und Pflichten der Kirche Gottes mißachtet werden. Die Verantwortung vor Gott ruht auf Euch, die ihr zu Diakonen ernannt seid. Ihr seid zu Wächtern unserer Verfassung ernannt, und es ist eure Pflicht, darauf zu achten, daß ihre Forderungen erfüllt werden und die Kirche reingehalten wird. Doch die Verfassung wird geringschätzig behandelt, verachtet und mit Füßen getreten.

Die Gottesmänner, die die Verfassung der Kirche Gottes am Metropolitan Tabernacle schufen, waren weder Fanatiker noch Ketzer noch Spitzbuben, sondern heilige Männer, von Gott geleitet. Unter ihnen waren Männer wie James Low, Thomas Olney, G. Moore, Wm Potter Olney, Thomas Cook, T. H. Olney, H. Tatnell, Wm. Higgs, E. J. Inskip, B. W. Carr, F. Passmore, Henry Greenfield, John Ward und, der größte von allen, Charles Haddon Spurgeon, derer die Kirche von heute nicht wert ist. Diese heiligen Männer, von Gott geleitet, sorgten nicht nur für ein Haus, in dem wir uns versammeln können - dessen wir uns gern bedienen -, sondern sie hinterließen uns eine gesunde Organisation, die ihrerseits auf einem gesunden Fundament ruhte, von welchem wir abgewichen sind. Die Verfassung der Kirche war Ausdruck ihres Willens und ihrer festen Überzeugungen und ihres Glaubens, und jedes Mitglied, sowie Pastor und Vorstand, sind pflichtschuldig, ihr die Treue zu halten.

Wie kann es dann angehen, daß ihr so wenig Achtung geschenkt wird? Warum schenkt ihr Diakone ihr so wenig Achtung?

Ihr habt es zugelassen, daß viele ihrer Bestimmungen bezüglich Lehre und Ordnung mißachtet werden. Die allererste dieser Bestimmungen ist, daß der Pastor ein Mann sein soll, der die Lehren glaubt und bewahrt, die man calvinistisch nennt, und daß er nur so lange sein Amt innehaben soll, wie er solches tut. Dem, der solches nicht tut, soll die Kanzel verwehrt werden. Aber ihr laßt diese Wahrheiten in Vergessenheit geraten und den Arminianismus ihre Stelle einnehmen. Eine andere Bestimmung ist, daß "keine Person in die Kirche aufgenommen werden darf, die nicht die Lehren glaubt und bewahrt, die calvinistisch genannt werden"; aber stattdessen werden alle möglichen Leute aufgenommen; keine Anstrengung wird unternommen, zur Einheit des Glaubens zu gelangen; und es gibt auch keine Einheit unter uns. Weder Älteste, Diakone, Schatzmeister, noch der Pastor versehen ihr Amt im Einklang mit der Verfassung der Kirche. Alles geht abwärts, alles zerfällt, und euch scheint es nicht zu interessieren. All unsere Rechte und Freiheiten und Vollmachten sind uns heimlich entrissen worden, und eine Tyrannei wurde aufgerichtet, durch die wir erniedrigt und versklavt wurden. Gottes Volk wird behandelt, als sei es euer Volk. Ihr und der Pastor "herrscht über" sie, und ihr seid verantwortlich für all die Verwirrung, Streit, Spaltung, Bitterkeit und Haß, die in der Kirche herrschen - und es gibt sehr viel davon. Die Werke des Fleisches nehmen zu; das geht schon eine lange Zeit so, und euch trifft die Hauptschuld daran.

Wenn wir dem Beispiel des Pastors folgen und einige Jahre zurückgehen, wie er es tat, als er seinen Standpunkt gegen Pastor Edwards auseinandersetzte, dann werden wir sehen, wie sehr das Gesagte zutrifft. Ich denke beispielsweise an die Wahl Dr. Dixons zum Pastorat. Eine so wichtige Angelegenheit hätte unter viel Gebet und Offenheit durchgeführt werden sollen, im vollen gegenseitigen Vertrauen, und keine Mühe hätte gescheut werden dürfen, die Eignung des Mannes und die Empfindungen und Überzeugungen der Gemeinde zu ermitteln. Ihr hättet feststellen müssen, was er glaubt und hättet ihm das Versprechen abnehmen müssen, "die Lehren zu predigen und zu bewahren, die man calvinistisch nennt", und auch ansonsten im Einklang mit unserer Verfassung zu handeln. Wir glaubten, ihr hättet das getan. Aber wenn wir nach seinen Werken urteilen, können wir keinen Anhaltspunkt dafür finden, daß ihr irgendetwas dergleichen getan habt. Ihr scheint euch frei gefühlt zu haben, irgendeinen Mann zu holen, der euch gerade gefiel, und scheint euch verschworen zu haben, ihm freie Hand zu geben, alles, was uns wertvoll ist, vollkommen umzugestalten.

Um den Anschein der Einstimmigkeit zugunsten der Einladung an Dr. Dixon zu uns zu erreichen, habt ihr die Gemeinde unter Druck gesetzt, Einheit zu demonstrieren und sich ohne Gegenstimmen für sein Kommen auszusprechen. Das sollte er wissen. Sehr bald, nachdem er hier Fuß gefaßt hatte, gabt ihr eure Zustimmung, daß eine Veränderung in der Art der Sitzverleihung vorgenommen wurde. Ein unsinniger Plan mit freien Sitzen wurde ausgeheckt: Abonnenten sollten keine eigenen Sitze haben, aber dennoch bezahlen. Sie sollten sich erbärmliche Störungen gefallen lassen müssen, um Phantom-Ansammlungen von Fremden den Platz zu räumen, die in Scharen den Tabernacle füllen sollten; sie kamen jedoch nie, und eine große Zahl der alten Sitzinhaber wollten ebenfalls nicht mehr kommen. Viele andere anstößige Veränderungen wurden zugelassen, unter anderem der Zehnte. Der Zehnte wurde verlangt und Geld auf jede Weise gerafft. Ihr gabt zu alledem lächelnd eure Zustimmung und wart somit dafür verantwortlich. In gleicher Weise ließet ihr es zu, daß der Donnerstagabend in eine Art Schulklasse für Kinder umgewandelt wurde. Witzige Anekdoten wurden erzählt, damit wir lachen konnten, und man erging sich in einer merkwürdigen Art von Kritik an unseren Vorvätern. Natürlich hatten wir bei jeder Gelegenheit die Kollektensammlung. Der Einlaß war kostenlos, doch am Ausgang sollten wir zahlen. Aber ihr ließt es alles geschehen. Ebenso das Händeheben nach jedem Gottesdienst: Es sollte die Leute zu einer Art Bekenntnis ihres Glaubens und ihres Verlangens, zur Kirche zu gehen, drängen, so daß es so aussah, als vollbrächte man Wunder in Sachen Bekehrungen und Gemeindewachstum. Mose wirkte große Wunder vor dem König von Ägypten, und die Magier versuchten es und taten "so" mit ihren Zauberkünsten. Was sie taten, wissen wir nicht. Wir waren echte Bekehrungen durch das Evangelium von der Gnade Gottes gewohnt, und so empfand man es für nötig, auch etwas zu tun, wenn auch nur "so".

Nun, unserem Verständnis wurde großer Anstoß gegeben, und viele verließen unsere Versammlungen. Ihr hättet das aufhalten können. Ihr hättet es tun können, aber ihr tatet es nicht, und die

Verantwortung lastet auf euch. Ihr ließt auch zu, daß den Mitgliedern arminianische Vorträge über Seelengewinnung gehalten wurden. Viel Unfug wurde darüber geredet, wie leicht Menschen zu Gott bekehrt werden konnten, und als der Pastor bei jeder Gelegenheit unsere Ansichten zu hören bekam, gab er vor, an den Calvinismus zu glauben, sagte aber, die Frage wäre, ob wir nicht "die Sache etwas beschleunigen könnten"! Nun stellt euch einen Calvinisten vor, der davon redet, Gott etwas zu beschleunigen - Gott soll von Dr. Dixon und der Gemeinde am Metropolitan Tabernacle beschleunigt werden! Man denke sich einen Anhänger der Lehre von der ewigen Erwählung, von vorherbestimmten Zeiten und Mitteln zur wirksamen Berufung, der davon redet, Gott ein wenig anzutreiben! Ja, nach dem Grundsatz ist er seitdem vorgegangen, und ihr habt ihm darin allezeit freie Hand gelassen. Um Gott ein wenig anzutreiben, wurden all die alten Mitarbeiter von einem Haufen unerfahrener Jungen oder Jugendlicher und Mädchen verdrängt und von solchen, die Arminianer waren, und wir sollten Hunderte von neuen Mitgliedern bis zur nächsten Kirchenversammlung haben; aber es klappte nicht. Er konnte mit seiner Quote von so vielen pro Tag, Woche und Monat nicht aufwarten, ebenso wenig wie irgendein anderer. Wenn ihr eure Pflicht getan hättet, wäre es zu solchen absurden Träumen niemals gekommen, und die erprobten und treuen Kirchenarbeiter wären nicht ins Abseits gedrängt worden. Ihr wart glücklich, als ihr diese Männer und Frauen verdrängt und eine Truppe Jugendlicher an ihre Stelle berufen saht, weil ihr dadurch die Oberhand bekamt.

Später wurde dann der Zehnte eingeführt, und das Gesetz wurde mit dem Evangelium verknüpft. "Aber wir sind nicht unter dem Gesetz, sondern unter der Gnade", was ihr leider allzu schnell vergaßet. Paulus war es, der durch den Heiligen Geist sagte, daß Christus durch Sein Fleisch die Feindschaft abgebrochen hat, nämlich das Gesetz mit seinen Geboten; und Jakobus sprach vor der Kirche zu Jerusalem von den Heiden und sagte: "Wir werden sie nicht belasten, sondern ihnen nur vorschreiben, sich von Befleckungen durch Götzendienst, von Unzucht, von Genuß von Ersticktem und von Blut zu enthalten." Der Zehnte wurde nicht erwähnt und auch in der frühen Kirche Jahrhunderte hindurch nicht verlangt. Erst als die Kirche korrupt wurde, wurde er verlangt, und dann von einer gierigen, verschwenderischen, diebischen Priesterschaft. Der Zehnte hat in diesem Lande Ärger genug verursacht, und doch ließt ihr Dr. Dixon eine Predigt nach der anderen über die Pflicht, den Zehnten zu zahlen, halten. Um die Kirche ihres Rechts zu berauben, die Ältesten zu wählen, duldet ihr, daß der ungeheuerliche Antrag in einer kleinen Gemeindeversammlung gemacht wurde, daß die Ältesten von einem Komitee gewählt werden sollten, das seinerseits vom Pastor zusammengestellt war. Unsere Verfassung sagt, "sie sind von allen Wahlberechtigten der Gemeinde zu wählen". Sie bestimmt, daß sie die Diener der Kirche sein sollten, die ihren Ruf und ihre Ernennung von der Kirche haben, genau wie der Pastor und die Diakone; aber Dr. Dixon überrumpelte ein paar schlichte Gemeindeglieder mit dem Antrag, ihm Macht zu geben, ein Komitee zusammenzustellen, das die Ältesten wählt. Diese Macht gaben sie ihm, hatten aber kein Recht dazu, und das Ergebnis ist, daß ein Komitee aus seinesgleichen ausgesucht wird und Älteste aus seinesgleichen gewählt werden, und da sie alle nach seiner Wahl sind und ihr Amt von ihm empfangen, sind sie seine Diener. So hat die Kirche keine Diener. Ihr wählt den Pastor, er wählt die Diakone und die Ältesten; wir geben lediglich nachher unsere Zustimmung, aber wir haben keine Diener, die ihr Amt von uns als Kirche empfangen. Das widerspricht dem Gesetz und der Ordnung. Jene, die ihr Älteste nennt, haben keinen verfassungsrechtlichen Stand und somit keinen Anspruch, anerkannt zu werden. Doch ihr saht zu, wie der Kirche das Wahlrecht entrissen wurde, und duldet weiterhin, daß die Kirche um ihre verfassungsmäßigen Rechte betrogen wird. Das ist eine große Schande. Es beleidigt uns.

Und das ist noch nicht alles. Nicht genug damit, daß die Männer, die ihr Älteste nennt, die Arbeit von Ältesten tun sollen, sondern ihr sitzt und arbeitet mit ihnen obendrein in einem, wie ihr es nennt, Versöhnungsgericht. Wahrhaft ein schöner Name, aber nach allem, was ich von diesem Gericht weiß, verdient es mehr den Namen Inquisitionsgericht. Personen, die vorgeladen werden, werden angeklagt, aufgefordert, Sünden zu bekennen, um dann freigesprochen oder verurteilt und dann praktisch exkommuniziert zu werden. Es fehlt nur noch, daß die Namen solcher Personen vor der Gemeinde angezeigt werden, mit dem Antrag, sie aus den Büchern zu streichen, und die Arbeit ist vollkommen.

Die Kirche selbst ist die rechtmäßige, verfassungsgemäße Gerichtsinstanz, und es gibt keine andere, weder für Mitglieder, noch für Amtsträger noch für Pastoren. Ich werde niemals eine andere anerkennen und rate allen Gemeindemitgliedern, das gleiche zu tun. Ihr seid verantwortlich für das Bestehen dieses Gerichts und ebenso für den Streit und die Spaltung am Tisch des Herrn. Hier wurde ein großer Teil der Gemeinde gelehrt und ermuntert sich zu weigern, mit dem anderen Teil von demselben Kelch zu trinken. Das ist wahrscheinlich ein Symptom der Spaltung, die unter uns herrscht. Es ist eine der Folgen davon, daß man ungeeignete Personen in die Kirche einschmuggelt, und auch daran seid ihr schuld.

Ihr verhöhnt die Kirche, ihr verhöhnt die Verfassung der Kirche, doch ihr solltet der Kirche beistehen und ihr dienen - nicht euch selbst oder dem Pastor. Es ist ein Unding, in der Öffentlichkeit zu singen "Krönt Ihn zum Herrn über alles" und dann privat die Krone auf eure eigenen Köpfe zu schieben. Wie ich und viele andere es sehen, seid ihr verantwortlich für ein Großteil des Unrechts, das in der Kirche herrscht - für die Unterdrückung, den Streit, die Verleumdungen, den Zorn, den Haß, das Mißtrauen, das Fernbleiben, die Rücktritte und für all die Trauer und die Tränen des Volkes Gottes wegen des Unglücks, das über Gottes Stadt gekommen ist. Es gibt kein Bemühen mehr, die Seelen von Gottes Volk zu gewinnen, sondern nur noch, sie zu ärgern und fortzutreiben. "Aber wehe dem, durch welchen das Ärgernis kommt."

Der große Vorwurf, den der Herr Jesus gegen Jerusalem erhob, war, daß "es die Propheten steinigte und jene, die zu ihm gesandt waren, tötete". Genau das ist jetzt der Fall. Je wahrhaftiger und treuer Menschen vor Gott sind, desto gewisser werden sie ausgestoßen werden; Männer, die fest zu dem Glauben standen, der "ein für allemal den Heiligen übergeben wurde", sind gesteinigt und getötet worden (ich spreche in übertragendem Sinne); Älteste, die den rechten Glauben und die rechte Art zu leben hatten, sind mißhandelt, gehetzt und gebissen worden (ich spreche wieder in übertragendem Sinne), bis Rücktritt der einzig gangbare Weg für sie war; und Männer, die unter feierlichen Versprechungen von Unterstützung und Zusammenarbeit angestellt wurden, sind (noch immer im übertragendem Sinne) dem Moloch geopfert worden. Ich denke da an unseren geliebten Ältesten, Bibelklassenleiter und Sekretär Thos. Cox, der ungerecht mißhandelt und dem sogar das Recht eines Verbrechers geraubt wurde, sich selbst zu verteidigen, der dann mitsamt seiner Klasse aus dem Bibelklassenraum geworfen wurde, und zwar aus keinem anderen Grunde als dem, daß sie Gerechtigkeit wollten. Danach wurde er aus dem Amt vertrieben und so seines täglichen Brotes beraubt. Ich denke auch an Pastor Reeve und an Pastor Edwards. Sie alle wurden schändlich behandelt und vor der Gemeinde beschimpft, und das alles mit eurem Einverständnis. Sie wurden, bildlich gesprochen, gesteinigt und getötet; sie waren echte Märtyrer für Recht und Wahrheit.

Als ihr an die Gemeinde herantratet, um ihre Unterstützung für das Anliegen zu erbitten, Pastor Edwards zu zwingen, seine Entlassung einzureichen, äußertet ihr in dem Schreiben, das von euch als Körperschaft aufgesetzt war, daß ihr Gott dankbar wart für all die guten Werke, die von Pastor Edwards während seiner neunjährigen Dienstzeit in der Kirche getan worden waren. Dann sagtet ihr, es gäbe eine Sache, die einen Rücktritt wünschenswert machte. Ihr verrietet uns weder, was diese Sache war, noch ob sie seine oder jemandes anderen Schuld war; ihr brachtet keine Beschuldigung gegen ihn und batet uns dennoch, gegen ihn zu stimmen. Wir wurden aufgefordert, euch bedingungsloses Vertrauen entgegenzubringen und einen treuen Diener der Kirche hinauszuwerfen. Das war ein empörender Antrag; wäre bei Pastor Edwards irgendein Unrecht zu finden gewesen, hättet ihr es uns ohne Zweifel gesagt, aber da war nichts, und die Gemeinde stimmte gegen euch.

Es war ein Tadelsvotum und ein Mißtrauensantrag gegen euch, so stelltet ihr die Gültigkeit der Abstimmung in Frage und suchtet, ungeachtet der Kirchenurkunde, Rat bei außenstehenden Sachverständigen; und dann berief ihr eine weitere Versammlung ein und setztet einen parteiischen Mann in den Vorsitz, und was für eine schändliche Leiterschaft war das! Keine Mühe wurde gescheut, uns dazu zu bringen, ohne Diskussion und blind Pastor Edwards aus dem Amt zu wählen, obwohl ihr nichts Unrechtes an ihm finden konntet. Die Kirche jedoch wollte nicht zustimmen, und ihr wart gezwungen, die Sitzung zu vertagen. Etwa eine Woche später trafen wir uns abermals, und Pastor Edwards Fall sollte diskutiert werden. Dr. Dixon sagte, daß wir versammelt waren, um Pastor Edwards Rücktritt zu diskutieren, aber er wollte gar keine Diskussion zulassen. Wütend verweigerte und unterdrückte er jede Diskussion. Er hielt eine lange, erregte Rede und umfaßte darin den ganzen Zeitraum der sieben Jahre, die Pastor Edwards ihn unterstützt hatte, und klagte ihn vieler Vergehen an und machte ungereimte Vorwürfe in einer Weise, daß nur wenige folgen konnten. Dann war es Pastor Edwards gestattet, zu seiner eigenen Verteidigung zu reden, und danach sagte Mr. Passmore ein wenig und enthüllte uns die "eine Sache", die die Diakone veranlaßte, Pastor Edwards Rücktritt für notwendig zu halten. Eine Anklage wurde vorgebracht, eine Verteidigung gehört sowie ein Zeuge vernommen. Es gab keine Diskussion, und eine übereilte Abstimmung wurde durchgeführt, und eine voreingenommene, befangene Menge gab euch euer Stimmergebnis. Traurig sind die Folgen gewesen, und ihr seid dafür verantwortlich.

Als Konstitutionalist appelliere ich an euch, unserer Verfassung treu zu bleiben und darauf zu bestehen, daß die Lehren, die man calvinistisch nennt, gepredigt und gewahrt werden - sie sind heute so wahr und so wichtig wie früher - , die Kirche von allen jenen zu säubern, die nicht die Lehren, die man calvinistisch nennt, predigen und bewahren, die Gemeindeangelegenheit gemäß unserer Verfassung zu regeln und im Umgang mit den Gemeindegliedern im Geist Christi zu wandeln, ansonsten euer Amt und eure Mitgliedschaft niederzulegen. Es ist unehrenhaft und unmoralisch, auf eurer Position zu bestehen, wenn ihr nicht beabsichtigt, euren Verpflichtungen treu zu sein. Solltet ihr weiterhin diese Dinge nicht tun, müßt ihr mit einer Katastrophe rechnen. Euer Stolz und eure Untreue werden zuschanden werden; sie können aufrichtige und freiheitsliebende Personen nicht hindern zu denken. Vergeßt nicht: Die Kirche ist nicht eure Kirche, und auch nicht Dr. Dixons Kirche. Er hat kein Recht auf unsere Kanzel, und ihr habt kein Recht, ihn zu unterstützen, denn er ist unserem Glauben und unserer Verfassung nicht treu.

Auf der letzten Gemeindeversammlung im Zusammenhang mit Pastor Edwards sagte Dr. Dixon im Hinblick auf jene, die der Ansicht waren, er (Dr. Dixon) sollte gehen: "Ich werde nicht gehen"! und ihr unterstützt ihn immer weiter. Später sagte er: "Wenn ihr dafür stimmt, daß Pastor Edwards bleibt, werde ich ihn nicht anstellen noch ihm irgendetwas zu tun geben, und so wird er dort auf einer der Bänke Platz nehmen müssen." Ist das nicht trotzig? Ist das nicht wirklich der Geist der Rebellion gegen die Kirche? Gekommen ist er gern, als die Diakone ihn riefen, aber jetzt trotzt er uns und sagt, "Ich werde nicht gehen". Nein, er wird nicht gehorchen, er wird bleiben wie ein Blutegel. Erwünscht oder unerwünscht, er wird nicht gehen. Ich wünschte, *er* würde beherzigen, daß "kein Gentleman kommt und bleibt, wo er nicht erwünscht ist". Er sollte keinen Fehler machen; er kann sehr wohl entlassen werden, wenn die Kirche es wirklich will. Aber wenn die Kirche noch nicht bewogen werden kann, ihn zu entlassen, und zwar aufgrund der ungeeigneten Personen, die durch eine Unvorsichtigkeit Einlaß gefunden haben, dann werden Zerfall und Fäulnis weiter fressen, und ein immer niedrigerer Standard an Frömmigkeit wird herrschen. Falsche Berichte vom Wohlergehen der Gemeinde wird man oft hören. Der Geist des Bösen wird zunehmen, tiefe Finsternis wird auf unseren Herzen liegen. Die Gnade Gottes in Christus wird vergessen sein, und euer Haus wird verlassen daliegen. Nichts ist so verlassen wie das, wo Gott nicht ist. Das Haus, gebaut als Versammlungsort für ein heiliges und besonderes Volk, auserwählt und eifrig in guten Werken, das die Lehren hält und bewahrt, die man calvinistisch nennt, wird in die Hände weltlicher Menschen fallen, die abhängig sind von weltlichen Methoden, von Konzerten und Solisten und von der Brieftasche der reichen, aber weltlichen Männer, ohne Rücksicht auf die Wahrheit, die in Christus Jesus ist, oder es mag sogar für eine andere Nutzung ganz und gar verkauft werden müssen; so wird es ein Mahnmal des Versagens und der Treulosigkeit werden.

Was sind das für Aussichten für die Kirche! Möge Gott uns bewahren und einen Lichtstrahl Seiner Wahrheit und Herrlichkeit hervorsenden, euren Verstand zu erleuchten in der Erkenntnis Seiner selbst und Seiner Gerechtigkeit, und möge Er Seinen Arm entblößen und jedes Hindernis aus dem Weg räumen und wiederum Sein Werk in den Herzen der Seinen beleben und ihnen Frieden, Eintracht und Liebe schenken. Wie lange! Oh Herr, wie lange! Und, oh Arm des Herrn, erwache und werde stark. Möge die Kirche die Waffenrüstung der Gerechtigkeit anlegen und vorangehen "schön wie der Mond, auserwählt wie die Sonne, schrecklich wie die Heerscharen". Erkennt Christus als König an, laßt Seine Wahrheit Gesetz sein und Seinen Geist unseren Führer, dann werden wir gerettet sein.

Dieser Brief ist ein brüderliches Wort an alle Mitglieder und die Amtsträger. Ich hoffe, er wird empfangen und bedacht werden, denn der Schreiber ist einer, der ernsthaft das Wohl der Kirche sucht, und ich wünsche mir, daß er zu Anstrengungen führen wird, den Abwärtslauf der Dinge aufzuhalten. Wir müssen unsere Kräfte zusammenziehen und unser Bestes tun, einander besser kennenzulernen. Ich wäre froh, wenn alle, die dem Gesagten zustimmen, es mich mit ein paar Zeilen wissen ließen und mir ihre Anschrift mitteilten. An die Gemeindeliste kommt man nicht heran, so sind wir genötigt, andere Mittel einzusetzen. Die in unserer Verfassung gegebenen Rechte und Vollmachten können nicht genutzt werden, wenn wir nicht einander kennen und wissen, wo wir den anderen finden, damit wir uns vereinigen und zusammenarbeiten können; oder ich würde mich freuen, jeden, der mehr Licht über die Bestimmungen unserer Verfassung und über die großen Wahrheiten, für die wir eintreten, wünscht, persönlich zu treffen. Ihr werdet mich zu fast jeder Zeit in 28 Grove Lane, Camberwell, S.E. antreffen.

Nun, mit brüderlicher Liebe, in Christus zutiefst mit euch verbunden,

Charles Noble

NAMENSREGISTER

(Die *kursiv* gedruckten Seitenzahlen zeigen eine Erwähnung des Namens im Fußnotenbereich der Seite an.)